Julius Nagel

Die Kämpfe der evangelisch-lutherischen Kirche in Preußen seit Einführung der Union

Die lutherische Kirche in Preußen und der Staat

Julius Nagel

Die Kämpfe der evangelisch-lutherischen Kirche in Preußen seit Einführung der Union
Die lutherische Kirche in Preußen und der Staat

ISBN/EAN: 9783744621465

Hergestellt in Europa, USA, Kanada, Australien, Japan

Cover: Foto ©Lupo / pixelio.de

Weitere Bücher finden Sie auf **www.hansebooks.com**

Die Kämpfe

der evangelisch=lutherischen Kirche

in Preußen

seit Einführung der Union.

Von

J. Nagel,

Pastor in Radevormwald.

———

I. Die lutherische Kirche in Preußen und der Staat.

———❦———

Stuttgart.

Verlag von S. G. Liesching.

1869.

Die evangelisch-lutherische Kirche

in Preußen

und der Staat.

Von

J. Nagel,

Pastor in Radevormwald.

Stuttgart.

Verlag von S. G. Liesching.

1869.

Druck von J. Kreuzer in Stuttgart.

Herrn

Eduard Huschke,

der Theologie, der Philosophie und der Rechte Doctor, Geh. Justiz-Rath,
Professor der Rechtswissenschaft an der Universität Breslau, Director des
Ober-Kirchen-Collegiums der evangelisch-lutherischen Kirche in Preußen,
Ritter x.

in herzlicher Ehrerbietung und Dankbarkeit

gewidmet

vom Verfasser.

Mit Ihrem Namen, hochzuverehrender Herr Geheimer Rath, mein Buch zu schmücken, war mir ein inneres Bedürfniß. Es handelt von dem, was Gott vornehmlich durch des unvergeßlichen Scheibel und durch Ihren Dienst unsrer Kirche geschenkt hat. Viele Seiten enthalten nur, was einst in ernsten Stunden aus Ihrer Feder geflossen ist; mit Ihrem Eigenen, wie es Gottes Erbarmen Ihnen zu rechter Zeit gegeben hat, möchte ich Sie hier begrüßen.

Wenn Sie an jene Kampfeszeit denken, in der Sie der Herr in die vordersten Reihen einer verfolgten, gedrückten, geschmähten Kirche berufen hatte, so preisen Sie auch heut noch Ihn, der alles herrlich regiert und zu Ihrer Arbeit sich bekannt hat. Auf jene Zeit der Schmach sehen Sie zurück als auf eine Zeit der Ehre vor Gott und rechnen jene Jahre, in denen Sie Gott zum Gehülfen Seiner Errettungsarbeit für unsre Kirche gemacht hat, zu köstlichen Jahren Ihres Lebens.

Lassen Sie es darum geschehen, daß ich diesem Buche, welches jene Noth- und Segensjahre wieder ins Gedächtniß zurückrufen möchte, Ihren Namen vorsetze. Nehmen Sie es an als ein geringes Zeichen des Dankes, den das jüngere Geschlecht in unserer Kirche, das Gottes Gnadenführungen in der Zeit der Noth nicht mehr mit Augen gesehen hat, Ihnen schuldig zu sein sich bewußt ist; als ein Zeichen der Freude, daß Gott Sie und Ihre Arbeit unsrer armen Kirche bisher erhalten hat, nachdem er viele Ihrer einstigen Mitkämpfer von uns genommen; als eine Bürgschaft endlich, daß wenn es auch ferner gehen soll — und die Zeichen deuten ja darauf — durch Noth und Jammer, durch Niedrigkeit und Armuth, durch Schmach und Schande, wir Jüngeren nicht vergessen wollen die Arbeit und die Treue unserer Vorkämpfer und das Führen und Regieren unseres Gottes.

Radevormwald, im März 1869.

Der Verfasser.

Einleitung.

Die Noth hat die nachfolgenden Blätter dictirt:

Es sind die Kämpfe der lutherischen Kirche in Preußen gegen eine falsche Union und gegen eine falsche Separation, zu deren Geschichte in den nachfolgenden Blättern Beiträge gegeben werden sollen. Vornehmlich ists der Kampf gegen die Union, in welchem seit nun mehr als fünfzig Jahren die lutherische Kirche in den älteren preußischen Provinzen unausgesetzt gestanden hat, ein Kampf, der viele Kräfte und Opfer nicht nur in Anspruch genommen hat, sondern auch immer noch nimmt und vielleicht noch mehr nehmen wird. Seit den Tagen von Marburg ist die Union immer wieder wie ein Versucher an die lutherische Kirche herangetreten. In keinem Lande aber hat sie ernster, dringender, häufiger gelockt, gedroht, Gewalt gebraucht, als gerade in Preußen. Welch einen großen Sieg sie äußerlich davon getragen hat, ist vor aller Augen; wie eine Hütte nur steht die lutherische Kirche neben dem Unionspalast.

Aber ob auch wie eine Hütte, sie ist doch noch vorhanden, die lutherische Kirche in Altpreußen. Doch nur wenige halten sie dafür; anderen dünkt sie um ihrer Knechtsgestalt willen eine Secte zu sein; wohl die meisten lassen dahin gestellt sein, was sie sei, und ob sie ein Recht habe zu existiren. Sie ist bekannt unter den Namen „separirte Lutheraner", „Altlutheraner", „Breslauer"; sie ist anerkannt unter dem Namen „von der evangelischen Landeskirche sich getrennt haltende Lutheraner". Sie ist klein und arm; sie leidet Mangel, und nicht nur an irdischem Gut; sie ist sehr verachtet bei

1

Feinden und bei „Freunden"; aber sie ist auch erfüllt von dem Lobe Gottes, der große Dinge an ihr gethan hat und noch thut. In wildem Kampf errettet hat sie in großen Niederlagen einen Sieg nach dem andern gewonnen und steht nun da den einen zum Aergerniß, den andern zum Gespött und etlichen zu einem Denkmal der göttlichen Barmherzigkeit.

Warum ich diese Kirche und ihre Geschichte zum Gegenstand vorliegender Schrift mache, habe ich bereits gesagt: die Noth hat die nachfolgenden Blätter dictirt.

Denn nicht zunächst der Wunsch, über die Geschichte unserer Kirche einiges Neue, bisher noch Unbekannte mittheilen zu können, hat zum Schreiben gelockt, — obwohl allerdings auch einige bisher noch dunkle Partieen unserer Kämpfe aufzuhellen mit in der Absicht liegt.

Auch die Meinung, zu dem allgemeinen lutherischen Kampf gegen die Union, wie er jetzt von neuem entbrannt ist, ein Scherflein beitragen zu können, ist nicht der Entstehungsgrund dieses Buches, — obwohl es auch dazu bräuchlich gern erfunden würde.

Sondern der Noth zunächst und vornehmlich verdanken die folgenden Blätter ihre Entstehung.

Im Jahr 1848 wurde auf Veranlassung unserer Generalsynode ein Nothruf an das glaubensverwandte Ausland erlassen. Damals handelte es sich um Geld und Gut. Der Mangel war in unserer Kirche so hoch gestiegen, daß wir als Bettler an die Thüren und Herzen unsrer Brüder klopfen mußten, und unsre Bitten wurden nicht überhört. Jetzt handelt es sich um etwas besseres, als nur um Geld und Gut, um unsrer Kirche guten Namen. Ihn zu Schanden zu machen haben seit lange viele sich verbunden; ihn bei vielen zu Schanden zu machen ist nur allzu gut gelungen; ihn soweit möglich wieder herzustellen, dazu ist dies Buch bestimmt.

Mit Recht sagt Dr. Luthardt:[1] „Unter allen den vielen Kirchen auf Erden ist keine je soviel geschmäht und ungerecht behandelt wie die lutherische Kirche. Alle andern läßt man gewähren; selbst

---

[1] In der Allgem. ev. luther. Kirchenzeitung 1889. S. 1.

die Secten trägt man; nur diese muß die unleidliche sein, die man nicht tragen kann." Aber mit nicht minderem Recht wird hinzuge= fügt werden dürfen: unter allen lutherischen Kirchen ist keine je so viel geschmäht und ungerecht behandelt, wie die lutherische Kirche im alten Preußen. Und das nicht nur von Unionsmännern und allen denen, denen die lutherische Kirche überhaupt ein Gräuel ist; sondern auch von Lutheranern, auch von denen, die mit uns für denselben Glauben, für dasselbe Bekenntniß zu kämpfen berufen sind. Auch solche haben sich vielfach von uns und unserm Kampf abgewendet und sich unsern Gegnern beigesellt, theils in ausdrücklicher Zustim= mung zu dem, was wider uns Uebles geredet worden ist, theils in stillschweigendem Ignoriren und Vergessen unsrer Existenz, — welches letztre fast schwerer noch zu tragen ist, als das erste. Das ist ein Nothstand, der uns verpflichtet, unsere Kämpfe und Wege abermals prüfend zu überschauen, der uns aber auch berechtigt, wenn anders wir unsrer Sache gewiß sind, das Recht derselben denen abermals aufs Herz und Gewissen zu legen, die wir nicht anders, denn als Brüder und Mitkämpfer ansehen können.

Die Frage, ob es in Altpreußen nach Einführung der Union noch eine lutherische Kirche gebe, wird theils bejaht und theils ver= neint. Und unter denen, welche Ja sagen, sind wieder die Meinungen darüber getheilt, wo denn diese lutherische Kirche zu suchen sei. Die einen glauben sie in dem kleinen Häuflein finden zu müssen, wel= ches vom Staat und der Staatskirche gänzlich unabhängig sich als lutherische Kirche eine anerkannte Stellung seit 1845 errungen hat; die andern suchen sie bei denen, welche innerhalb der preußischen Landeskirche zum lutherischen Bekenntniß sich halten. Diese letzteren sind bekannt unter dem Namen der „Vereinslutheraner". Und viel= leicht die meisten lassen auch diese Frage unentschieden und sehen in beiden Theilen nur verschiedene Fractionen der lutherischen Kirche überhaupt.

Es gab allerdings eine Zeit, in der die bewußteren Lutheraner der deutsch=lutherischen Landeskirchen sehr entschieden ihr Urtheil mit Worten und Thaten dahin abgaben, daß nicht innerhalb, sondern außerhalb der preußischen Landeskirche die lutherische Kirche Preußens

4

zu suchen sei. [1]) Es war die Zeit, als besonders nach 1848 die Leip=
ziger Conferenzen in ihrer Blüthe standen, ein Sammelpunkt für
alle, welche mit dem Bekenntniß der Väter vollen Ernst zu machen
bereit waren. Aber es ist nicht zu leugnen, daß seitdem diese Ent=
schiedenheit erheblich abgenommen hat und in ein starkes Schwanken
übergegangen ist. Wodurch ist das veranlaßt worden?

Es scheinen namentlich zwei Umstände zu sein, welche unsre lu=
therische Kirche in Mißcredit gebracht haben. Ein Mal das bekannte
Buch des Seminardirectors (jetzigen Missionsdirectors) Dr. Wange=
mann, [2]) eines hervorragenden Gliedes der Vereinslutheraner, in
dem er unter eingehender Darstellung des geschichtlichen Verlaufs mit
großem Geschick nachzuweisen sucht, daß unsre Kirche nur eine Secte
sei, während die eigentliche lutherische Kirche in Preußen von der
Summe aller lutherischen Gemeinden in der evangelischen Landes=
kirche gebildet werde. Wenn er dabei auch in gewisser Weise aner=
kennt, daß unsre Kirche wenigstens in frühern Zeiten einen Beruf
gegenüber der Union gehabt und erfüllt habe, so verwirft er doch
nicht nur unsre gegenwärtige Stellung, sondern unsern ganzen Kampf,
wie er von Anfang an geführt worden ist, und verweist ihn in das
Gebiet des Separatismus und der Revolution. Daß dieses Buch
auch innerhalb der lutherischen Kirche in Deutschland einen großen
Eindruck gemacht hat, daß von dem Bösen, welches darin unsrer Kirche
nachgesagt wird, vieles in den Herzen hängen geblieben ist: das ist
wohl nicht so sehr aus dem Gewicht der beigebrachten Gründe zu
erklären, als aus dem Umstand, daß die Verurtheilung allenthalben
mit geschichtlichen Thatsachen, Actenstücken und authentischen Berichten
verwoben und durch dieselben gestützt wird. Nicht minder ist auch
das vom Uebel gewesen, daß von Seiten der Angegriffenen eine ein=
gehende Würdigung dieses Angriffs bisher noch nicht erfolgt ist. Denn
die verschiedenen Entgegnungen, welche in den bei uns erscheinenden

---

[1]) Vgl. den Brief von Harleß vom 1. Juni 1848 im „Kirchenblatt für
die evangelisch-lutherischen Gemeinen in Preußen" 1867. S. 185 ff.

[2]) Sieben Bücher Preußischer Kirchengeschichte. Eine actenmäßige Dar=
stellung des Kampfs um die lutherische Kirche im XIX. Jahrh. Berlin 1859.

Zeitschriften gebracht worden sind, konnten natürlich nur kurz und zusammenfassend sein oder mußten sich auf Einzelheiten beschränken. Und so haben denn viele, denen die eigentlichen Quellen nicht zugänglich waren, sich des Eindrucks nicht erwehren können, als wären Wangemanns Angriffe sammt ihrem Resultat berechtigt.

Der andre Umstand, der viel Mißtrauen gegen unsre Kirche in den weitesten Kreisen geweckt hat, ist der bekannte vor einigen Jahren zu Ende gebrachte Streit, der nach dem Namen seines Urhebers der Diedrichsche genannt wird. Auch diesen hat Wangemann in einem besonderen Schriftchen zu unsrer Verdächtigung auszubeuten versucht.[1] Indessen ist dasselbe so eilig und unvorsichtig abgefaßt, daß es von Unrichtigkeiten größerer und kleinerer Bedeutung wimmelt, und hat darum seinen Zweck wohl zum großen Theil verfehlt. Aber auch abgesehen davon hat man theils aus dem Ursprung, theils aus dem Gegenstand, theils aus dem Verlauf dieses Streites Anlaß genommen, nicht nur unsre Kirche im einzelnen zu tadeln, sondern auch unsre Stellung überhaupt in ihrer ganzen Berechtigung anzuzweifeln oder ganz zu verwerfen.

So findet sich also unsre Kirche in die Nothwendigkeit der Selbstvertheidigung versetzt. Und aus dieser Nothwendigkeit ist das vorliegende Buch geboren. Wir müssen uns wehren gegenüber den Anschuldigungen, welche unsre Kämpfe gegen die Union und was mit ihr zusammenhängt, verdächtigen, und müssen abermals zu zeigen suchen, daß diese Kämpfe berechtigt und nothwendig waren. Denn nach wie vor müssen wir dabei beharren, daß die alte lutherische Kirche, wie sie vor Einführung der Union vorhanden war, jetzt repräsentirt wird durch unsre von der Landeskirche gänzlich geschiedene Kirche. Und ebenso müssen wir uns wehren gegenüber den Anschuldigungen, welche gegen uns auf Grund des Diedrichschen Streites erhoben worden sind und noch erhoben werden. Denn wir sind davon überzeugt, daß auch in diesem Streit unsre Kirche nur gethan hat, was sie als lutherische Kirche zu thun schuldig war. Und indem

---

[1] Der Kirchenstreit unter den von der Landeskirche sich getrennt haltenden Lutheranern in Preußen. Berlin 1862.

hier versucht wird, beides, unser Recht gegenüber der Union und unser
Recht gegenüber der Separation, aufs neue darzuthun, soll eben ver=
sucht werden, den guten Namen unsrer Kirche auch bei solchen wieder
herzustellen, die etwa in neuer und neuester Zeit an ihm irre ge=
worden sind.

Denn so wenig wir auch nach dem Urtheil der Welt und nach
„menschlichem Tage" zu fragen haben, so ist uns doch nicht einerlei
das Urtheil unsrer Brüder und Mitbekenner. Wir sind wahrlich
nicht, die sonderliche Lust daran hätten, sich zu isoliren und ein ab=
geschiedenes und abgesperrtes Leben zu führen. Im Gegentheil, durch
unsere ganze Kampfesgeschichte hindurch geht ein Zug nach Verbin=
bung und Zusammenhang mit allen lutherischen Kirchen. Und dies
Verlangen beruht keineswegs vorwiegend auf dem Gefühl der Hülfs=
bedürftigkeit, sondern vielmehr auf dem Wunsch, die lutherische Kirche
aller Orten als eine einheitliche darstellen zu helfen und dieser ge=
sammten Kirche nach dem Maß der empfangenen Gaben zu dienen.[1]
Nur ein Glied wollen wir sein an dem Leibe, den die Kirche deut=
scher Reformation hin und her auf Erden bildet. Wird irgendwo
die lutherische Kirche betrübt, so werden wir auch betrübt; wird sie
irgendwo herrlich gehalten, so nehmen wir auch daran Theil. Wo
es zu kämpfen gilt für die lutherische Kirche, da wollen wir auch
mitkämpfen, es sei vorn oder rechts oder links. Aber wir müssen
uns isoliren, — wenn wir isolirt werden, wenn das Mißtrauen,
die Kälte, die üble Nachrede, welche wir seit geraumer Zeit erlitten
haben, fortdauern oder sich mehren soll, und wenn auch fernerhin
keines Freundes Mund zum „Gutes reden" sich aufthun will. Soll
die Giftsaat, welche wider uns gesät worden ist, ferner wuchern und
ihre Frucht tragen auch in den Herzen treuster Lutheraner: dann
werden wir zwar auch noch nicht verzagen, denn wir leben durch
bessere, als nur durch Menschengunst; aber es muß uns gehen wie

---

[1] Vgl. z. B. den Versuch, der auf der Generalsynode von 1841 gemacht
wurde, eine Anregung zu „allgemeinen Concilien der lutherischen Kirche" zu
geben. Synodalbeschlüsse S. 92.

einem Menschen, der um seinen guten Namen gekommen ist: er ist ausgestoßen aus der Gemeinschaft des Kreises, dem er zugehörte.

Darum ists uns nicht einerlei, was unsre Brüder von uns meinen. Und darum will dies Buch appelliren nicht an ihr Mitleid, wie 1848, sondern an ihr Gerechtigkeitsgefühl. Denn nur das begehren wir, daß man uns Gerechtigkeit zu Theil werden lasse. Vielleicht daß ein solcher Appell gerade jetzt am ehesten ein offenes Ohr findet, nun viele unsrer Brüder in gleiche Noth gerathen sind, wie die war, aus der Gottes Güte uns erlöst hat. In einer Zeit, in der aus ganz Deutschland Lutheraner sich zusammenfinden, um wider den Erbfeind, die Union, sich zu rüsten, werden doch die auf Gehör rechnen dürfen, welche nach Gottes Willen am frühesten in neuerer Zeit diesen Feind bekämpft und sich seiner Uebergriffe erwehrt haben bis auf diesen Tag.

Aber auch um ihrer selbst willen ists uns nicht einerlei, was unsre Brüder von uns denken, sonderlich die in den neupreußischen Landestheilen. Was diesen zunächst zur Aufgabe gestellt ist, scheint doch nicht irgend welche Principienfrage zu sein, sondern die einfache Frage nach der Sachlage: wo ist die lutherische Kirche in dem alten Preußen? Das Gewicht dieser Frage wird auch dadurch nicht gemindert, daß diesen lutherischen Landeskirchen die Zusicherung fortdauernder Selbständigkeit gegeben worden ist. Auch wenn sie Sicherheit hätten, für immer selbständig zu bleiben: sie werden sich doch erklären müssen, mit wem in Alt-Preußen sie Sacramentsgemeinschaft haben wollen. Unmöglich kann es vor Gott recht sein, dieselbe unterschiedslos Gliedern der Landeskirche und Gliedern unsrer Kirche zu gewähren, so lange diese untereinander solche Gemeinschaft sich versagen. Und wenn das noch so lange anginge, wie es zweifelhaft ist, wo die lutherische Kirche in Alt-Preußen sei, so kann es doch wiederum unmöglich vor Gott recht sein, die Zweifelhaftigkeit dieser Frage in infinitum bestehen zu lassen. Es wird auch in diesem Stück ein köstlich Ding sein, daß das Herz fest, daß die Erkenntniß gewiß, daß das Handeln solcher Gewißheit entsprechend werde.

Hängt doch eine andre Frage gänzlich von der ab: wo die lutherische Kirche in Alt-Preußen sei! Ist dieselbe nämlich in der Landes-

Kirche vorhanden, so folgt daraus, daß die neupreußischen lutherischen Kirchen gegen die Unterstellung unter das Regiment der evangelischen Landeskirche wohl aus Nützlichkeitsgründen, aber nimmer aus Gewissensgründen sich wehren dürfen. Müssen sie aber, um als lutherische Kirchen ihr Bekenntniß zu retten das ev. landeskirchliche Regiment abweisen,[1]) so müssen sie damit zugleich erklären, daß innerhalb der preußischen Landeskirche eine lutherische Kirche nicht existirt. Nun, das möchten wir ihnen abermals auf geschichtlichem Wege vor Augen stellen und das andre dazu, daß außer der ev. Landeskirche allerdings die lutherische Kirche vorhanden ist. Möchten die Erfahrungen, welche unsere Kirche in ihren langen Kämpfen gemacht hat, denen reichlich zu gut kommen, welche jetzt in verhältnißmäßig so günstiger Lage und mit so stattlichen Kräften ausgerüstet, auf den Kampfplatz gestellt sind.

Es sollen also die Kämpfe unserer Kirche wider die Union und dann wider den Separatismus hier zur Sprache kommen. Zunächst handelt es sich um den Unionskampf. Bei der Darstellung desselben liegt zweierlei außer der Absicht. Ein Mal soll nicht eine vollständige Geschichte alles dessen gegeben werden, was für und wider die Union seit Anfang dieses Jahrhunderts geschehen ist. Den Gang der Geschichte in ihren Einzelheiten kann man sowohl bei Wangemann, als auch bei Grote,[2]) als auch in meinem früher erschienenen Buch[3]) genügend dargestellt finden. Hier wird die Aufgabe eine dreifache sein. Es werden diejenigen Puncte deutlich und eingehend hervorgehoben werden müssen, welche für die Hauptfrage von entscheidender Bedeutung sind. Zum andern werden die unberechtigten Hauptangriffe der Gegner (wie sie Wangemann zusammenfaßt) abgewiesen werden

---

[1]) Daß sie das müssen, hat sowohl Dr. v. Scheurl's Vortrag in Leipzig 1867, als auch Dr. Kliefoth's Vortrag 1868 in Hannover dargethan. — S. auch die goldenen Bemerkungen in der Erlanger Zeitschrift für Prot. und Kirche 1869. Heft 1. S. 6 u. 7.

[2]) Was ist die Union: Die brennende Kirchenfrage der Gegenwart. Harz bei Bockenem 1867. Selbstverlag.

[3]) Die Errettung der ev. lutherischen Kirche in Preußen von 1817—1845. 2. Auflage. Erlangen 1868.

müssen. Drittens endlich werden genaue Relationen nöthig sein über die Vorgänge, von welchen Wangemann theils aus Mangel an Acten wenig oder nichts hat berichten können, theils aus andern Gründen nur unvollständiges mitgetheilt hat, die auch in meinem Büchlein um seines Zwecks und seiner Grenzen willen flüchtig berührt worden oder ganz unbesprochen geblieben sind. Dahin gehören aus früherer Zeit die Verhandlungen, welche seit 1840 zwischen unserer Kirche und dem Staat geführt worden sind, während die Entwicklung unsrer Kirche seit 1845 überhaupt noch keine zusammenhängende Darstellung gefunden hat. Ueber beides sind mir die Acten sowohl von unserm Hochwürdigen Ober=Kirchen=Collegium als auch von andern Betheiligten gütigst überlassen worden.

Zweitens aber scheint es nicht nöthig, mit denen in Verhandlung zu treten, welche die Union zwischen der lutherischen und reformirten Kirche als etwas im Wesen des Protestantismus begründetes ansehen, welche die Unterscheidungslehren beider Kirchen für ganz oder fast unwesentlich halten. In dieser Sache stehen ja alle wirklichen Lutheraner mit uns auf einem Standpunct, und um dieser Stellung willen haben wir vor solchen nicht nöthig, uns zu rechtfertigen. Auch theologisch darf ja diese Frage durch die bekannten Werke von Rudelbach und Stahl als bis auf weiteres erledigt angesehen werden.

Abgesehen nun davon, hat der Unionskampf der ev. lutherischen Kirche in Preußen nach zwei Seiten hin selbständige Gestalt gewonnen. Die Union hat, wenn nicht grabezu einen politischen Ausgangspunct, so doch ihren vornehmsten Bundesgenossen am Staat gehabt. Vom Staat ist die lutherische Kirche verfolgt worden, mit ihm hat sie kämpfen, von ihm sich eine neue kümmerliche Anerkennung erringen müssen.

Daneben und danach hat unsre Kirche zu ihrem vornehmsten Gegner die Lutheraner in der preußischen Landeskirche gehabt, welche nach und nach durch den Dienst unsrer Kirche angeregt und aufgeweckt, sich gesammelt, zu einer lutherischen Partei zusammen gethan, und dann energisch gegen uns Front gemacht haben.

Während die Darstellung dieses anderen Theils unsrer kirchlichen

1. Die erste officielle Erklärung über das Wesen der Union.

Die Union wollte nach authentischer Erklärung eine neue Kirche gründen, innerhalb deren die beiden bisher gesondert bestehenden, die lutherische und die reformirte nur als verschiedene gleichberechtigte Parteien Fortbestand hätten. Darin lag eingeschlossen die Beseitigung der lutherischen Kirche als solcher und die Aufhebung der exclusiv kirchlichen Geltung der Symbole.

So schwierig auch die Frage: was ist die Union? scheinen mag, nachdem sie bereits die verschiedensten Antworten gefunden hat, so wenig kann sie umgangen werden. Denn die Berechtigung des Unionskampfes, welchen die lutherische Kirche geführt hat, hängt wesentlich mit von der Beantwortung dieser Frage ab. Mit ihrer Schwierigkeit aber ists auch nicht so schlimm, da es sich hier nicht darum handelt, was dieser oder jener von der Union gedacht hat und denkt, auch nicht beabsichtigt ist, den vorhandenen Unionsbegriffen einen neuen hinzuzufügen, sondern nur das in Frage stehen kann, wofür die Union bei ihrem Entstehen sich selbst gegeben hat, wofür sie also damals von der lutherischen Kirche hat gehalten werden müssen. Dabei ists denn auch gleichgültig, ob die Union etwa mit der Zeit etwas anderes geworden ist, was an sich ja möglich wäre. Für die Beurtheilung der Stellung, welche die lutherische Kirche von Anfang an gegen sie eingenommen hat, kann nur die Stellung maßgebend sein, welche von Anfang an die Union gegen die lutherische Kirche eingenommen hat.

Darüber ist nun so deutlich, wie man es irgend wünschen kann, eine authentische Erklärung in der bekannten Königlichen Ka=

binctsordre vom 27. September 1817 enthalten. [1]) Diese Ordre
erklärt die Union mit einfachen Worten dahin, daß aus der bisherigen lutherischen und der bisherigen reformirten Kirche „Eine
neubelebte, evangelische christliche Kirche im Geist ihres heiligen
Stifters" werden solle. Diesem Hauptsatz dient es nur zur näheren Erklärung, wenn hinzugefügt wird, daß die beabsichtigte Union
nicht etwa nur in äußeren Formen bestehen, sondern „in der
Einigkeit der Herzen nach echt biblischen Grundsätzen ihre Wurzeln
und Lebenskräfte" haben solle. Und wenn die Ordre die Möglichkeit einer solchen Union daraus herleitet, daß die gegenwärtige
Zeit die Zeit eines „besseren Geistes sei, welcher das außerwesent-
liche beseitigt und die Hauptsache im Christenthum, worin beide
Confessionen eins sind, festhält", daß beide Kirchen „nur noch
durch äußere Unterschiede getrennt seien", daß also der Vereinigung
„kein in der Natur der Sache liegendes Hinderniß mehr entgegen
stehe, sobald beide Theile nur ernstlich und redlich in wahrhaft
christlichem Sinn sie wollen": so giebt das alles Zeugniß von der
Absicht jener Union.

Auf Grund dieses ihres eignen Zeugnisses sagen wir, daß sie
sich zu erkennen gegeben hat als eine Vereinigung zweier bisher getrennter Kirchen zu Einer gemeinschaftlichen Kirche
auf Grund der als vorhanden angenommenen Einigkeit beider in
den Hauptsachen des Christenthums, sowie mit Herabsetzung der
bisher trennend gewesenen Unterschiede zu nicht mehr trennenden
Nebensachen. Und zwar hat sie dies in einer Weise ausgesprochen,
daß man eine deutlichere Erklärung weder geben, noch verlangen kann.

Der König Friedrich Wilhelm III. — denn er redet ja hier
als Stifter und Anwalt der Union — sah in seinen Staaten zwei
Kirchen vor sich, zwischen denen in alten Zeiten nach seiner Meinung ohne Ursach eine Scheidewand aufgerichtet worden war. Ohne
Ursach; denn er konnte nicht anders erkennen, als daß beide völlig
eins seien in ihrem Glauben, da die bisher behaupteten und fest-

---

[1]) Die Ordre ist vollständig mitgetheilt bei Wangemann a. a. O. I.
S. 28 ff., in meiner „Errettung" S. 12 f. und sonst oft.

gehaltenen Unterschiede viel zu bedeutungslos seien, als daß sie eine kirchliche Geschiedenheit rechtfertigen könnten. Was ihm als etwas hergebrachtes wohl erklärbar schien aus dem einseitigen Standpunct früherer Jahrhunderte, dünkte ihm doch nicht mehr entschuldbar, nachdem ein besserer Geist sich Bahn gebrochen habe zu seiner Zeit. So forderte er beide Kirchen auf, ihrer innerlichen Ueberzeugungs= einheit in allem Wesentlichen auch einen Ausdruck zu geben durch den Zusammentritt zu einer Kirche.

Des Königs Gedanken waren also auf eine Neuschöpfung ge= richtet. Seine Absichten gingen auf die Herstellung einer Kirche, zu welcher die bisherigen protestantischen Kirchen das Material lie= fern sollten. Die neue Kirche selbst sollte weder die lutherische, noch auch die reformirte, sondern eine diese beiden wie in höherer Einheit umfassende Kirche sein. Eine solche Kirche, bisher nur als Ideal vorhanden, gedachte der König nun zur Realität zu machen.

Wollte aber der König eine neue Kirche gründen, so wollte er doch keinen neuen Glauben gründen. Ausdrücklich verwahrt sich die Kabinetsordre dagegen, als wäre die Meinung, daß etwa die lutherische Kirche zur reformirten oder diese zu jener übergehen sollte. Weder den einen, noch den andern wollte er ihren Glauben neh= men, weder den einen noch den andern wollte er zumuthen, auch etwa nur in den streitigen Puncten die besonderen Ansichten fahren zu lassen. Eben weil er die streitigen Fragen für völlig unterge= ordnet hielt, weil er dies nicht erkannt zu haben für den Fehler der Vergangenheit, dies klar zu sehen für das Verdienst der Ge= genwart achtete: eben darum konnte er in voller Consequenz beides,[1]) sowohl diese Fragen als streitige ruhig fortbestehen lassen, als auch dazu rathen, daß man, ohne ihre Erledigung auch nur versucht zu haben, die Einheit der Kirche herstelle. Nach seiner Meinung waren diese Fragen für die Kirche als solche bereits erledigt.

So proclamirt also diese Kabinetsordre als Basis der Union, und zwar als schon vorhandene, nicht erst zu beschaffende, Basis den Consensus zwischen beiden protestantischen Kirchen in allem

---

[1]) Gegen Wangemann I. S. 34.

wesentlichen und den Indifferentismus hinsichtlich der Unterscheidungslehren. Daß gleichwohl eben diese Ordre vor Annahme der Union aus Indifferentismus warnt, ist leicht verständlich. Wer das Gewichtlegen auf die trennenden Lehrpuncte für Sectengeist hielt, dem konnte das Ignoriren derselben nicht Indifferentismus sein, sondern nur das Zeichen eines besseren Geistes. Die kirchliche Bedeutungslosigkeit des Unterschiedes in der Lehre glaubt diese Ordre als eine allgemein vorhandene Ueberzeugung voraussetzen und aussprechen zu dürfen.

Eben daher erklärt es sich zum Theil auch, warum über das Bekenntniß der neuen evangelischen Kirche gar nichts festgesetzt wurde. In dieser Hinsicht wurde ja keine Aenderung beabsichtigt; es fehlte nicht an kirchlich gültigen Bekenntnißschriften, bei denen es um so mehr sein Bewenden haben mochte, als sie nur in außerwesentlichen Dingen von einander unterschieden waren. Allerdings war es dabei nicht verborgen, auch dem Könige nicht, daß die Gültigkeit der symbolischen Bücher doch in der neuen evangelischen Kirche eine andre sein würde, als in der älteren lutherischen Kirche. Richtig drückte er das in eben diesem Jahre 1817 gesprächsweise gegen Bischof Ehlert so aus: „wir lassen die symbolischen Bücher in ihren Ehren und Würden, vermeiden aber ihre exclusive confessionelle Autorität, und die kirchliche Union kann zu Stande kommen." [1]) Aber mit der Beseitigung dieser exclusiven Autorität glaubte der König so wenig etwas unbilliges zu thun, daß er sie vielmehr als Zeugniß des gegenwärtigen besseren Geistes ansah, der an der Hauptsache im Christenthum festhalte. Anderntheils aber erklärt sich diese Nichterwähnung des Bekenntnißstandes, welcher der evangelischen Kirche zu geben sein möchte, daraus, daß damals überhaupt von den Symbolen wenig oder gar nicht mehr die Rede war. Es fehlte viel, daß etwa die allgemeine Ueberzeugung den Consensus, welcher aus den lutherischen und reformirten Symbolen resultirt, als „die Hauptsache im Christenthum" angesehen hätte. Auch abgesehen von den Differenzlehren glaubte man in den alten Symbolen

[1]) Wangemann I. S. 26 f.

viel überflüssiges und viel unrichtiges zu finden, wie alle damals gehaltenen Synoden bezeugen. [1]) Und gerade darum wurde der Unionsvorschlag so sehr freudig begrüßt, weil es wenigstens schien, als sollten dadurch die objectiven in den Bekenntnissen gegebenen Lehrgrundlagen der Kirche beseitigt und statt ihrer der „bessere Geist", also der ungefähre Durchschnitt der damaligen theologischen Ueberzeugungen auf den Thron gesetzt werden. Eine Kirche, deren Bekenntniß der jedesmalige Zeitgeist wäre, glaubte man in der neubelebten evangelischen sehen zu dürfen, und der Wortlaut der in Rede stehenden Kabinetsordre widersprach dem nicht. Denn sie stellte als einzige Grundlage der neuen Kirche die „biblischen Grundsätze" hin.

Angesichts dieser Vorschläge, — nur Vorschläge sollten es ja einstweilen sein, — hatte die lutherische Kirche sich zu fragen, welche Stellung ihr dann zufallen würde, wenn die Union zu Stande käme. Sie hatte sich klar zu machen, daß ihr die bisherige selbständige Existenz genommen und ihr eine Existenz in neuer Form gegeben werden sollte. Nicht als eine lutherische Kirche, wie bisher, konnte sie von nun an bastehen, sondern höchstens als eine lutherische Partei innerhalb der einen evangelischen Kirche. Die Sätze ihrer Symbole, welche dem Lehrunterschied Ausdruck gaben, konnten als gültige Bekenntnißsätze sich nicht mehr halten: so hatte sich die lutherische Kirche zu fragen, ob sie diese Streitfragen wirklich in das Gebiet der theologischen Schulfragen, der verschiedenen Lehrweisen, der gleichberechtigten Anschauungen verweisen dürfe. Sie mußte sich klar machen, daß der Eingang in die beabsichtigte evangelische Kirche mit einem doppelten Preis zu bezahlen sei, mit dem Darangeben ihres eigenthümlichen Bestandes als einer selbständigen lutherischen Kirche und mit dem Aufgeben ihrer Symbole als lutherisch-kirchlicher Bekenntnißschriften.

Sie mußte sich diese Fragen und Bedenken vorlegen, und sie konnte es auch. Denn die erste officielle Aeußerung über die Union

---

[1]) Sehr lehrreich sind „die Unionsverhandlungen der Synode zu Breslau, welche ... am 1. und 2. Oktober 1822 gehalten worden. Breslau 1851."

2

war so deutlich, daß jeder, der überhaupt etwas von den angeregten Fragen zu verstehen in der Lage war, wissen konnte, worauf es abgesehen war. Und da außerdem der König seine Achtung vor den Rechten und Freiheiten auch der lutherischen Kirche versicherte, so war ihr wenigstens nach dem Wortlaut der Ordre die Angelegenheit zu völlig freier Entscheidung in die Hand gegeben, ob sie ihren Bestand wahren oder einem neuen, vielleicht besseren, zu liebe aufgeben wollte.

2. Die ersten Unionsmaßregeln.

Das Unionswerk wird angebahnt mit Rechtskränkungen gegen die lutherische Kirche, wie solche sowohl in der Form des ersten Unionserlasses, als auch in der sofortigen Festsetzung des reformirten Abendmahlsritus als Unionssymbols und in der ausschließlichen Gestattung dieses Ritus am 31. Oktober 1817 zu Tage treten.

Man kann nicht sagen, daß dieser mittelst Kabinetsordre vom Könige gemachte Vorschlag an und für sich schon etwas unberechtigtes gewesen wäre, da ja die lutherische Kirche das Recht freier Prüfung behalten sollte. Seltsam will sich's freilich immer ansehen, wenn der, welcher als Oberbischof eine Kirche zu pflegen und zu schützen die Verpflichtung hat, eben dieser Kirche vorschlägt, sich selbst aufzugeben. [1]

Was aber als völlig unbillig und als eine offenbare Rechtskränkung der lutherischen Kirche sich darstellte, das war die Form, in welcher die Königl. Kabinetsordre ihren Vorschlag begründete. Während sie einerseits selbst ausspricht, daß eine aus Ueberredung

---

[1] Freilich erklärt sich diese Seltsamkeit hinlänglich daraus, daß der König zugleich Oberbischof der Reformirten war, und obwohl Oberbischof, doch zu keiner Zeit eine Verpflichtung auf das Bekenntniß eingegangen war. Ein solcher Summepiscopus ist selbst eine Anomalie. So kann's dermalen auch in Hannover geschehen, daß der oberste Bischof zu gleicher Zeit das lutherische Bekenntniß zu schützen verspricht und doch auch die Union wünscht und empfiehlt.

hervorgegangene Union keinen Werth habe, sucht sie in Wahrheit nicht nur sehr stark zuzureden (was noch hätte geschehen mögen), sondern zuzureden mit Gründen, deren jeder eine Kränkung des lutherischen Bewußtseins enthielt, mit Gründen, welche von oben herab als Norm der Beurtheilung gewisse Grundsätze festsetzten, die doch selbst erst der Prüfung und Bewährung dringend bedurften.

Wenn der König die kirchliche Treue der alten Lutheraner als einen unglücklichen Sectengeist an den Pranger stellte, wenn er die Möglichkeit der Union damit zu beweisen suchte, daß es nur an einem wahrhaft christlichen und redlichen Wollen liegen könnte: so verwies er damit alle Versuche sich der Union zu erwehren, in das Gebiet theils der Bornirtheit, theils der Unlauterkeit. Ist diese Art der Begründung schon in jedem Fall eine unerlaubte, so war sie es vollends, wo es sich um so große, nach rückwärts und nach vorwärts weitgreifende Sachen handelte, wie hier. Und möchte man's entschuldigen, wenn irgend ein Privatmann eine neue Idee auch mit solchen Waffen zu vertheidigen sucht, so ist es unentschuldbar, wenn der höchste Inhaber der kirchlichen Gewalt mit solchen Gründen die lutherische Kirche auffordern kann, ihrer Eigenthümlichkeit sich zu entschlagen.

Ein Mißbrauch seiner Stellung war es, wenn ferner der König mit solchem Nachdruck auf sein eigenes Beispiel hinwies und zu dessen Nachfolge einlud, als ob in diesem Fall sein oder irgend eines andern Vorgang hätte von Gewicht sein können, als ob eines reformirten Fürsten Handeln hätte maßgebend sein mögen für Lutheraner. Daß daneben noch die geschichtliche Unrichtigkeit mit unterläuft, es hätte eine Union, wie die jetzt gewollte, in den Absichten der Reformatoren [gelegen, erweckt zugleich lebhaften Zweifel, ob überhaupt die Fähigkeit vorhanden gewesen sei, die Bedeutung der Union und ihre Folgen für die lutherische Kirche richtig zu würdigen.

Doch läßt sich diese Form der Lockung zur Theilnahme an dem Unionswerk aus mancherlei Verhältnissen sehr wohl erklären; es sei genug, auf das Unrechtmäßige in dieser Behandlung der Kirche eben hingewiesen zu haben. Schlimmer war etwas anderes.

2*

Man hätte denken sollen, es wäre vorläufig mit der Bekannt=
machung dieser Königlichen Gedanken und Pläne genug gewesen,
es hätte zunächst eine Rückäußerung der Geistlichen und Gemeinden
über ihre eigenen Ansichten erwartet werden müssen. War doch
des Königs Kenntniß von dem Sinn der Kirche eine beschränkte
und durch seine nächste Umgebung vielfach beeinflußte. Statt dessen
wurde durch eine neue Verfügung gleich eine Form festgesetzt, in
welcher der Uebertritt einer Gemeinde zur Union vor sich gehen
sollte. Und welcher Form? Nicht von einer urkundlichen Ver=
handlung sollte die Rede sein, sondern der Gebrauch oder Nichtge=
brauch des reformirten Abendmahlsritus mit dem Brodbrechen
wurde als das entscheidende Zeichen des Beitritts oder Nichtbeitritts
zur Union hingestellt. Anderes ungerechnet, schon deßhalb eine ganz
ungeeignete Form, weil ihre Anwendung sich der Cognition der
Gemeinden leicht entziehen konnte und, wie bekannt, auch vielfach
entzogen hat.

Es war leichtfertig, einer an sich so unbedeutenden und un=
merklichen Ceremonie so weitgreifende Folgen zu geben. Aber un=
schuldig war diese Verfügung im Vergleich mit der andern, daß
nur dieser reformirte Abendmahlsritus an dem bevorstehenden Fest=
tag, dem 31. October 1817, erlaubt sein solle. Hienach war es
einem Lutheraner zur Wahl gestellt, entweder sich des Sacraments
an diesem Tage zu enthalten, oder seinen Beitritt zur Union in
rechtlich bindender Form zu erklären. Und die Geistlichen hatten
die Wahl, entweder der Union beizutreten oder das Abendmahl in
ihren Kirchen ausfallen zu lassen, wenn das letztere überhaupt ge=
stattet war. So verfügte der Oberbischof auch der lutherischen
Kirche, der nach seiner Kabinetsordre fern davon sein wollte, in die=
ser Angelegenheit etwas zu verfügen oder zu bestimmen, — über die
Altäre der lutherischen Gemeinden, und zwar zum Besten der neuen
Schöpfung, der evangelischen Kirche. Das war nicht mehr nur
Ueberredung; das war Zwang. Eylert hat nach Wangemann das
traurige Verdienst, diese Maßregel erwirkt zu haben. [1])

---

[1]) a. a. O. L S. 30. 31.

Da nun wirklich viele Gemeinden vermittelſt des Unionsritus der Union beigetreten waren, ſo gab es in Preußen neben den beiden altberechtigten proteſtantiſchen Kirchen eine Anzahl unirter Gemeinden, ein Grundſtock für die evangeliſche Kirche. So hätte man wenigſtens denken ſollen. In Wirklichkeit ſtand und ſtellte ſich die Sache ganz anders.

3. Die gewaltſame Durchführung der Union nach Seiten der Verfaſſung.

Die Union wird in den höheren kirchlichen Behörden durch Befehl des auch in der Kirche ſouveränen Königs ins Werk geſetzt, ſo daß die lutheriſche Kirche als ſelbſtändiger äußerer Organismus verſchwindet und der Will- kür unirter Behörden, welche eifrig für die Union wirken, preisgegeben iſt.

Die eben genannten Kränkungen der lutheriſchen Kirche würden für ſich allein noch kaum ins Gewicht fallen. Wenn es gilt, etwas Neues anzubahnen und ins Leben zu rufen, ſo geht es nach menſch= licher Weiſe nicht ohne mancherlei Unrecht gegen das Alte ab. Aber als die Union geboren werden ſollte, da wurde ihr der Einzug ganz ſyſtematiſch mit den willkürlichſten Maßregeln geebnet. Eine Wohnung machte man ihr zurecht, noch ehe ſie nur da war; als ſie noch in der beſcheidenen Geſtalt eines Wunſches auftrat, da handelte man ſchon, als wäre ſie allein da, allein berechtigt.

Achtung vor den Rechten und Freiheiten der lutheriſchen Kirche verſprach der König, und daß er ſein Verſprechen ernſtlich meinte, darüber kann gar kein Zweifel ſein. Aber er konnte es gar nicht halten; denn ſeine eigne oberbiſchöfliche Stellung in der lutheriſchen Kirche war die ſchreiendſte Mißachtung ihrer Rechte und Freiheiten. Nicht daß er Inhaber der Kirchengewalt war, aber wie er es war, darin offenbarte ſich eine grundfalſche Stellung. Er war der un- umſchränkte Souverän, der nach ſeinem Gutdünken in der Kirche ſchaltete. Das war neben dem herrſchenden Rationalismus die ſchlimmſte Krankheit jener Zeit: die Gewalt des Staates in der Kirche.

Als im Jahre 1808 Friedrich Wilhelm III. durch eine ein=
fache Kabinetsordre die oberste Behörde der lutherischen Kirche
cassirte und ihre Functionen dem Ministerium des Innern mit
übertrug; als würdig aber vergeblich die scheidenden Räthe prote=
stirten, [1] da waren die Staatsbehörden an Stelle der Kirchen=
behörden getreten, und die Kirche war eine Anstalt des Staates
geworden. Der König war unumschränkter Machthaber; sein Wille
war der Wille der Kirche; eines reformirten Fürsten Meinen ent=
schied mit völliger Willkür über die Entwicklung der lutherischen
Kirche. Ueber alle Maßen gründlich war die Weissagung Melanch=
thons in Erfüllung gegangen: „video postea multo intolerabiliorem
futuram tyrannidem, quam antea unquam fuit“. Die unerträg=
lichere Willkürherrschaft war da, und um so unerträglicher, als sie
von einem andersgläubigen Fürsten geübt wurde.

Durch diese Maßregel war nun zweierlei geschehen, es war
die Kirche säcularisirt, und es war in den höchsten Spitzen der
Verwaltung eine Union hergestellt, die allerdings zunächst ganz
äußerlicher weltlicher Art war. Bald genug aber brach die Er=
kenntniß sich Bahn, daß der Kirche doch eigne Behörden Noth
thäten. Und so wurde denn 1815—1817 ein eignes Ministerium
der geistlichen Angelegenheiten eingerichtet, die Consistorien wieder
hergestellt, wenigstens für die Verwaltung der Interna der Kirche,
und auch Synoden verordnet. [2] Alle diese Behörden aber wurden
nicht nur mit Männern von unirter Gesinnung besetzt, sondern auch
als Behörden für die „evangelische“ Kirche, also für beide
protestantischen Kirchen zusammen hingestellt. In derselben Zeit
also, in welcher die Union der lutherischen Kirche wie zur freien
Prüfung vorgeschlagen wurde, vollzog man sie ohne weiteres in
Hinsicht der Verfassung, wenigstens in den höheren Instanzen des
Kirchenregiments. [3]

Nun stellte sich die Sache so, daß in den Augen des Staats

---

[1] Richter, Geschichte der evangel. Kirchenverfassung in Deutschland.
Leipzig 1851. S. 247. 248.

[2] Ebenda.

[3] Vgl. Wangemann I. S. 53 f.

nur noch eine evangelische Kirche als bestehend galt, in welcher die verschiedenen Confessionen wohl innerhalb der einzelnen Gemeinden und vielleicht vermittelst der Kreissynoden und Superintendenten, aber sonst nicht mehr eine rechtliche Existenz haben sollten. Denn das wurde wirklich in dem „Entwurf der Synodalordnung für den Kirchenverein beider evangelischen Confessionen im preußischen Staat" bestimmt, daß die Kreisgemeinde jeder Confession ihren eigenen Superintendenten haben solle, wo sich die Vereinigung nicht von selbst mache. Damit sich indessen die Vereinigung „von selbst" mache, unterließ der Minister nicht, darauf hinzuweisen, daß es Sr. Majestät zum Wohlgefallen gereichen würde, wenn sich beide Confessionen zu einer Kreissynode vereinigten. Und von denen, welche diesem Wink etwa nicht folgen möchten, hieß es: „wenn sie sich noch nicht ganz (!) zu einem Kreispresbyterio vereinigen können." [1])

So war denn, wenn man nur auf den äußeren Organismus sieht, die lutherische Kirche als selbständige bereits cassirt, und in die evangelische Kirche eingegangen. Der einzige Rechtstitel, unter welchem es geschehen, war die Macht, welche der König eben in Händen hatte. Das war die Achtung vor den Rechten und Freiheiten der lutherischen Kirche.

Nach zwei Seiten ist nun dieser Gewaltact von Bedeutung. Ein Mal sieht man daraus recht, wohin des Königs Pläne gingen, wie er unter allen Umständen die getrennten beiden Kirchen als eine Einheit hinzustellen willens war, auch wenn es zu einer innerlichen Einheit nicht käme. Zum andern aber hatte sich nun der König Organe geschaffen, durch welche er mit völliger Sicherheit seine weiteren Unionspläne ausführen konnte; er hatte alle Schwierigkeiten beseitigt, welche möglicher Weise aus dem Widerspruch wirklich lutherischer Behörden hätten erwachsen können. Nicht von der Kirche, weder von der lutherischen noch von der „evangelischen" hatten das geistliche Ministerium und die Consistorien ein Mandat empfangen, auch nicht indirecter Weise, sondern allein vom Könige,

---

[1]) Gaß, Jahrbücher des protestantischen Kirchen- und Schulwesens von und für Schlesien. I. S. 284 ff. 289 ff.

deſſen Creaturen ſie waren. Denn durch ihre Einſetzung wurde der „evangeliſchen" Kirche erſt die Exiſtenz als einer rechtlichen Corporation geſchaffen, und der lutheriſchen Kirche wurde eben dieſe Exiſtenz genommen.

So verſtand es ſich von ſelbſt, daß dieſe Behörden die eifrigſten Beförderer der Union wurden, während die lutheriſche Kirche eigener höherer kirchenregimentlicher Organe völlig beraubt war. Die Erlaſſe aus jener Zeit überbieten einander in Anpreiſung des Unionswerks und ſeiner Vertreter.

Unterm 24. Oktober 1817 ſchrieb das ſchleſiſche Conſiſtorium an die ihm untergebenen Superintendenten: [1] „wir theilen Ihnen anliegend den bereits aus den öffentlichen Blättern bekannten Aufruf Sr. Majeſtät unſers hochverehrten Königs mit, betreffend die Vereinigung beider proteſtantiſcher Confeſſionen, um ſolchen nicht nur den Geiſtlichen Ihres Bezirks noch beſonders zur Beherzigung der darin ausgedrückten königlichen Geſinnung zugehen zu laſſen, ſondern damit auch jeder, was er vermag, zur Erreichung der darin ausgedrückten edlen Abſicht mitwirken könne.

„So ſehr in dieſer wichtigen und heiligen Angelegenheit der evangeliſchen Kirche, der ausdrücklichen Willensmeinung Sr. Majeſtät gemäß, mit weiſer Vorſicht zu verfahren, inſonderheit jeder Zwang zu vermeiden und die empfohlene Vereinigung weder einer Gemeinde, noch einem Individuo aufzudringen iſt, ſo muß doch gewünſcht werden, daß die Geiſtlichen den gegenwärtigen günſtigen Zeitpunct der Feier des Reformations-Jubelfeſtes mit regem Eifer benutzen, ſowohl durch gründliche Belehrung über die in der Königlichen Erklärung angedeuteten heilſamen Zwecke und zu hoffenden ſegensreichen Erfolge einer freiwilligen Einigung beider evangeliſcher Confeſſionen, wie auch durch ihr eignes Beiſpiel die Gemeinden für die Sache zu gewinnen. Es iſt daher dieſer Gegenſtand auf den Synoden, wo ſolche noch nicht ſollten gehalten ſein, in Berathung zu nehmen und beſonders darauf zu achten, wie die Hinderniſſe zu beheben ſind, die nach den bisherigen Parochialverhältniſſen einer

---

[1] Gaß a. a. O. S. 325 ff.

solchen Vereinigung entgegen zu stehen scheinen, damit hiezu auch von Seiten der Behörden mitgewirkt werden kann. Was aber die mehr innere Seite dieses Gegenstandes betrifft, so erwarten wir, daß die Geistlichen auch nach der Reformations-Jubelfeier da, wo sich beide bisher noch getrennte Confessionsverwandte neben einander befinden, die Gemeinden über den Ursprung dieser Trennung und besonders darüber belehren werden, wie das, was in so vielfach bewegten Zeiten, wie die, welche die Kirchenverbesserung hervorbrachte, entstanden ist, in unsern ruhigen Zeiten gar kein Verhältniß mehr hat, weder zu unsern religiösen Ueberzeugungen, noch zu unsrer kirchlichen Gemeinschaft, und daß diese erst dann, wenn jene äußere Trennung gehoben ist, zu der so oft und viel besprochenen, wie laut gewünschten besseren Einrichtung gelangen kann u. s. w."

Im Oktober 1822 wurde in Breslau eine Synode gehalten, welche unter zahlreicher Betheiligung gegen eine (Scheibels) Stimme beschloß, mit Beiseitesetzung aller kirchlichen Autorität auf die heilige Schrift zurückzugehen und aus ihr den richtigen Ausdruck für die gemeinsame Ueberzeugung zu entnehmen. Natürlich fand sie dabei, daß zur Entscheidung der zwischen lutherischer und reformirter Kirche streitigen Lehren die heilige Schrift kein Material gebe und erklärte daher diese Lehren für Privatmeinungen, welche innerhalb der unirten Kirche wohl geduldet, aber nicht als Hinderniß der Vereinigung geltend gemacht werden dürften.

Mit großer Freude und Anerkennung äußerte sich das Consistorium über das Resultat dieser Synode: „Es ist das höchst erfreuliche Resultat der Synode eben sowohl ein bedeutender Schritt zu dem vorgesteckten Ziel, als zugleich ein fester Punkt, von wo aus diese Einigung im Geist auch weiter gefördert und in das Gesammtleben der evangelischen Kirche eingeführt werden kann." Mit Genugthuung registrirt danach das Consistorium, daß der weitaus größte Theil der schlesischen Geistlichkeit bereits als unirt angesehen werden dürfe, und fährt mit Rücksicht auf den einen Widersprecher fort: „wenn ein einzelner Geistlicher außerhalb der Union bleiben will, so muß ihm dies allerdings freistehen, und er mag sich zu rechtfertigen wissen, wenn er sie der ausgleichenden Zeit überläßt;

sucht er sie aber zu hindern und tritt er ihr polemisch entgegen, so möchte er in einer ernsten Selbstprüfung wohl nicht vor sich bestehen und zugleich der evangelischen Kirche in der jetzigen Zeit als ein solcher erscheinen, der wider Gott streitet."

„So wichtig und fördernd dieser Schritt zum vorgesteckten Ziele indeß auch sein mag, so ist nun doch erforderlich, die Union selbst in das kirchliche Leben der Gemeinden zu bringen", schrieb dieselbe Behörde an das Stadt-Consistorium in Breslau und ermahnte dasselbe zu diesem Zweck mitzuwirken. Sofort erließ dieses Stadt-Consistorium eine Verfügung mit dem Auftrage an den Superintendenten: „unsre sämmtlichen Herren Prediger so freundlich als dringend zu ermahnen und aufzufordern, nun auch redlich zu halten und zu thun, was sie in der stattgefundenen Synodalsitzung gelobt haben, nämlich: auf dem ihnen allein möglichen Wege der freien evangelischen Belehrung, sowohl auf der Kanzel, als auch bei der speciellen Seelsorge, vorzüglich aber im Confirmandenunterricht das, was sie als wahr und als den von menschlichen Zusätzen befreiten Aussprüchen der heiligen Schrift gemäß gemeinschaftlich anerkannt haben, nunmehr freimüthig zu lehren und zu bekennen und solchergestalt die hiesige evangelisch-lutherische Einwohnerschaft auf die im Werk seiende Union der beiden bisher getrennt gewesenen Confessionen auf eine zweckmäßige und würdige Weise allmählig vorzubereiten." [1]

Solche, in großer Zahl vorhandene, Verfügungen waren die nothwendige Consequenz der Einsetzung unirter Behörden. Unmöglich konnten Behörden, welche einer Rechtsverletzung ihr Entstehen zu verdanken hatten, das Recht der lutherischen Kirche achten, ohne sich selbst zu cassiren. Und so war die Zusage, es sollten die Rechte und Freiheiten der lutherischen Kirche geachtet werden, schon zur Zeit, da sie gegeben wurde, thatsächlich gebrochen. Das Recht der Kirche, durch ihre eigenen lutherischen Behörden regiert zu werden, war ihr genommen und mußte ihr freilich genommen werden, damit die neue vereinigte evangelische Kirche zur Erscheinung käme.

---

[1] S. die Verhandlungen der Synode S. 38 f.

4. Die Einführung der gottesdienstlichen Union.

Durch die zwangsweise Einführung der Agende für die evangelische Kirche wird die lutherische Kirche aufs neue als ein selbständiger Organismus cassirt und der königliche Unionsplan nach Seiten des Gottesdienstes verwirklicht.

Daß Friedrich Wilhelm III. schon früh an die Herstellung einer neuen Agende dachte, welche dazu dienen sollte, die gewünschte Union zu vermitteln, ist bekannt.[1] Nicht minder ist bekannt, daß er diese Agende in den zwanziger Jahren mit Hülfe seiner Hoftheologen zu Stande brachte, daß sie den allgemeinsten Widerspruch fand, daß aber nach und nach durch Drohungen, Versprechungen, Orden, Würden und allerlei andere künstliche Mittel dieselbe doch zur Anerkennung gebracht und endlich auch befohlen wurde.[2]

Ganz abgesehen von ihrem liturgischen Werth und ihrem Inhalt war der Erlaß dieser Agende eine neue Vergewaltigung der lutherischen Kirche. Man mag über das liturgische Recht des Landesherrn denken wie man will: jedenfalls hatte der reformirte Fürst nach dem westfälischen Frieden kein Recht, unter Abschaffung alter lutherischer Agenden eine neue für die lutherische Kirche einzuführen.[3] Und noch weniger durfte er dieser Kirche eine durch reformirte Theologen approbirte Agende auflegen. Daß es doch geschehen konnte, war eine Folge der durchaus falschen Stellung des Königs in der Kirche und nur ein Glied in der langen Reihe von Gewaltthaten, welche an der lutherischen Kirche verübt worden waren.[4]

Aber es sollte die Agende auch gar nicht für die lutherische Kirche als solche bestimmt sein. Sie war für „die evangelische Kirche" passend gemacht. Sie sollte neben dem kirchenregimentlichen Bande, durch welches bereits die lutherische und reformirte Kirche

---

[1] Die Ordre von 1798 bei Wangemann I. S. 12. 13.

[2] Wangemann I. S. 55 ff. Meine „Errettung" S. 14 ff. Grote a. a. D. S. 184 ff.

[3] S. den betr. Artikel in m. „Errettung" S. 29.

[4] S. deren Zusammenstellung bei Grote S. 140 ff.

zu einem Kirchenleib verbunden waren, ein gottesdienstliches Band sein, durch welches beide Kirchen aufs neue in die Einheit einer evangelischen Kirche zusammengefaßt würden.

Denn der Ritus des Brodbrechens, welcher zum Unionssymbol bestimmt worden, war in der That nicht dazu angethan, eine vereinigte Kirche wirklich zu begründen. Die Annahme desselben offenbarte eigentlich nur die Unionsgesinnung, und es hätten auch bei seinem allgemeinsten Gebrauch beide Kirchen in rechtlicher Selbständigkeit neben einander fortexistiren können, nur mit einer ganz vereinzelten Veränderung ihres Ritus. Wenn nun aber mittelst der Agende eine völlige Einheit des Gottesdienstes für beide Kirchen geschaffen wurde, wenn in ihr die Differenzlehren auf künstliche Weise verdeckt wurden, damit beide ihre Ansichten darin finden sollten, wenn sich diese Agende gleich als für die „evangelische" Kirche bestimmt titulirte, wenn sie die Bekenntnißschriften der beiden Kirchen als neben einander in der evangelischen Kirche gültig hinstellte, wenn sie den unirten Behörden die Art der Verpflichtung auf die Symbole überließ (und zwar so völlig überließ, daß viele Geistliche nur auf das Apostolicum verpflichtet wurden, auch „lutherische" an „lutherischen" Gemeinden): [1] so kann man in alledem nur eine That sehen, welche sich der gewaltsamen Durchführung der kirchenregimentlichen Union ebenbürtig als gewaltsame Durchführung der gottesdienstlichen Union an die Seite stellt, nur daß hier, was die Einführung der Agende anlangt, ein stark diplomatischer Zusatz sich bemerklich macht.

Und so darf man auch in der Agendensache aufs neue die eigentliche Absicht des Königs wieder erkennen. Ihm kam es an auf die Herstellung einer evangelischen Kirche als corporativer Einheit, also auf die Herstellung eines Organismus, wie er rechtlich bis dahin noch nicht bestanden hatte. Und dazu war der Erlaß der Agende trefflich geeignet; denn auch die Agende

---

[1] Zehn Jahre nach Einführung der Agende wurde bei einem Provinzial-Consistorium amtlich angefragt, welche symbolischen Bücher an der betreffenden Stelle der Agende gemeint seien. Das Consistorium wußte es nicht zu sagen, sondern fragte erst in Berlin an!

schuf diese Existenz einfach dadurch, daß sie nach Titel und Inhalt dieselbe voraussetzte und das rechtliche Vorhandensein der lutherischen Kirche als einer selbständigen Corporation ignorirte. Im Princip eine Wiederholung desselben Verfahrens, das man bei Einsetzung kirchenregimentlicher Behörden für die „evangelische Kirche" beobachtet hatte.

Es ist später jeder Zusammenhang zwischen Union und Agende geleugnet worden. Indessen ist dieser Zusammenhang theils durch ausdrückliche Zeugnisse des Königs und seiner Räthe, theils durch den Inhalt der Agende so sicher festgestellt,[1] daß man diese Leugnung einfach zu den diplomatischen Mitteln wird rechnen dürfen, welche der Union den Weg haben bereiten müssen. Insofern allerdings war ein Unterschied, als man einerseits die Agende annehmen, andrerseits den Beitritt zur Union verweigern konnte. Indessen was es damit auf sich hatte, ist von selbst klar, und wir werden es auch noch sehen.

5. Der vorläufige Abschluß des Unionswerkes im Jahr 1830.

Nachdem 1830 die meisten Gemeinden für den Beitritt zur Union gewonnen worden sind und die kirchenregimentlichen Behörden sämmtlich sich für die Union erklärt haben, ist die Absicht des Königs, eine evangelisch-christliche Kirche mit Aufhebung der Sonderkirchen zu gründen, in der Hauptsache erreicht.

Was war noch zu thun? In der Hauptsache war die Absicht des Königs bereits völlig erreicht, wie er selbst in der Ordre vom 4. April 1830 anerkannte, daß das heilsame Werk der Union „in der wichtigsten Beziehung hinreichend vorbereitet" sei.[2] Es war das um so mehr der Fall, als schon seit 1820 die Candidaten, falls sie auf eine Anstellung rechneten, sich für die Union und seit 1828 für die Agende mittelst Revers zu erklären hatten. Die beabsichtigte evangelische Kirche bestand bereits; es konnte nur noch

---

[1] S. Wangemann I. S. 78.
[2] Ebenda S. 89.

darauf ankommen, eines Theils zur näheren Anordnung der Verhältnisse im einzelnen das Nöthige zu verfügen, andern Theils in
irgend welcher Form eine Erklärung der Gemeinden zu gewinnen,
daß sie mit dem neuen Zustand einverstanden seien und als Glieder
der evangelischen Kirche auch die rechte evangelische d. i. Unions-
Gesinnung hätten. [1])

Und so wurden denn im ausgedehntesten Maß Verfügungen
erlassen zum Besten der Union. Man wollte versuchen, die Namen
„lutherisch" und „reformirt" zu beseitigen; man machte den Unions-
charakter der Gemeinden von einfachem Majoritätsbeschluß abhängig;
man erklärte den etwaigen Wunsch, daß ein Mitglied einer unirt
gewordenen Gemeinde lieber einer lutherischen sich anschließen wolle,
für einen tadelnswerthen aus unlautern Quellen des Eigensinnes
und Eigennutzes hervorgehenden Versuch, der Union entgegen zu
wirken; man wollte bei Besetzung der Pfarrstellen auf die Confession
möglichst keine Rücksicht mehr nehmen; man erklärte das Vermögen,
die Stipendien und andere Güter der Sonderkirchen für Besitz
der evangelischen Kirche u. s. w. [2])

Die Hauptsache aber war, daß die Mitwirkung aller Behörden und Geistlichen in Anspruch genommen wurde, um die allgemeine Annahme des Unionsritus bei der Feier des heil. Abendmahls zu erzielen. Hiebei waltete nun die größte Verschiedenheit
ob. Während man an vielen Orten mit der Einführung des

---

[1]) Die Hauptsache war erreicht schon vor 1830, und für die Union
wäre es besser gewesen, die Gemeinden auch 1830 nicht mit hinein zu ziehen
und den Widerstand einzelner gegen die Agende gewähren zu lassen. Dies
scheint jetzt auch anerkannt zu sein, und die lutherischen Kirchen der neupreußischen Landestheile werden wohl thun, es nicht zu übersehen. Sie dürfen nicht
warten, bis sie expressis verbis aufgefordert werden, der Union sich anzuschließen, was wahrscheinlich nie geschehen wird, wenn nicht auf ihren eigenen Wunsch. Aber die Union läßt sich successive durch eine Reihe von Maßregeln einführen, die, wenn sie keinen Widerstand finden, eine ausdrückliche
Annahme der Union ersetzen und überflüssig machen. Der Anfang ist mit solchen Maßregeln auch jetzt in den verschiedenen neuen Provinzen gemacht, und
der Widerstand ist noch keineswegs so energisch, wie zu wünschen wäre.

[2]) Wangemann I. S. 90 ff.

Ritus so geheim als möglich vorging, damit nur die Gemeinden ja nichts von der Veränderung merken sollten, wurde dagegen an anderen Orten für die ausführlichste eingehendste Belehrung gesorgt, so daß nicht der geringste Zweifel darüber bestehen konnte, was man vorhabe. Das letztere geschah namentlich in Breslau. In allen Häusern und auf den Straßen wurde das „Wort brüderlicher Belehrung" vertheilt, in welchem der Superintendent Dr. Tscheggey mit fast allen Breslauer Geistlichen das Ziel: „die Vereinigung der reformirten und lutherischen Confession zu einer einigen evangelischen Bruderkirche" offen und klar hinstellte, welche durch die Fürsorge des Königs auf den Punkt hingeführt worden sei, von wo aus sie ohne Schwierigkeit vollendet werden könne. [1]) Wo solche Erlasse kund gegeben worden, da konnte jedermann wissen, was nun vor sich gehen sollte, und da wußte es auch jedermann.

Wenn aber auch anderwärts, obwohl längst nicht allerwärts, die Gemeinden nichts rechtes darüber erfuhren, was der neue Ritus des Brodbrechens, der nun wirklich an den meisten Orten eingeführt wurde, bedeuten sollte, so konnten und mußten es doch alle Geistlichen wissen. Ihnen gegenüber gingen die Vorgesetzten, namentlich die Generalsuperintendenten ganz offen mit der Sprache heraus. „Wenn unter Gottes Zulassung, schrieb der schlesische Generalsuperintendent Bobertag, [2]) die eine evangelische Kirche sich wieder (!) in zwei Parteien spaltete (!), so war dies allerdings ein dem menschlichen Anscheine nach beklagenswerthes Ereigniß, dessen Folgen bis auf unsere Zeit schmerzlich gefühlt wurden. Erst dieser unsrer Zeit war es vorbehalten, das Getrennte wieder zu einigen. — Wie können wir, theure Brüder, unsre Dankbarkeit gegen Gott, daß er uns diese Zeit erleben ließ, besser an den Tag legen, — als wenn wir dieses königliche Wort in seiner ganzen segensreichen Bedeutung aufnehmen, und soviel in unsern Kräften steht, das dadurch begonnene Werk der Union zu seinem Ziel zu führen uns bemühen. Lassen Sie uns vergessen, was hinter uns ist und in

[1]) Mitgetheilt von Scheibel, Unionsgeschichte I. 77 ff., im Auszug bei Wangemann I. S. 178 ff.

[2]) Scheibel, Unionsgeschichte II. S. 277 f.

Friede und Liebe bemühen, das Werk der Union zu vollenden; dies wird geschehen, wenn wir die Parteinamen „reformirt" und „lutherisch" als von nun an der Geschichte allein angehörend aufgeben und uns gemeinsam in Eine evangelische Kirche vereinigen, wenn wir ferner — die Gemeinden dahin führen, daß sie sich zur Annahme des der Abendmahlseinsetzung des göttlichen Erlösers mehr entsprechenden Ritus des Brodbrechens bereit erklären, durch welchen Ritus die Annahme der Union symbolisch bezeichnet wird."

Es handelte sich also um Abschaffung der lutherischen Kirche als solcher und um Neubildung der evangelisch-unirten Kirche, [1] und zwar vornehmlich in der Hinsicht, daß die Gemeinden diesem Vorhaben auch ihrerseits Beifall geben möchten. Das Säcularfest der Augsburg'schen Confession sollte der lutherischen Kirche nun völlig den Todesstoß geben, und dieser letzte Stoß sollte ins Herz treffen. Denn nun ward die Union auch als Abendmahlsgemeinschaft durchgesetzt und zwar, wie es hiebei nicht anders ging, unter Theilnahme der Gemeinden. Nachdem die Union im Kirchenregiment und im Gottesdienst durch einfachen Befehl des Königs vollzogen war, schloß man mit der Union am Altar und wußte, da ein Befehl hier nicht thunlich schien, die Gemeinden so zu leiten, daß sie mit verhältnißmäßig wenigen Ausnahmen, theils mit, theils ohne Bewußtsein auch nach dieser Seite hin der Union sich anschlossen. Die kirchenregimentlichen Behörden und Personen traten als solche sämmtlich der Union bei.

Wenn der König nun auf seine Erfolge zurücksah, wenn von allen Seiten Berichte einliefen über den Gebrauch des Unionsritus, wenn die neue Agende als allenthalben (mit ganz vereinzelten Ausnahmen) im Gebrauch befindlich angemeldet wurde, so durfte er sich sagen, daß sein Plan zwar noch nicht völlig, aber doch der Hauptsache nach ausgeführt sei. Die Eine evangelische Kirche, von welcher die erste Unionsordre geredet hatte, war da; die bisherigen beiden Sonderkirchen waren als selbständige Organismen beseitigt. Der alte Wunsch des preußischen

---

[1] So auch Wangemann I. S. 105.

Fürstenhauses, den zu verwirklichen seit etwa zweihundert Jahren die verschiedensten Anstrengungen gemacht worden waren, durfte nun als erfüllt gelten. Die stets behauptete wesentliche Einheit beider protestantischer Kirchen schien nun thatsächlich durch die verhältnißmäßig so leichte Einführung und die so bereitwillige Annahme der Union documentirt zu sein.

Allerdings hatte eine Anzahl von Gemeinden den Beitritt versagt. Indessen war das doch die Minorität, von der man hoffen durfte und hoffte, daß sie allmälig zu besserer Erkenntniß kommen würde. Sie galten als solche, die in ihrer christlichen Erkenntniß noch nicht weit genug vorgeschritten seien, wie Dr. Tscheggey andeutete. Ueberdies war es auch mit der Erklärung, der Union nicht beitreten zu wollen, eigenthümlich bestellt.

6. Die Freiheit, der Union beizutreten oder nicht beizutreten.

Die Freiheit, der Union nicht beizutreten, war lediglich die Freiheit, etwas zu sagen, was doch nicht gethan werden durfte. Und noch dazu war diese Freiheit nicht der lutherischen Kirche bewilligt, sondern einzelnen Gemeinten und Personen.

In der Ordre von 1817 hatte der König erklärt, daß er in der Unionsangelegenheit nichts verfügen und bestimmen wolle, und auch die Erlasse von 1830 kommen häufig darauf zurück, daß die Absicht des Zwanges völlig fern liege und Freiheit gegeben sei, die Union auch abzulehnen. Was hatte eigentlich diese Zusage für einen Inhalt, und was war's für Gewinn, wenn jemand von dieser Freiheit Gebrauch machte?

Wenn man sonst nichts wüßte, könnte man meinen, daß damit jeder Gemeinde Freiheit gegeben war, das zu bleiben, was sie war, nämlich ein Glied am Organismus der lutherischen Kirche, und sich fern zu halten von der allgemeinen evangelischen Kirche, sofern diese ein äußerer Organismus war! Wenigstens hätte es so gemeint sein müssen, wenn es nach Recht und Gerechtigkeit hätte gehen sollen. Aber so war es nicht gemeint. Ob die lutherischen Ge-

meinden dem unirten Regiment unterthan sein wollten, das stand
gar nicht in ihrer Freiheit.

Oder hatte nun wenigstens eine lutherische Gemeinde das
Recht, auf ihrer eignen Gottesdienstordnung zu bestehen und also
die Agende abzulehnen? Keineswegs. Auch die der Union nicht
beigetretenen Gemeinden waren verpflichtet, die Agende zu gebrauchen.

Was bedeutete es also, wenn eine Gemeinde die Erklärung
abgab, sie wolle der Union nicht beitreten? Nicht mehr, noch weniger als dies: sie war dispensirt von dem Ritus des Brodbrechens
beim heiligen Abendmahl; übrigens aber befand sie sich mit den
unirten Gemeinden in völlig gleicher Lage. Mit andern Worten:
sie durfte wohl sagen, sie wolle sich nicht uniren; sie wurde aber
ohne weiteres von oben herab doch unirt; denn welcher Art der
ganze Leib, solcher Art auch das Glied.

Oder wenn einzelne Lutheraner den Beitritt zur Union verweigerten, während die Gemeinde als Ganzes beitrat, so stand diesen
einzelnen ebenfalls frei, zu gewissen Zeiten das heilige Abendmahl
ohne das Brodbrechen zu verlangen; übrigens aber galten sie, die
nicht unirten, fortwährend als Glieder der einst lutherischen, jetzt
unirten Gemeinde. Das war die Freiheit.

Doch wirklich, noch etwas anderes durfte eine der Union nicht
beigetretene Gemeinde verlangen, nämlich einen Pastor lutherischen
Bekenntnisses. Das war für den Fall gestattet, daß irgendwo Unzufriedenheit entstände. War diese Maßregel besonders insofern von
Bedeutung, als sie zeigte, wie aus sich die Union gar kein Interesse
daran hatte, das lutherische Bekenntniß als solches noch ferner zu
pflegen, sich vielmehr den Schein solcher Pflege immer erst von
unten her abdringen und abringen ließ, so hatte sie in Wahrheit
für die Lutheraner gar keinen Werth, da ja seit 1820 alle Candidaten für die Union sich erklären mußten. So waren wieder
nur solche lutherische Geistliche zu haben, welche zur Union standen.

Alle diese Seltsamkeiten wurden nun erklärt durch den Satz:
Der Beitritt zur Union involvirt keinen Confessionswechsel: ein Satz,
der besagen sollte, daß mit dem Beitritt zur Union nicht die Annahme eines neuen Glaubens verbunden sei. Aber abgesehen da-

von, daß doch der König weder im Stande, noch befugt war, festzustellen, was Confessionswechsel sei und was nicht: jedenfalls hatten die Unionsmaßregeln einen Kirchenwechsel zu Stande gebracht, und es war sehr fraglich, oder vielmehr gar nicht fraglich,
ob das Freiheit oder Freiwilligkeit genannt werden dürfe, wenn
jemandem die Zugehörigkeit zu einer neuen kirchlichen Corporation
aufgezwungen, dabei aber verstattet wurde, seinen bisherigen
Glauben zu behalten.

Denn schließlich bestand doch die ganze Freiheit darin, daß
etwas gestattet wurde, was eben nicht verboten werden kann, daß
jedem erlaubt war, eine der Union abgeneigte Gesinnung zu haben
und dieser Gesinnung durch die Ablehnung des Ritus Ausdruck
zu geben.

Sollte eine wirkliche Freiheit in Sachen der Union herrschen,
so war es überhaupt nicht genug, einzelne Gemeinden und einzelne
Glieder zu befragen oder auf deren Reclamationen zu warten;
sondern es war die lutherische Kirche als solche zu befragen in
ihren rechtmäßigen Vertretern und auf Grund ihres öffentlichen Bekenntnisses, ob sie zur Selbstaufgabe und zum Eingang in die neue
Kirche bereit sei. Freilich solche rechtmäßige Vertretung war nicht
da, und statt sie zu schaffen, wenn es möglich war, betrachtete der
König sich sammt seinen unirten Behörden als solche· rechtmäßige
Vertretung mit dem nicht ausgesprochenen, aber aufs gründlichste
gehandhabten Wahlspruch: l'église c'est moi.

7. Die evangelische Kirche in Preußen eine Schöpfung des Staates.

Die Union mit staatlichen Mitteln eingeführt, auf weltlichem Princip beruhend,
mit Hülfe des Rationalismus zu Stande gebracht, war nicht eine That
der Kirche, sondern eine That des Staates.

Daß die Herstellung der evangelischen Kirche ein Werk des
Staates war, dürfte nach allem bisherigen zu Tage liegen. Mit
solchen Mitteln, theils diplomatischen, theils gewaltsamen, ist noch
nie eine Kirche ins Leben gerufen worden. Man kann nicht ein-

mal sagen, daß der König als oberster Bischof die Befehle erlassen
habe, sondern als König redete er zu seinen Unterthanen und
forderte von ihnen Unterthanengehorsam. Als König, der bei seinem
Volke beliebt war, lud er es ein, seinem Beispiel zu folgen. Als
König, der die Macht in Händen hatte, setzte er die ganze Staats-
maschinerie, geistliche und weltliche Behörden sammt der Ordens-
commission in Bewegung, um seinen Plan ins Werk zu setzen.
Nicht die lutherische und die reformirte Kirche als
solche haben sich zu einer Kirche vereinigt; sondern
beide sind durch die Gewalt des Staates zu einer Kirche
vereinigt worden.

Aber auch auf die innerlichen Motive ihrer Entstehung gesehen
hat die evangelische Kirche nicht einen geistlichen Ursprung gehabt.
Als durch Luther die Reformation ins Werk gesetzt wurde, da entstand eine Kirche, deren tiefste Wurzel in der Frage lag: was soll
ich thun, daß ich selig werde? In dem Verhältniß des Menschen
zu Gott, in dem Bedürfniß der Gewißheit des Heils, in Buße und
Glaube liegen die Beweggründe, welche damals zu einer neuen
Schöpfung trieben. Dort ging die ganze Bewegung vom Glauben aus,
und erst nach und nach kam es zu den nothwendigen Verfassungs-
gebilden. Wie ganz anders alles im Anfang unseres Jahrhunderts!
Bei Entstehung der evangelischen Kirche wird ganz willkürlich eine
Einheit des Glaubens angenommen, ohne daß man auch nur den
Versuch macht, dieser Einheit einen gültigen Ausdruck zu geben, und
ohne daß man mehr als ein vages unbestimmtes Gefühl derselben hat; nur das Verhältniß der Menschen unter einander wird
ins Auge gefaßt, wie es sich einen selbständigen Ausdruck geben
soll in Friede, Liebe und Duldung. Dieses Princip ist aber nicht
nur dem direct entgegen gesetzt, welches die Grundlage der lutherischen Kirche ausmacht; es ist überhaupt in dem Fall gar kein christlich religiöses, sondern ein staatliches, ein weltliches Princip, sobald
es das einzige, oder doch das erste dem Glauben übergeordnete
Einheitsband sein soll. Darum ist denn auch die seit 1817 her-
gestellte Kirche eine wesentlich andere, als nach dem lutherischen
Bekenntniß eine Kirche sein soll. Während dies Bekenntniß zwar

nicht Einheit der Verfassung und Gebräuche, jedenfalls aber Einheit des Glaubens und der Lehre verlangt, kehrt die Union es um und verlangt für die evangelische Kirche nicht eine in gemeingültiger Form festgestellte Einheit des Glaubens und der Lehre, sondern hält es für genug, wenn nur Liturgie und Verfassung einheitlich normirt sind, damit sich beruhigend, daß in den „Hauptsachen des Christenthums" (welche das seien, sagt sie auch nicht) Einheit des Glaubens vorhanden sei.[1] Und darum war es ganz dem Wesen dieses Princips entsprechend, wenn man bei dem Aufbau der evangelischen Kirche mit dem äußerlichsten, der Verfassung, anfing, um erst dann zu dem mehr innerlichen fortzuschreiten.

Es kann an diesem Urtheil auch nichts ändern, wenn daran erinnert wird, daß doch König Friedrich Wilhelm III. die besten Absichten gehabt, und ein warmes Herz für die Angelegenheiten der Kirche in ihm geschlagen habe. Gewiß; aber man ist fast versucht thöricht zu reden: es wäre besser gewesen, wenn damals ein König regiert hätte, welcher sich gar nicht um die Kirche gekümmert hätte. Den Grund zu einer gedeihlichen Entwicklung der Kirche zurück zum alten Glauben hatte Gott schon gelegt; es galt nur ihm zu folgen in seinen Wegen, daß es besser würde.

Aber wollte nicht auch der König dem Rationalismus wehren? Ja wohl; aber daneben und zuerst wollte er die Union. Oder sollte nicht gerade die Union dazu dienen, den Unglauben zu unterdrücken? Vielleicht; die officiellen Erlasse sagen davon nichts; jedenfalls war das Unionsinstrument, die Agende, zu solchem Zweck mit bestimmt.[2] Aber ehe man sich solchen Erwägungen hingibt, wolle man doch nicht vergessen, daß die Unionspläne des Königs aus einer Zeit stammen, in welcher er selbst noch den Rationalis-

---

[1] Wie das auch im Wesentlichen von Männern der Union selbst anerkannt worden ist. Vgl. Krüger, Berichte über die erste evangelische Generalsynode Preußens, S. 130 f. „Der Einheitspunkt der unirten Gemeinschaft ist nicht die Wahrheit, sondern die landeskirchliche Organisation". Dr. Kahnis in dem Aufsatz „Die Union" in der Allg. evang. luth. Kirchenzeitung, 1868. S. 111.

[2] Vgl. die Vorrede zur Ausgabe der Agende von 1829 bei Lührs „Die Union in Altpreußen", Braunschweig 1868. S. 11 ff.

mus als einen Fortschritt betrachtete. Nicht so steht die Sache, daß der König auf den Gedanken der Union durch den Wunsch einer Wiederherstellung des alten Glaubens gebracht worden wäre; sondern er wollte die Union für sich, und als ihm die Trostlosigkeit der ungläubigen Theologie klar geworden war, da schien's ihm ganz annehmlich, wenn die Union auch mit zu deren Ueberwindung sich verwenden ließe.

Ueberdies war es ihm von Anfang an klar, daß die Union überhaupt nur deßhalb Aussicht auf Erfolg habe, weil die Kirche, sowohl die lutherische als die reformirte, von ihrem alten Standpunkt abgewichen war. Es war ihm nicht verborgen, daß er eben doch in dem Rationalismus den besten Bundesgenossen für die Durchführung der Union habe. Und hätte er ja daran gezweifelt, so mußte ihm das die Augen öffnen, daß sämmtliche rationalistische Geistliche zwar gegen die gläubige Agende, aber für die Union waren. Trotzdem hielt er an seinen Plänen fest; er verschmähte diese Bundesgenossenschaft nicht, um die Exklusivität des Sonderbekenntnisses zu vernichten, in der Hoffnung, daß nach dem Sieg über die veralteten Einseitigkeiten auch die neuerfundenen Irrthümer sich würden abschaffen lassen.

Gerade daran aber wird aufs neue offenbar, wie so ganz und gar die Union und die unirte Kirche ein Staatsinstitut ist. Man darf billig fragen, ob wohl jemals ein seltsameres Experiment in und mit der Kirche gemacht worden ist. Erst soll der Rationalismus helfen, die Union einzuführen, und dann soll die Union wieder helfen, den Rationalismus auszutreiben:[1] — was ist denn

---

[1] Jedenfalls hat der Rationalismus hiebei immer noch das beste Geschäft gemacht. Er braucht nur das Princip der Union hinsichtlich der Unwesentlichkeit des Dissensus consequent anzuwenden, um auch den symbolischen Consensus loszuwerden. Warum soll die Gottheit Christi eine gewissere Wahrheit sein, als etwa die Gegenwart seines Leibes und Blutes im Sacrament? Der Protestantenverein macht nur Ernst mit dem Unionsprincip, nach dem die Kirche soll zu bestimmen berechtigt sein, was in Gottes Wort wesentlich und was unwesentlich ist. S. Erlanger Zeitschrift 1868. Heft 3. S. 144 ff. Desgl. Allgem. ev. luth. Kirchenzeitung 1869. Nr. 2. S. 20. 1868 Nr. 7. 103 f.

das anders, als die Kirche zum Schauplatz menschlich klügelnder und berechnender Staatspolitik machen?

Man tadelt die großen Kirchenversammlungen am Ende des Mittelalters, daß sie meinten, eine Erneuerung der Kirche durch allerlei äußerliche Verordnungen und Veränderungen bewirken zu können. Aber man muß ihre Weisheit hoch preisen gegenüber der Reformationsweisheit unseres Jahrhunderts. Denn diese letztere suchte eine Besserung dadurch zu erzielen, daß sie zwei Hauptschäden der Kirche mit einander verband und aus ihrem Zusammenwirken ein Produkt hervorgehen ließ, welches als das Bessere hingestellt wurde, in Wahrheit aber nur ein neuer Schaden war. Die beiden Schäden, von denen allerdings nur der eine als solcher erkannt wurde, hießen Rationalismus und Staatsgewalt in der Kirche; mit Hülfe des ersten producirte der zweite den dritten: die Union. Die Einführung der Union war ein theilweiser Sieg des Un= glaubens über den Glauben und der vollendete Triumph der unumschränkten Gewalt des Staates über die Kirche.

Wir müssen daher auch aus tiefster Ueberzeugung widersprechen, wenn man sagt: „die Einführung der Union ist zu ihrer Zeit ein Fortschritt aus dem Unglauben heraus zum Glauben gewesen."[1]) Das ist unmöglich. Was der Staat im Bunde mit dem Unglau= ben ins Leben ruft, das hat mit dem Glauben nichts zu thun, und Ungerechtigkeit ist nie ein Fortschritt zum Besseren. Das Leben, welches in jener Zeit wieder erwachte, hat ganz andere Quellen und lief auch in ganz andern Kanälen, als die Kreise, aus denen die Union stammte, sich bewegten. Daß es seitdem besser geworden ist in der Kirche, ist nicht der Union Verdienst, sondern des Gottes, der nach seiner Barmherzigkeit zum Guten zu lenken pflegt und gelenkt hat, was Menschen böse nicht machen wollten, aber gemacht haben.

Die vereinigte evangelische Kirche kann auf einen wirklich geist= lichen Ursprung keinen Anspruch machen; sie ist und bleibt eine Schöpfung des Staates.

---

[1]) Wangemann I. S. 44 f.

8. Die Schuld der lutherischen Kirche.

Die Hauptschuld aller an ihr verübten Gewalt trägt die lutherische Kirche, welche ihres Glaubens vergessen hatte und stillschweigend oder ausdrücklich alles gut hieß, was zu ihrer Beseitigung geschah.

Es ist aber keineswegs die Meinung, damit etwa den König für alles das verantwortlich zu machen, was damals im Interesse der Union geschehen ist. Es unterliegt gar keinem Zweifel, daß er mit allem in bester Meinung und in dem guten Glauben gehandelt hat, sowohl weise, als auch gerecht zu verfahren. Daß er aber in diesem Irrthum sich befinden und bleiben konnte, daran ist vor allem die lutherische Kirche selbst schuld. Sie trifft der Hauptvorwurf; sie wäre berufen gewesen, zu zeugen und zu streiten und sich zu wehren gegen alle die Maßregeln, welche sie abschaffen wollten. Sie that es nicht; sie konnte es nicht thun, und daß sie es nicht konnte, war ihre Schuld.

Sie hatte ihres von Gott ihr verliehenen Schmuckes, der reinen unverfälschten Lehre vergessen und dafür falsche Juwelen aus dem Kramladen der Vernunft eingetauscht, die mit trügerischem Schein die Augen blendeten. Wie alle Untreue, so brachte auch diese ihr Gericht mit sich. Es wiederholte sich, was Israel so oft erfahren hatte, wenn der Abfall von Gott es in die Gewalt fremder Völker brachte: je mehr die Kirche sich hingab an die Auctorität einer natürlichen von Gott entfremdeten Vernunft, desto mehr ward sie von Gott hingegeben an die Gewalt eines dem Namen nach wohl christlichen, in der That aber doch creatürlich gearteten Staates. Sie begehrte Freiheit von dem Buchstaben des göttlichen Worts und der Bekenntnißschriften und erlangte immer härtere Knechtung unter dem Regiment des Staats. Das Wort Christi: „mein Reich ist nicht von dieser Welt" schien in jeder Beziehung vergessen zu sein. Weil von der Welt war, was die Kirche ihren Glauben nannte, darum war es in Ordnung, daß auch von der Welt war, was die Kirche ihr Regiment nannte. Weil ihre Bekenntnißschriften dem Namen nach wohl als Bekenntnißschriften, in Wahrheit als Antiquitäten galten, darum war es ein gerechtes Gericht, daß ihr Regiment dem Namen nach ein kirchliches, in Wirklichkeit ein weltliches war, und daß ihre Diener angesehen wurden als Staatsdiener — der sechsten oder siebenten Rangclasse.[1]

Wenn noch wenigstens der Schrei der Noth sich hätte hören lassen, der je und je vor Gottes Thron gekommen ist, so oft Israel aus dem fremden Diensthause sich wieder aufmachte zu seinem Gott! Aber nicht einmal schreien konnte die Kirche; sie befand sich ganz wohl in ihrem Zustande, innerlich und äußerlich. Einzelne waren wohl übrig geblieben, die etwas von ihrer Noth erkannten; aber es waren eben einzelne. Wohl schrieben damals (1809) sieben schlesische Geistliche an den König:[2] „Sire, geben Sie die prote-stantische Kirche sich selber wieder. Wir haben keine protestantische Kirche mehr. Was wir haben, ist ein bloßer Schatten des Ver-lornen. Von dem einst mit begeisterter Kraft aufgeführten Gebäude sind nur noch öde zerfallende Trümmer übrig; kalt oder verachtend geht der große Haufe an ihnen vorüber; aber die Edlen erschüttert gewaltig der Anblick dieser Verwüstung. Sire, Sie sind der erste protestantische Fürst in Deutschland, — in Europa! Werden Sie der Wiederhersteller einer protestantischen Kirchenverfassung, wie sie unserm Zeitalter angemessen ist." So schrieben diese Geistlichen, und man sieht, es klingt darin ein Ton der Sehnsucht wieder nach alter verlorner Herrlichkeit. Aber wenn sie im Verlauf des Schrei-bens vornehmlich das bitten, daß „das tiefgesunkene Ansehen" des geistlichen Standes gehoben werden möge, wenn sie das vom Könige bitten, wenn sie von diesem überhaupt alles Heil hoffen, in dessen Stellung zur Kirche ein so großer Theil des Schadens lag, so sieht man wohl, daß die rechte Erkenntniß noch nicht da war. So richteten sich einst die Augen Juda's nach Egypten, daß diese Weltmacht helfe gegen Assur.

Man kann sich daher nicht wundern, daß die lutherische Kirche sich die Einsetzung unirten Regiments gefallen ließ. Eben darum aber kann man sich noch weniger wundern, wenn der König glaubte, damit etwas sehr gutes und heilsames zu thun.

Der Gedanke der Union fand in der That auch in der luthe-

---

[1] Vgl. Richter a. a. O. S. 246.
[2] Gaß a. a. O. S. 275 ff.

rischen Kirche den allgemeinsten Beifall. Als die Kabinetsordre von
1817 mit ihren Kränkungen für das lutherische Bewußtsein erlassen
wurde, da fühlte sich diese Kirche gar nicht gekränkt. Beweis genug, daß das lutherische Selbstbewußtsein erloschen war. Aber wer
will den König tadeln, daß er auf seinem Wege weiter vorschritt?
Die Kirche, die jene Ordre willig und schweigend hinnahm, war
ihrer werth und alles dessen, was darauf folgte.

Einzelne wenige erhoben ja ihre Stimme im Namen der
lutherischen Kirche, wie z. B. Scheibel schon früh. Aber sie ver-
schwanden neben der großen Mehrzahl völlig, so daß man es wieder dem Könige kaum verdenken kann, wenn er diese einzelnen für
Sonderlinge hielt, die man tragen müsse, auf die man aber im
Ganzen und Großen nicht Rücksicht zu nehmen brauche.

In Summa darf man sagen, daß keine einzige von allen den
Gewaltthaten, welche wir berichtet haben, hätte ausgeführt werden
können, wenn nicht die lutherische Kirche selber zu ihnen geschwiegen, sie freudig begrüßt, sie mit befördert hätte. Ein festes ge-
schlossenes Zusammenstehen auf dem Grund des Bekenntnisses hätte
alle Unionspläne im Keime erstickt; denn der König wollte nicht
Gewalt, sondern Gerechtigkeit üben. Daß aber die lutherische Kirche
solche Stellung nicht einnahm, dafür konnte der König nichts, daran
war sie selber allein schuld. Sie hatte ihre Krone sich nehmen lassen.

———

Es ist diese kurze Darstellung des Angriffs, welchen der Staat
mittelst der Union auf die lutherische Kirche machte, nicht in dem
Sinne geschehen, als sollte damit etwas Unbekanntes berichtet werden. Es schien nur nöthig, die Sachlage kurz und deutlich zu
bezeichnen, welcher sich die wenigen Lutheraner gegenüber gestellt
sahen, die an ihrer eigenen lutherischen Kirche festzuhalten entschlossen waren. Sie standen nicht Begriffen, sondern Thaten gegenüber; sie hatten nicht einen Kampf um Principien, sondern um
vollbrachte Thatsachen zu führen. Es war die Frage, ob die
Existenz der neubegründeten evangelischen Kirche die
Sonderexistenz einer eignen lutherischen Kirche ausschließen müsse und dürfe.

Zweiter Abschnitt.

Die lutherische Kirche im Kampf um ihre selbständige Existenz.

Wenn auch im Großen und Ganzen die lutherische Kirche gegenüber den Unionsmaßregeln sich passiv verhielt, so fehlte es doch nicht gänzlich an solchen, welche ihrer Kirche und ihrem Bekenntniß um jeden Preis treu zu bleiben entschlossen waren. Namentlich hatte Professor Dr. Scheibel in Breslau von Anfang an die Entwicklung der Union mit Sorge beobachtet, und je mehr es deutlich wurde, daß es sich um eine Abschaffung der alten lutherischen Kirche handelte, desto mehr sich zu ernstem Widerstande gerüstet. Ein nicht unansehnlicher Theil der Elisabetgemeinde, die er als Diaconus mit zu versorgen hatte, stand zu ihm, ebenfalls entschlossen, für das Recht der lutherischen Kirche einzutreten und nicht Glieder der neu zu erbauenden Kirche zu werden. An diesen Stamm schlossen sich dann nach und nach an andern Orten Pastoren und Gemeinden, auch einzelne Gemeindeglieder an, so daß bald in den verschiedensten Theilen des Landes eine ernstliche Nothwehr gegen die zu Gunsten der Union beliebten Uebergriffe des Staates versucht wurde.[1]

Zunächst handelte es sich dabei um die Unionsmaßregeln, welche bis 1830 zur Unterdrückung der lutherischen Kirche verfügt worden waren. Ein neues Streitobject aber lieferte später der Staat mit der Kabinetsordre vom 28. Februar 1834, welche, bestimmt dem Widerstand der Lutheraner ein Ende zu machen, denselben nur desto energischer herausforderte. Hienach theilt sich

---

[1] Die Einzelheiten s. bei Scheibel, Actenmäßige Geschichte der neuesten Unternehmung einer Union. Zwei Bände. Leipzig 1834; ferner bei Wangemann I. S. 121 ff. und II.; in meiner „Errettung" S. 31 ff.

die Geschichte jenes lutherischen Kirchenkampfs von selbst in zwei Abschnitte, in die Zeit vor und die Zeit nach dem 24. Februar 1834.

Daß nun damals überhaupt eine kräftige Reaktion gegen das Anbringen der Union nöthig gewesen sei, wird von allen wirklichen Lutheranern ausnahmslos anerkannt. Aber die Art, wie damals von lutherischer Seite gestritten worden ist, wird bemängelt und für unberechtigt erklärt. Theils die Begründung jenes Widerspruchs, theils dessen Form, theils die Ausdehnung, welche man ihm gegeben hat, theils auch alles zusammen hat sich hart verurtheilen lassen müssen. Insonderheit ist's Wangemann gewesen, welcher jene Kämpfe einer Kritik unterzogen hat, als deren Ergebniß eine völlige Verurtheilung sowohl dessen was vor, als auch dessen was nach 1834 von den Lutheranern gethan worden ist, sich herausgestellt hat.

Wir haben seine Angriffe nun zu prüfen, wenigstens die Hauptangriffe. Da das Verhalten der lutherischen Gemeinde in Breslau unter Leitung des Dr. Scheibel und des Professor Huschke ein getreues Bild des gesammten Kampfes, wie er von 1830—33 sich gestaltet hat, abgiebt, so wird es genügen, zunächst bei Scheibel stehen zu bleiben. Erweisen sich die gegen ihn erhobenen Beschuldigungen als ungegründet, so wird der ganze Kampf jener schlesischen Lutheraner principiell richtig sein, so weit sie Scheibels Stellung eingenommen haben und in seinen Wegen gewandelt sind.

Sind aber die gegen Scheibel erhobenen Vorwürfe erledigt, so wird sich's zum andern um die Bedeutung der Kabinetsordre vom 28. Februar 1834 handeln, damit klar werde, was sie giebt und was sie versagt, und ob sie soviel gegeben hat, daß der auch nach ihrem Erscheinen fortgesetzte Widerstand verwerflich erscheinen muß.

1. Scheibels Verhältniß zu der reformirten Kirche.

So sehr anzuerkennen ist, daß Scheibel in seinem Urtheil über die reformirte Kirche sich vieler Härten, ja Ungerechtigkeiten schuldig gemacht habe, so hat er doch in der Praxis die richtige alte lutherische Stellung zu derselben eingenommen.

In großer Ausführlichkeit sucht Wangemann zu zeigen,[1]) daß Scheibel gegenüber den Reformirten eine falsche unchristliche Stellung eingenommen habe. Er häuft zum Zweck dieses Nachweises eine Menge der härtesten Urtheile über die reformirte Kirche zusammen, die sich in seinen Schriften zerstreut finden. Es wäre leicht zu zeigen, daß diese Aeußerungen doch manchmal nicht so schlimm sind, wie sie Wangemann versteht. Indessen da die Aufgabe dieses Buches nicht ist, alle Worte und Thaten Scheibels zu vertheidigen, wollen wir im Allgemeinen diese Behauptung zugeben. Es ist wahr, Scheibel kann von Maßlosigkeit, großer Härte, ja Ungerechtigkeit gegen die Reformirten nicht freigesprochen werden. Namentlich sind viele von dem egyptischen Götzendienst hergenommene Vergleiche in ihrer Anwendung auf die Reformirten entschieden zu mißbilligen, wenn dieselben freilich auch für einen Nichtkenner der Scheibelschen Gedankengänge gefährlicher und gehässiger lauten, als sie gemeint sind.

Zwar beschränkte Scheibel sein verwerfendes Urtheil auf die reformirte Kirche und Theologie und wollte über die Personen durchaus kein Richter sein. Was er seinen unirten Collegen gelegentlich schrieb:[2]) „ich richte nicht über Ihrer aller Persönlichkeit. Derselbe Herr, der jeden Irrthum mit göttlicher Schärfe und Tiefe darstellte, gebietet doch auch: richtet nicht, so werdet ihr nicht gerichtet. Es ist der Herzenskündiger, und die Geschichte lehrt, wie tausendfach verschieden die Ursachen der Ueberzeugung nach den einzelnen Individuen sind"; das wollte er auch auf die Personen

---

[1]) a. a. O. I. S. 154 ff.
[2]) Unionsgeschichte II. S. 112.

der reformirten Theologen anwenden. Indeſſen hat auch darin Wangemann Recht, daß Scheibel im Urtheil über die Einzelnen gleichfalls ſich nicht vor Unbilligkeiten, vor dem von ihm nicht gewollten Richten gehütet hat.

So bereitwillig dies aber zugeſtanden wird, ſo muß doch an dieſem Punkt nach zwei Seiten hin gegen Wangemanns Darſtellung Einſpruch erhoben werden.

Zum erſten hätte er Scheibel nicht ſolche Sachen nachſagen müſſen, wie die, daß dieſer z. B. die Verwaltung des Abendmahls nach reformirten Grundſätzen für eine Todſünde erklärt habe, [1]) oder daß er gemeint habe, Lutheraner dürften mit den Reformirten nicht irgend welches Kirchengebet gemeinſam haben. [2]) Gegen das erſte bemerkt ſchon Grote mit Recht, daß ja Scheibel nur geſagt habe, er würde eine Todſünde begehen, wenn er ſeiner gewiſſen Ueberzeugung entgegen das Abendmahl reformirt verwalte. [3]) Das zweite richtet ſich ſelbſt, wenn man nur an das Vaterunſer denkt.

Zum andern aber — was folgt denn aus dieſer falſchen Stellung Scheibels zu den Reformirten? Man mag um derſelben willen ihm Verſündigungen vorwerfen; man mag ihm theologiſche Irrthümer nachweiſen: aber für die Berechtigung ſeines Kirchenkampfes würden dieſe Irrthümer erſt dann in Frage kommen, wenn man zugleich nachweiſen könnte, daß ſie in der Praxis, in der kirchlichen Behandlungsweiſe, die er den Reformirten angedeihen ließ, eine concrete Geſtalt gewonnen hätten, mit andern Worten, wenn behauptet werden könnte, daß das kirchliche Verhalten Scheibels ganz oder zum Theil aus ſeinen theoretiſch falſchen Urtheilen über die reformirte Kirche erklärt werden müſſe.

Indeſſen davon iſt gar keine Rede. Vielmehr ſteht es in Wirklichkeit ſo, daß in praxi Scheibel gegenüber der reformirten Kirche genau die Stellung eingenommen hat, welche Luther in

---

[1]) Wangemann I. S. 165.
[2]) I. S. 192.
[3]) Was iſt die Union? S. 206.

Marburg und während seines ganzen Lebens einnahm. „Ihr
habt einen andern Geist als wir", das hat Scheibel wie
Luther in allen Tonarten wiederholt, und darüber könnte man
streiten, welcher von beiden es in der härtesten Form gethan habe. Was
liegt aber an der Form, wenn die Sache richtig war! Wenn er
in der reformirten Theologie „das Element der Vernunftvergötte-
rung" zu finden meinte, — was sagte er im Grunde anderes
damit, als was die alte lutherische Kirche stets der reformirten
Schuld gegeben hatte, den rationalistischen Zug in ihrer Lehre!
Und wenn er jede kirchliche Gemeinschaft mit den Reformirten
ablehnte, so war das wiederum nicht seine Privatstellung, sondern
die Stellung der lutherischen Kirche. In Summa: er hielt die
reformirte Kirche für eine solche, die mit falscher Lehre behaftet sei,
und dies mag man ausdrücken, so hart oder so gelinde man will,
die Consequenz bleibt immer die: darum keine Gemeinschaft auf der
Kanzel, am Taufstein, am Altar. Mit dieser Anschauung stand
Scheibel auf festem lutherisch geschichtlichen Boden, auf dem Grunde
der Symbole, in den Fußstapfen der Väter, am Ende einer langen
Reihe von Zeugen. Und mit dieser Anschauung stellte er sich diametral der Anschauung des Staats entgegen, welcher eine langjäh-
rige Arbeit um die Reinheit der Lehre in den Streitfragen igno-
rirend durch ein Machtgebot den Lutheranern eine neue, dem Zeitgeist entsprechende Anschauung aufzulegen versuchte. Will man
darum Scheibel schelten, so trifft das Scheltwort nicht ihn, sondern
die lutherische Kirche, und zwar diese zur Zeit ihrer Kraft und
Blüthe.

Sein kirchliches Handeln ging hervor nicht aus den mancherlei
Ungerechtigkeiten in der Beurtheilung, deren er sich ja unleugbar
schuldig machte, sondern aus seiner richtigen lutherischen Ueberzeugung.
Man lasse alle seine zu harten Verwerfungsaussprüche weg: das
bleibt immer, daß er die Gemeinschaft mit der reformirten Kirche
ablehnen mußte, solange er sich auf dem Grunde der lutherischen
Symbole befand. Er huldigte eben noch dem vermeintlichen Sectengeist früherer Jahrhunderte, welchen Wangemann selbst als „die

4

Treue, mit welcher die Lutheraner ihr anvertrautes Pfund vertheidigt haben," richtig erklärt. ¹)

2. Scheibel gegenüber der neuen Agende.

Scheibel konnte sich nicht begnügen, den Gebrauch einzelner Partieen in der neuen Agende abzulehnen, sondern mußte sie als Unionsinstrument ganz von der Hand weisen. Eine Pflicht, sie anzunehmen, lag ohnehin in keinem Fall vor, da der König nicht berechtigt war, der lutherischen Kirche eine Agende zu octroyiren.

Daß die Herstellung und Einführung der neuen Agende für die evangelische Kirche in Preußen mit der Einführung der Union in genauestem Zusammenhang stand, war nicht nur aus dem geschichtlichen Verlauf und aus der Anlage der Agende von selbst klar, sondern war auch von Anfang an von competenter Seite offen ausgesprochen worden. Noch 1830 bei den ersten Verhandlungen, welche der Oberpräsident v. Merckel und der Generalsuperintendent Bobertag mit Scheibel führten, wurde theils stillschweigend, theils ausdrücklich anerkannt,²) daß die Agende vornehmlich bestimmt sei, der Union vorzuarbeiten.

Hatte also Scheibel Recht, kirchliche Gemeinschaft mit den Reformirten für unerlaubt zu halten, so war das erste, was er thun mußte und that, daß er Annahme und Gebrauch der neuen Agende rund verweigerte. Denn ein Buch wurde ihm angeboten, welches den Zweck hatte und seinem Inhalt nach dem Zweck entsprach, die lutherische Kirche in die reformirte aufzulösen. Zwar war dieses nicht der ausgesprochene Zweck der Agende. Aber daß er es sachlich war, behauptete Scheibel,³) und selbst Wangemann muß ihm darin Beifall geben. Letzterer schreibt von der Union:⁴) „erfüllt sie den ausgesprochenen Zweck, eine neue Kirche zu

¹) I. S. 32.
²) Scheibel, Unionsgeschichte S. 37. 55.
³) Ebenda S. 117. 171.
⁴) I. S. 35.

bilben, in welcher der Lehrunterschied für indifferent erklärt und der Irrthum der Wahrheit als coordinirt mit gleicher Berechtigung zur Seite gestellt wurde, so war allerdings das vollzogen, was hier in Abrede gestellt wird, die lutherische Kirche war in die reformirte übergegangen und hatte ihre selbständige Existenz in dem Maße völlig verloren, als jene dieselbe im wesentlichen unverändert, nur in ein wenig erweiterter Form beibehalten hätte." Ist dies richtig und ist andrerseits gewiß, daß diese Union durch die Agende in die Gemeinden gebracht werden sollte, so hatte ja Scheibel Recht zu sagen, daß die Agende die Lutheraner reformirt machen sollte. Darum lehnte er sie ab.

Zwar darf auch hier das Zugeständniß nicht zurückgehalten werden, daß Scheibel — worauf Wangemann viel Gewicht legt[1] — im einzelnen die Agende sowohl, als ihre Verfasser ungerecht beurtheilt habe, daß er auch an solchen Stellen reformirtes Wesen gefunden habe, wo davon gar nicht die Rede sein konnte, und daß er darum allerorten listige Absichten der Verfasser auf Vernichtung des Lutherthums gewittert habe. Indessen auch dies trägt für das Recht seiner Sache nichts aus. Allerdings haben die Verfasser der neuen Agende nicht die bewußte Absicht gehabt, das Wesen des Lutherthums zu vernichten. Will ja die Union selbst nicht diese Absicht gehabt haben. Was sie ausstreicht, rechnet sie ja nur zum außerwesentlichen. Aber jedenfalls kann nicht geleugnet werden, daß die in der neuen Agende beliebten Aenderungen der Formulare mit der bewußtesten Absicht vorgenommen worden sind, weil man eben eine Form gewinnen wollte, die beiden Confessionsverwandten genügen möchte. Und wenn Scheibel weiter behauptet hat, daß dabei auch die Absicht obgewaltet habe, die Einfältigen mit dem Schein des Lutherthums zu täuschen, so gewinnt diese Behauptung einen starken Anhalt daran, daß man später von einem gewissen Zeitpunkt an plötzlich jeden Zusammenhang zwischen Agende und Union zu leugnen anhob, eine Thatsache, welche doch zeigt, daß dabei nicht alles lauter und richtig zugegangen ist.

---

[1] I. S. 173.

Wie dem nun auch sei: gleichwie Scheibel trotz vielen Unrechts im einzelnen den Reformirten richtig lutherisch gegenüber stand, so hatte er trotz mancher unbilligen Ausstellungen im einzelnen nicht minder Recht, wenn er eine Agende in Gebrauch zu nehmen sich weigerte, welche ebensowohl absichtlich wie thatsächlich die Eigenthümlichkeit des lutherischen Bekenntnisses beseitigte.

Mit dieser Weigerung soll er nach Wangemann zu weit gegangen sein. Nur soweit die Agende „die Tendenz hat, die lutherische Abendmahlslehre zu verschweigen", hätte sich Scheibel widersetzen dürfen. Denn seine Position mußte die sein: „ich bin ein lutherischer Pastor, meine Gemeinde eine lutherische Gemeinde, zum Wesen einer lutherischen Gemeinde gehört nach Geschichte und Recht, daß sie ein gesondertes reinliches Bekenntniß habe und allen ihren Lebensäußerungen zu Grunde lege; dieses Recht wird gefährdet durch die principielle Abendmahlsgemeinschaft mit solchen, die nach den Lehrsätzen unsrer Kirche von deren kirchlicher Gemeinschaft ausgeschlossen sind, die Agende will zu diesem Unrecht helfen; deßhalb ist es mir Gewissenssache und gebotene Pflicht, sie, soweit sie eben die Tendenz hat, die lutherische Abendmahlslehre zu verschweigen, nicht zu gebrauchen und meine Gemeinde davor zu warnen." [1]

Allein damit konnte sich Scheibel unmöglich begnügen. Es war ja gar nicht nur die Lehre vom Abendmahl, in welcher die Agende das lutherische Bekenntniß ausstrich („abschwächte"), sondern, wie Wangemann selbst einräumt,[2] auch die Lehren vom Teufel und von der Taufe, und wie hinzugefügt werden muß, von der Erbsünde. Jedenfalls hätte also doch Scheibel seine Weigerung auch auf die Theile der Agende ausdehnen müssen, welche in den letztgenannten Stücken anstößig waren.

Aber auch abgesehen davon, durfte ihm denn das ganz gleichgültig sein, welchen Zweck die Agende verfolgte? Wenn eine lutherische Gemeinde das Recht hat, allen ihren Lebensäußerungen das lutherische Bekenntniß zum Grunde gelegt zu sehen, wie Wangemann

---

[1] Wangemann I. S. 192.
[2] I. S. 77.

eben sagte, — war nicht die Agende gerade eine Lebensäuße-
rung, welcher das lutherische Bekenntniß eben gar nicht
zum Grunde lag? Ein „Unionsvehikel"[1] war sie, um mit
Wangemann zu reden, eine „Unionsphalanx", — sollte das lutherische
Position sein, eine solche anzunehmen? Eine Todeserklärung für
die lutherische Kirche war diese Agende.[2] Oder war es nicht buch-
stäblich wahr, wenn bald hernach die Breslauer Gemeinde an den
König schrieb: „wir sehen ein, daß, da die Agende das einzig Po-
sitive ist, welches bis dahin die unirte evangelische Kirche hat, ihre
Annahme viel sicherer in dieselbe hinein bringt, als die bloße Erklärung, sich uniren zu wollen, welche ohne Existenz der Agende
etwas an sich Hohles sein würde?"[3] Und nicht minder treffend
bemerkte Huschke:[4] „so haben wir denn allerdings größtentheils
lutherisches Wort, aber überall reformirten Geist (in der Agende).
— Wäre die Agende nicht dazu gemacht, der Union erst ihr Dasein zu sichern? Ist es nicht bekannt, daß bloß der Zweck, die Union
von außen einzuschwärzen, weil es vom Glauben aus nicht gehen
wollte, auf die Idee dieser Agende gebracht hat? Setzt nicht die
Agende selbst, indem sie sich eine Agende für „die evangelische
Kirche in Preußen" nennt, die Union voraus? und fängt eben damit gleichsam alle Kirchen, die sich durch sie täuschen lassen, in
dem Netz der Union?"

Wenn nun auch der Magistrat von Breslau und andre Behörden wiederholt versicherten, daß die Annahme der Agende nicht
zugleich Annahme der Union sein solle,[5] was hatte diese Versicherung für eine Bedeutung, als daß sie ein Zeugniß war von der
grenzenlosen Unfähigkeit — oder Unwilligkeit — der Behörden, die
in Rede stehenden Fragen zu fassen! Die neugebaute evangelische
Kirche war wie ein Gemach, in welches zwei Thüren gehen, die
eine war die Unionserklärung, die andere war die Annahme der

---

[1] I. S. 70.
[2] S. den ersten Abschnitt Nr. 4.
[3] Scheibel, Unionsgeschichte II. S. 100.
[4] Theologisches Botum eines Juristen, S. 15—17.
[5] Scheibel, Unionsgeschichte II. S. 65.

Agende. Durch die erste Thür brauchte niemand zu gehen; durch die zweite sollte jeder gehen. Was half es die Versicherung zu geben, daß man dann nicht in dem Gemach sich befinden würde, wenn man durch die zweite Thüre eingetreten sei! Man befand sich doch darin. Das war Scheibel von Anfang an klar; darum mußte er die Agende als Ganzes ablehnen.

Ueberhaupt ist aber nicht abzusehen, wie Scheibel aus dieser Ablehnung ein Vorwurf soll gemacht werden können. Denn eine Pflicht, sie anzunehmen, lag für ihn auf keinen Fall vor, auch dann nicht, wenn ihre Bedeutung als Unionsinstrument hätte beseitigt werden können. War ja doch die Agende ganz rechtswidrig entstanden. Hier hatte der König nichts, aber auch gar nichts zu befehlen, und so konnte auch von einer Pflicht des Gehorchens nicht im mindesten die Rede sein. Und dies war nicht eine Privatmeinung Scheibels, sondern eine deutliche offenkundige Thatsache. Ganz abgesehen von allen theologischen und kirchlichen Gründen, — ein Blick ins Allgemeine Landrecht Theil II., Titel 11 § 46 und 47 konnte ja zeigen, daß die Kirchengesellschaft selbst über ihre Gottesdienstordnung zu bestimmen hatte. Und so war Scheibel im vollsten Recht, wenn er als ersten durchschlagenden Grund gegen die Agende geltend machte:[1] „Alle Anordnungen des Gottesdienstes (sowie der Religionslehre und des Religionsunterrichts) können in der evangelisch lutherischen Kirche, deren Diener ich bin, nur nach dem göttlichen Wort und den symbolischen Büchern, als nach diesem Wort gefertigten Bekenntnißschriften, gemacht werden und demnach nur von der Kirche selbst ausgehen, die diesen Glauben hat und bekennt. Se. Majestät unser allergnädigster König, haben auch in Höchstbero Gesetzbuch diese Religionsfreiheit unsrer Kirche anerkannt und bestätigt und insbesondere in ihrem Huldigungseide beschworen." Es war eine ganz grobe Unwahrheit, wenn in einem Ministerialrescript die Einführung der Agende als auf verfassungsmäßigem Wege geschehen hingestellt wurde.[2] Von reformirten und unirten Theolo-

---

[1] Unionsgeschichte II. S. 31.
[2] Ebenda II. 159.

gen ausgearbeitet, von einem reformirten Fürsten befohlen — welches von beiden rechtswidriger sei, könnte die Frage sein.

Dies alles wird nun auch von Wangemann behauptet. [1]) Auch er kann die Entstehung der Agende nicht für eine dem gesetzlichen Stande und dem kirchlichen Recht entsprechende achten. Wie soll aber dann noch Scheibel irgend ein Vorwurf treffen? Er lehnte ja nur ab, was ihm niemand aufzunöthigen berechtigt war. Und auf den Unterthanengehorsam wird man sich doch in diesem Fall nicht berufen dürfen, wie Herr v. Merkel und andere thaten. Wird man nicht vielmehr von einem richtigeren Standpunct sagen müssen, daß grade auch dem König gegenüber für Scheibel die Liebespflicht vorlag, nicht zu gehorchen, um ihm wo möglich die Augen über das begangene Unrecht zu öffnen? Und Scheibel liebte seinen König.

Was ist es nun anders, als ein Mittel, die Begriffe seiner Leser zu verwirren, wenn plötzlich Wangemann den Widerstand Scheibels gegen die Agende aus trüben Quellen herzuleiten sucht mit den Worten: „seine (Scheibels) radicalen Verfassungsideen ließen ihn überall Cäsaropapismus wittern.“ [2]) Nun wahrlich, hier war nichts zu „wittern“; der Cäsaropapismus lag klar vor. Um ihn zu sehen, brauchte man weder „radicale“, noch irgend welche Verfassungsideen zu haben, wenn man nur zwei Paragraphen im Landrecht lesen konnte. Mag auch immerhin Scheibels Theorie über Kirchenverfassung falsch gewesen sein — wir wollen sie weder im Ganzen verwerfen, noch im Einzelnen vertheidigen — hier handelte es sich nicht im mindesten um Theorieen, sondern um Rechte und Pflichten, die auf Grund der Staatsgesetze und der Bekenntnißschriften ganz zweifellos waren. Seine Gedanken über Verfassung und die Frage, ob er die neue Agende ablehnen dürfe, und ob er sie ablehnen müsse — das sind zwei Dinge, die nichts mit einander zu schaffen haben. Und wenn er im Unrecht war mit seiner Forderung, daß eine Agende aus gemeinsamer Berathung aller Gemeinden hervorgehen müsse, so war doch soviel richtig, daß sie aus

---

[1]) I. S. 76. 77. S. Kahnis a. a. O. S. 108.
[2]) I. S. 169.

der Kirche hervorgehen müsse und ihr nicht von außen her aufge-
nöthigt werden dürfe.

Daß Scheibel die Agende ablehnte, dazu hatte er das Recht,
und es war seine Pflicht.

3. Scheibel's Ziel.

Nachdem die Union eingeführt und die unirte Kirche hergestellt war, mußte es
Scheibel für seine Pflicht halten, für sich und alle seine Gesinnungsgenossen die Erhaltung einer selbständigen lutherischen Kirche außerhalb der
evangelischen Kirche zu erstreben.

Mit der Ablehnung der neuen Agende glaubte aber Scheibel
noch keineswegs genug gethan zu haben. Dies genügte wohl, so
lange er in seiner Stellung als lutherischer Pastor an einer anerkannt lutherischen Gemeinde war. Aber nun trat zweierlei ein.
Er wurde suspendirt, und die Elisabetgemeinde trat im Großen und
Ganzen der Union bei. Nun handelte es sich nicht mehr blos um
die Agende. Noch kurz vor seiner Suspension hatte er für sich
und die mit ihm einverstandenen Gemeindeglieder das Recht, eigenen
Abendmahlsgottesdienst in der Sacristei der Elisabetkirche halten zu
dürfen, gefordert. [1] Hienach wäre diese Kirche eine Simultan-
kirche geworden, gebraucht von einer lutherischen und einer unirten
Gemeinde. Aber auch die lutherische Gemeinde wäre ein Glied der
evangelischen Landeskirche geworden und wäre als eigne Gemeinde
mit Scheibels Scheiden wohl eingegangen. Lag aber hier eine Un-
klarheit auf Seiten Scheibels vor; seine Gegner halfen ihm bald
zu völliger Klarheit.

Er wurde suspendirt, und der einzige Rechtstitel dieser Suspension war die Sorge um die Union. [2] Daß er nicht irgendwie
das Zustandekommen der Union hindern, oder auch nur demselben
Schwierigkeiten bereiten möge: das war der ausgesprochene Zweck

---

[1] Unionsgeschichte II. S. 44. 45.
[2] So Wangemann I. S. 189.

bei seiner Suspension.[1]) Wenigstens sprachen es Merkel und Bobertag ganz deutlich aus, während allerdings der Magistrat zu verhüllen suchte. Es ist durchaus ungenau, wenn später immer wieder behauptet worden ist, Scheibel sei um seines in der Agendensache bewiesenen Ungehorsams willen suspendirt worden. Deutlich genug aber sagte diese Suspension, daß für Männer wie Scheibel in der neuen Landeskirche kein Raum mehr sei, daß die lutherische Kirche der neuen evangelischen geopfert worden sei.

Unmittelbar mit dieser Suspension fiel nun das zusammen, daß die Breslauer Gemeinden vermittelst des Unionsritus unter Vorgang fast aller Geistlichen ihren Beitritt zur Union erklärten. Sehr einfach hätte die Sache nun gelegen, wenn gar keine Gemeindeglieder vorhanden gewesen wären, die bei der lutherischen Kirche hätten bleiben mögen. Dann hatte Scheibel in Breslau nichts mehr zu thun. Aber es waren genug treue Lutheraner da, vornehmlich in Folge seiner früheren Wirksamkeit. Da hielt er es denn für seine Pflicht, wenigstens diesem Ueberrest zu retten, was noch zu retten war, und verlangte also, gestützt auf das uralte Recht der lutherischen Kirche in Schlesien, daß diese wenigen, die nun einmal von der neuen evangelischen Kirche nichts wissen wollten, in ihrem Recht geschützt und ihnen gestattet werde, die lutherische Kirche in früherer Selbständigkeit fortzusetzen.

Nicht blos Dispensation von dem Gebrauch der Agende, nicht blos Rückgabe der alten Formulare verlangte er; nicht wollte er mit dem Rest seiner früheren Gemeinde eine lutherische Gemeinde nur in der Weise bilden, daß er doch in den Verband der neuen evangelischen Kirche getreten wäre, sondern er forderte nun das Anerkenntniß, daß neben und außerhalb der durch so viele Maßregeln hergestellten Unionskirche auch die lutherische Kirche, zunächst in Breslau, bestehen bleiben dürfte.

Um was es sich für ihn handelte, hören wir am besten mit

---

[1]) Unionsgeschichte II. S. 51 f.; vgl. auch das Druckverbot S. 66, in welchem Scheibel getadelt wird, daß er in kaum glaublicher Verblendung dem christlichen Wunsch des Königs, daß die Union zu Stande komme, offenbar entgegen trete.

seinen eignen Worten:[1] „Die Frage war nicht, ob noch lutherisch
gepredigt und Kinder unterrichtet werden dürfen? ja selbst nicht,
ob nicht etwa noch dem einzelnen für seine Person lutherische Abend=
mahlsgebete vergönnt würden, sondern, ob noch die lutherische
Kirche mit freier selbständiger Verfassung im preußi=
schen Staat wie seit dreihundert Jahren bestehen dürfe?
Denn nur eben dadurch erhalten ja lutherisches Abendmahl und
Predigt ihre Sicherheit und volle Bedeutung. Denn eine Kirche ist
eine Einheit; eine Vermischung von reformirtem und lutherischem
Abendmahl ist daher eine Kirchenheuchelei, und die Zulassung von
lutherischer und reformirter Predigt in derselben Kirche ein Selbst=
widerspruch, und was noch schlimmer, eine kirchliche Approbation
des Glaubens=Indifferentismus d. i. des Unglaubens. Ebenso wenig
kommt es darauf an, ob noch ausnahmsweise hie und da lutherische
Ueberzeugung dem Einzelnen gestattet, lutherische Theologie gelehrt,
lutherisch gesinnte Prediger angestellt werden dürfen, und überhaupt ein
lutherisches Einwirken vom Geiste aus gestattet sei; sondern von der
Kirche ist die Rede, die mehr ist, als bloßer Geist und zufällige
geistige Einwirkung, und die Kirche, der Leib des Herrn, wird zer=
stört, wenn die reformirte und lutherische collegialisch verbunden
sind, wenn ein und dasselbe Kirchenbuch mit seinen geschraubten
Phrasen nur zum Ausdruck des Zweifels und Indifferentismus
dient, wenn Ein Kirchenregiment beide Kirchen umfaßt." Und wo
Scheibel auf die mancherlei Concessionen zu reden kommt, die da=
mals hinsichtlich des Agendengebrauchs gemacht wurden, sagt er in
demselben Sinn:[2] „Aber bei all diesem Nachgeben für jeglichen
Wunsch wurde doch einer streng versagt, der Hauptwunsch für alle,
die noch wußten, was Reich Christi ist: die innerste Gemeinde dieses
Reichs, die lutherische Kirche eben als gesonderte Kirche
erhalten zu wissen."

In diesem Sinne waren auch die Petitionen abgefaßt, welche
nun Scheibel im Verein mit dem Rest seiner Gemeinde und eini=

---

[1] Unionsgeschichte I. S. 215.
[2] Unionsgeschichte I. S. 130.

gen Zuzüglern aus andern Gemeinden an den König richtete. Es war keineswegs so, daß man zuerst nur wenig, hernach immer mehr und größeres gefordert hätte. Vielmehr war das Ziel jetzt so genau gesteckt und stand so deutlich vor Augen, daß man die Summa alles Begehrens völlig richtig zu formuliren wußte. Gleich die erste Petition vom 27. Juni 1830, also unmittelbar nach Scheibels Suspension, sprach zwei Bitten aus, deren eine ein Provisorium, deren andere ein Definitivum begehrte. Die Gemeinde bittet nämlich:[1] „für jetzt uns unsere treuen Lehrer Münster, Scheibel und Thiel[2] zu lassen und uns zu erlauben, daß sie uns auf die durch lange Zeiten begründete durch Luther selbst zum Theil eingeführte Weise des Gottesdienstes zu erbauen fortfahren; für die Zukunft aber uns durch Anerkennung einer besondern von der allgemeinen evangelischen getrennten, lutherischen mit ihrer eigenthümlichen Verfassung versehenen und zur Anstellung von Lehrern ihres Sinnes berechtigten Kirche allergnädigst sicher zu stellen.“ Mehr als dieses ist von den Lutheranern auch später nie verlangt worden. Sie haben ihr Begehren im einzelnen genauer formulirt, konnten aber nie darüber hinausgehen.

Diese Forderung aber: Erhaltung einer eigenen lutherischen Kirche hielten sie unverändert aufrecht, gestützt einerseits auf das Wort Gottes und das Bekenntniß ihrer Kirche, welche beide eine Vereinigung mit den Reformirten nicht gestatten, andrerseits auf feierlich verbriefte und beschworne Rechte, an dreihundert Jahre alt, welche das gesonderte Bestehen einer lutherischen Kirche in Preußen verbürgten.

Was sagten nun die Behörden zu diesen Forderungen?

Wenn man ihre beantwortenden Erlasse durchsieht, so hat man immer den Eindruck, daß sie entweder nicht wußten, wovon die Rede war, oder daß sie es doch nicht wissen wollten. Wenn sie auf eine Untersuchung der biblischen und theologischen Begründung, mit

---

[1] S. meine „Errettung“ S. 43.
[2] Thiel und Münster standen damals noch zu Scheibel.

der die Lutheraner vor sie traten, sich nicht einließen, so kann man
das den Staatsbehörden nicht gerade verdenken. Aber zunächst lag hier
gar nicht eine theologische Frage, sondern eine Rechtsfrage lag
vor, also eine solche, die zu untersuchen und auf welche einzugehen
recht eigentlich Beruf der Staatsbehörden war. Aber mit Recht
klagte Scheibel über die Erlasse:[1] „Von biblischen Gründen, ja
selbst von allen, mit vollem Recht erworbenen Privilegien der luthe=
rischen Kirche in den preußischen Staaten, insbesondere Schlesien
und namentlich Breslau ist nicht ein Wort erwähnt; nichts vom
Augsburgischen Religionsfrieden und Westfälischen Frieden, nach
welchem kein reformirter Landesfürst seine Religionsgrundsätze, und
zwar weder öffentlich noch heimlich bei seinen Unterthanen einführen
darf, nichts von den Eiden Friedrichs II., Friedrich Wilhelms II.
und Friedrich Wilhelms III. bei Uebernahme der Regierung, vom
Breslauer Frieden, selbst vom preußischen Gesetzbuch, in welchen
allen die lutherische Kirche als frei in allem ihrem kirchlichen Be=
stande mit den heiligsten Eiden und Zusagen aus königlichem Munde
und königlicher Feder bestätigt wurde; nichts von dem allen ward
erwähnt.“

Alle Appellationen an diese geschichtlichen Rechte wurden von
den Behörden mit einem einzigen kurzen Rechtsgrundsatz beant=
wortet: man muß dem Könige gehorchen. Unbekümmert
darum, daß gerade die Königlichen Verordnungen Gegenstand der
Klage waren, blieben sie unablässig dabei, auf den erforderlichen
Gehorsam zu pochen. „Es ist Ihre erste Pflicht, konnte v. Merkel
an Scheibel schreiben,[2] mit der Gottesfurcht Liebe für unsern er=
habenen frommen Landesherrn und Achtung und Gehorsam gegen
seine Gesetze und Anordnungen nicht nur selbst zu üben, sondern
auch zu predigen.“ Das schlesische Consistorium[3] konnte den
Lutheranern einen „Absonderungsgeist“ vorwerfen, „der den Cha=
rakter des kühnen Auflehnens gegen das, was zur allgemeinen

---

[1] Unionsgeschichte I. S. 214.
[2] Ebenda II. S. 38.
[3] Ebenda II. S. 159.

Ordnung gehört, unzweideutig ankündigt." Daſſelbe Conſiſtorium
findet die Forderungen der Lutheraner ſehr tadelnswerth, „weil
darin auf die unzweifelhafteſte Weiſe das Streben ſeiner Urheber
ſich ankündigt, von der beſtehenden kirchlichen Ordnung ſich loszu-
reißen und der dem Landesherrn zuſtehenden Autorität in Verwaltung der Kirchenangelegenheiten Eintrag zu thun." [1]   Der Vorwurf des Ungehorſams gegen die Obrigkeit, der in allen behördlichen
Erlaſſen mehr oder weniger ſtark ſich findet, iſt buchſtäblich das
einzige, was auf die ausführlichſten Auseinanderſetzungen über das
geſchichtliche Recht der lutheriſchen Kirche geantwortet wurde.

Daneben verſuchten die Behörden den Lutheranern gut zuzureden, die Unions- und Agendenſache in möglichſt unverfänglichem
Lichte darzuſtellen und namentlich unermüdlich einige gewährte Conceſſionen als völlig ausreichend zu charakteriſiren.   Sie wieſen nach,
daß die Agende aus dem redlichſten evangeliſchen Sinn Sr. Majeſtät
gefloſſen ſei, [2] daß dieſelbe nichts enthalte, was nicht bibliſch oder
ſonſt dem reinen evangeliſchen Lehrbegriff entgegen wäre, [3] daß die
Union ein gottgefälliges Werk ſei und in einer viel höheren, als einer
menſchlichen Hand liege, [4] daß für diejenigen, welche noch (!) Bedenken
tragen, dem heilſamen und Gott gefälligen Werk der Vereinigung der
evangeliſchen Glaubensgenoſſen ſich anzuſchließen, die Austheilung
des heiligen Abendmahls ohne den Ritus des Brodbrechens erfolge, [5]
daß durch die Agende keine Glaubensänderung herbeigeführt worden
ſei, [6] daß der Gebrauch der neuen Agende nicht den Beitritt zur
Union in ſich begreife, [7] daß ſogar auf Verlangen auch lutheriſche
Taufformulare bewilligt würden, und daß damit alles bewilligt
worden ſei, was zur Sicherung des Glaubens und der Glaubenslehre ſelbſt im weiteſten Umfang erforderlich ſein könne, zumal

---

[1] Unionsgeſchichte II. S. 196.
[2] So Merckel, Unionsgeſchichte II. S. 55.
[3] So der Magiſtrat, ebenda II. S. 105.
[4] So Merckel, ebenda II. S. 38. 39.
[5] [6] So das Conſiſtorium, ebenda II. S. 158.
[7] So das Conſiſtorium, ebenda II. S. 195.

mehrere tausend Geistliche und Gemeinden ohne alles Bedenken sich den bestehenden Anordnungen gefügt hätten. [1]

Also treue Lutheraner bitten darum, daß ihre alte privilegirte Kirche ihnen unverkümmert erhalten werde, daß man sie doch nicht nöthigen möge, der neuen evangelischen Kirche beizutreten: — und man bewilligt ihnen die vereinzelte Anwendung lutherischer Sacramentsformulare! Man sieht, die Antworten paßten gar nicht zu den Bitten. Sache der Behörden wäre es offenbar gewesen, entweder den Nachweis zu liefern, daß die lutherische Kirche auch jetzt noch gesondert bestehe, oder daß sie jetzt kein Recht mehr habe, gesondertes Bestehen zu verlangen, oder daß sie solches Recht überhaupt nie gehabt habe, oder daß wenigstens die Petenten für sich auf dies Recht sich nicht berufen dürften. Von dem allen schwiegen sie still, und für ihre Sache thaten sie wohl daran.

Wie nun damals die Behörden Scheibels Forderungen für zu weitgreifend hielten, so nun auch Dr. Wangemann. Seine Ausstellungen werden wir nun, nachdem Scheibels Ziel klar gestellt ist, prüfen können.

Er stellt nämlich die Meinung auf, daß Scheibel etwas ganz überflüssiges begehrt habe, weil in Wahrheit auch nach dem 25. Juni 1830 in Breslau, wie überhaupt in Preußen, die lutherische Kirche noch bestanden habe. Hören wir davon seine eigenen Worte: „Es war völlige Willkür, wenn Scheibel erklärte, die lutherische Kirche habe aufgehört zu existiren mit der Einführung der neuen Agende. — Es war noch gar keine ordnungsmäßige Anfrage an die Gemeinde und an ihre Vertreter ergangen, ob sie aufhören wollte, lutherisch zu sein, sondern nur eine Anzahl von Gemeindegliedern, man weiß nicht wer, noch wie viele, war an jenem Festtage zu dem unirten Abendmahl gegangen und hatte damit zum Theil mit Bewußtsein, zum Theil ohne Bewußtsein sich für die Union erklärt. Wie kann man irgendwie behaupten, daß dadurch die Gemeinde zu St. Elisabet aufgehört habe, eine lutherische

---

[1] So Altenstein, ebenda II. S. 231 und öfter.

zu seyn?"[1] — „Wann war der große Act vollzogen, durch welchen
diese Gemeinde aufgehört haben sollte, eine lutherische zu sein?
Dadurch etwa, daß ein Buch zu öffentlichem gottesdienstlichen Gebrauch hinein gebracht worden war? Wie denn nun, wenn dies
Buch vom nächsten König wieder herausgebracht würde? War dann
St. Elisabet wieder lutherisch? — Oder etwa dadurch, daß der
Unionsritus eingeführt war und damit die Sacramentsgemeinschaft
mit den Reformirten? Ist eine lutherische Gemeinde, die Reformirte zu Einem Abendmahl hinzu läßt, darum überhaupt nicht
mehr eine lutherische? Ist denn jeder Angriff auf den rein
lutherischen Charakter einer Gemeinde, jede Verdunkelung derselben,
jede Verletzung eines klaren Rechts schon eine Vernichtung derselben?
Und bot nicht die Union selbst die völlig genügenden Waffen dar,
um sich dieser Verdunkelung und Verletzung zu entledigen? Hatte
sie nicht wiederholt bekannt, daß sie kein Aufgeben des bisherigen
Glaubensbekenntnisses bezweckt? — Wir behaupten, die betreffenden
Gemeinden waren de jure lutherisch; es war kein kirchenrechtlich
gültiger Act vollzogen, der sie zu nichtlutherischen gemacht hätte."[2]

Hienach legt also Wangemann alles Gewicht darauf, daß die
Union auf eine rechtsungültige Weise eingeführt, also das Recht
der lutherischen Kirche durch dieselbe nicht aufgehoben worden sei,
also nach wie vor die lutherische Kirche in Preußen zu Recht bestanden habe. Nicht eine Beseitigung der lutherischen Kirche er-
blickt Wangemann in den damaligen Unionsmaßregeln, sondern
nur einen Angriff auf dieselbe, und zwar einen mißlungenen
Angriff.

Indessen selbst wenn wir diese Beweisführung als richtig
gelten lassen; dieselbe trifft Scheibel zunächst gar nicht. Denn
gesetzt auch, die lutherische Kirche hätte in Preußen noch nach 1830
bestanden; jedenfalls wird Wangemann zugeben müssen, daß sie
nicht mehr so bestand, wie früher, nicht mehr so, wie sie zu bestehen ein altes geschichtliches Recht hatte, als eigene Kirchengemein-

---

[1] Wangemann 1. S. 194 f.
[2] Ebenda S. 217.

schaft, als selbständige Corporation.[1]) Jedenfalls konnte von einem Vorhandensein der lutherischen Kirche nur in der Weise die Rede sein, daß man sie in der doch thatsächlich vorhandenen evangelischen Kirche mit vorhanden dachte. Ein solches Bestehen aber, als Theil eines größeren Ganzen, war jedenfalls etwas neues, nicht das hergebrachte, und das war's, worauf Scheibel immer wieder hinwies, und was die Behörden nicht sehen wollten, und was auch Wangemann gänzlich übersehen zu haben scheint. Er mag aus theologischen oder irgend welchen Gründen sagen, daß Scheibel sich mit dem vorhandenen Bestand hätte zufrieden geben sollen; aber nicht wird zu leugnen sein, daß blos auf das historische Recht gesehen, die lutherische Kirche ein mehreres zu fordern hatte, und zwar genau das, was Scheibel verlangte.

Doch abgesehen von diesem Umstand, auf den wir aber noch oft zurück kommen müssen, ist doch auch nicht zuzugeben, daß wirklich von einem Bestehen der lutherischen Kirche nach 1830 die Rede sein konnte, daß z. B. die Elisabetgemeinde in Breslau noch eine lutherische war.

Zwar das ist zweifellos richtig, wenn Wangemann behauptet, die Union sei auf völlig rechtswidrige Weise entstanden. Dieser sein Nachweis darf als eine der gelungensten Partieen seines Buches gelten.[2]) Aber daraus zu schließen, daß eine unirte Kirche nun auch nicht bestand, vielmehr die lutherische wie früher, daß sämmtliche früher lutherischen Gemeinden es auch jetzt noch waren: das dünkt uns eine „Geschwindigkeit".

Man stelle sich nur die Sachlage vor. Von höchster oberbischöflicher Stelle wird gesagt, daß eine Union gewünscht, daß die Herstellung einer neuen evangelischen Kirche beabsichtigt werde. Zu diesem Zweck wird eine neue Agende herausgegeben, welche nach Titel und Inhalt für die neue Kirche bestimmt ist, und eine Form wird festgesetzt (der Abendmahlsritus), vermittelst welcher der Bei

---

[1]) Vgl. den ganzen ersten Abschnitt.
[2]) I. S. 104—117.

tritt zu dieser Union documentirt werden soll. Zu guter letzt erklären fast sämmtliche Geistliche von Breslau ihren Gemeinden ganz laut und deutlich: „wir wollen nun eine unirte Kirche bilden, und unsern Beitritt zu derselben wollen wir durch Empfang des heil. Abendmahls nach reformirter Weise bezeugen." In alle Häuser wird diese Erklärung geschickt. Darauf hin empfangen viele Gemeindeglieder am bestimmten Tage das Abendmahl in der bestimmten Form, und in ihren Kirchen wird die Unionsagende gebraucht. Und nun sollte eine solche Gemeinde noch eine lutherische sein?

War sie es vielleicht dem Namen nach? Nein, der Name lutherisch war als Parteiname abgeschafft. Oder fand sie sich doch in dem großen Verband einer lutherischen Kirche, so daß sie als Glied des Ganzen eo ipso lutherisch war? Auch nicht; der äußere Organismus, dem sie angehörte, war längst ein gemischter. Ihr Gottesdienst war unirt. Ihre Prediger waren unirt. Ihr Kirchenregiment war unirt. Nun wird die Frage erlaubt sein: was in aller Welt hatte denn die Elisabetgemeinde noch irgend lutherisches an sich? Das Recht, antwortet Wangemann, hatte sie, eine lutherische zu sein. Ja freilich hatte sie von Alters her dieses Recht; aber sie hatte es sich — gern oder ungern, wissentlich oder unwissentlich — nehmen lassen. Und was man sich hat nehmen lassen, das hat man eben nicht mehr. Sie hatte das Recht auf lutherische Predigt; aber sie ließ sich andre gefallen; sie hatte das Recht auf lutherisches Abendmahl, aber sie war mit unirtem zufrieden. Ihr Recht war ihr genommen; alle Stützen dieses Rechts hatte man zerbrochen, und sie that nichts, um es wieder zu erlangen. Sie hatte ihr Recht verloren, und war thatsächlich ein Glied an dem Organismus der neuen evangelischen Kirche und selbst in all ihrem kirchlichen Leben unirt. Daß es so war, das war ein Unrecht; aber daß es ein Unrecht war, machte nicht, daß es nicht so war.

So unrechtmäßig die Union damals eingeführt wurde, sie war doch eine Thatsache. Und so unrechtmäßig die Niederdrückung der lutherischen Kirche war, eine Thatsache war auch das. Das Unrecht ist manchmal auch Recht, zwar nie in abstracto, aber oft in concreto. Das Unrecht, nach welchem die Union eingeführt, die lutherische Kirche beseitigt wurde, war damals das in Preußen gültige Recht, das von allen Behörden gehandhabte Recht, das von fast allen anerkannte Recht. Nach diesem Recht bestand in Preußen die evangelische Kirche, und das war die Thatsache, mit welcher Scheibel und seine An= hänger rechnen mußten. Sie sahen die Union vor sich als Sacramentsgemeinschaft, gottesdienstliche Gemeinschaft, Verfassungs= gemeinschaft. Und wenn sie daneben hörten, daß die Bekenntnisse noch in Gültigkeit seien und fanden in denselben gar nichts von kirchlicher Gemeinschaft mit den Reformirten, wohl aber ein entschie= denes „Damnamus", sollten sie diese Versicherung als eine Bürg= schaft für den Fortbestand ihrer Kirche annehmen? Oder mußten sie nicht vielmehr daraus schließen, daß der Union jedes Mittel passend sei, um für sich zu gewinnen, und mit doppeltem Ernst alles auf= bieten, daß nicht auch sie gefangen würden? Sie verstanden unter Auctorität der Bekenntnisse eine solche Auctorität, daß das Bekennt= niß „der Bestimmungsgrund des gesammten kirchlichen Gemeindelebens" [1] sein müsse. Aber wenn sie ihre Augen aufmachten, mußten sie sich fragen, welcher Theil des kirchlichen Lebens in der Landeskirche denn noch vom lutherischen Bekenntniß bestimmt sei? Es war keiner; alles war bestimmt durch Ordres und Rescripte, und diese Ordres kannten eine lutherische Kirche nicht.

Denn auch das ist einer Anerkennung der lutherischen Kirche nicht gleich, daß, wie Wangemann meint, die Behörden von der unirten Kirche nur als von einer werdenden geredet haben. [2] Das thaten sie manchmal, und manchmal auch nicht, — und ist denn das nicht, was wird und sich immer mehr vervollkommnet? Jeden= falls handelten die Behörden aus der Anschauung heraus, daß die unirte Kirche soweit fertig sei, um sich ihrem Princip gemäß immer weiter zu entwickeln. Vor allem aber hätte Wangemann nicht ver=

---

[1] v. Scheurl, Vortrag auf der Leipziger Conferenz 1867. S. 21. These 2.
[2] I. S. 218.

geſſen ſollen, daß alle Erlaſſe der Behörden von der lutheriſchen
Kirche nur als von einer verſchwindenden Partei redeten, die
ſich noch nicht ausdrücklich uniren wollte.

Wirklich verhielt es ſich ſo, wie Wangemann anderwärts ſagt:
„es konnte alſo nicht der geringſte Zweifel ſein, um
was es ſich bei der bevorſtehenden Säcularfeier handelte, nämlich um Bildung einer neuen unirten Kirche
und um Einführung der neuen Agende als ihres vor-
nehmſten Wegbahners.“ ') Dies alſo war die Abſicht —,
wäre dieſe Abſicht nicht verwirklicht worden? Was in aller Welt,
wenn wir von Scheibels vermeintlich unnöthigem Widerſtand ab-
ſehen, wäre denn der Verwirklichung in den Weg getreten? Es
ging ja alles nach der vorgeſchriebenen Schablone ſeinen Gang.
Wenn vor dem 25. Juni 1830 nicht der geringſte Zweifel ſein
konnte, daß die Abſicht auf Bildung einer neuen Kirche ging, —
aus welchem Grunde hätte Scheibel nach dieſem Termine Zweifel
hegen dürfen, daß dieſe Abſicht ausgeführt worden ſei? Stand
es aber ſo, dann war es recht eigentlich Aufgabe des lutheriſchen
Ueberreſt's, zwar nicht die Bildung der neuen Kirche zu verhindern,
aber die Erhaltung der alten Kirche zu fordern und auf allen
Wegen dahin zu ſtreben, daß wenigſtens ein Zweiglein von dem
großen lutheriſchen Baum unzerbrochen bliebe. Jeder Abzug von
dieſer Forderung wäre ein Aufgeben der lutheriſchen Kirche, als
eines eigenthümlichen Organismus, geweſen.

Es iſt merkwürdig, daß Wangemann einerſeits nicht leugnen
kann, daß es ſich 1830 um Bildung einer neuen Kirche gehandelt
habe, andrerſeits doch das Factum dieſer Neubildung beſtreitet.
Man fragt billig, was denn eigentlich nach ſeiner Meinung 1830
geſchehen ſei? Welche Bedeutung hatte denn jenes Heer von
Maßregeln, und welches Reſultat haben ſie zuwege gebracht? Er
meint, alle dieſe Maßregeln ſeien nur einzelne Rechtskränkungen geweſen, nur Angriffe auf den lutheriſchen Charakter der
Gemeinden, nur Verdunklungen und Verletzungen deſſelben; ſo ſei

') I. S 181.

5 *

auch die neue Agende nur ein Makel gewesen, mit dem die Gemeinden behaftet waren; aber dies alles habe nicht die Existenz der
lutherischen Kirche als solcher vernichtet.

Nun müssen wir als richtig anerkennen, daß eine Kirche sich
mancherlei Verletzungen und Verdunkelungen ihres Wesens gefallen
lassen kann, ohne darum in ihrem Wesen gänzlich vernichtet zu
werden. Was hat sich nicht alles die lutherische Kirche Preußens
in früheren Jahrhunderten gefallen lassen und hat doch ihre Existenz behauptet! Aber es wird auch Wangemann nicht leugnen
wollen, daß doch alles Ding sein Maß hat. Wieder müssen wir
fragen: was war denn nun der lutherischen Kirche irgend von
ihrer äußeren und inneren Eigenthümlichkeit als einer selbständigen
Kirche übrig geblieben? Und die Antwort lautet: schlechterdings
nichts, nicht einmal der Name! Ein „Angriff" mit solchem Resultat
ist aber nicht mehr bloß eine „Verdunkelung" oder eine „Beschädi-
gung", sondern Mord und Todtschlag.

Oder will Wangemann nun im Ernst mit den damaligen Behörden sagen: es durfte doch lutherisch gepredigt werden, lutherische
Sacramentsverwaltung war doch erlaubt — was kann man mehr
verlangen? Also da ist lutherische Kirche, wo auch lutherisch gepredigt werden darf? Da, wo lutherische Sacramentsverwaltung
als Ausnahme erlaubt ist, da soll lutherische Kirche sein?
Man sollte doch meinen, in der lutherischen Kirche müsse lutherisch gepredigt werden; in ihr könnte kein anderes Abendmahl
gestattet sein, als eben nur lutherisches. Wie kann denn das zufällige Vorhandensein lutherischer Predigt und das ausnahmsweise Vorhandensein lutherischer Sacramentsverwaltung das Dasein einer lutherischen Kirche beweisen, da es ja gerade das
Nichtdasein beweist![1]) Diese lutherischen Reste waren thatsächlich nichts anderes, als Concessionen der neuen unirten Kirche

---

[1]) „Das lutherische Bekenntniß will nicht ausnahmsweise gestattet, sondern in seinem ausschließlichen Recht sein, wo von lutherischer Kirche die Rede
sein soll" sagt Dr. Kahnis in der Allgem. evang. luth. Kirchenzeitung 1868.
S. 111. S. ebenda die Klagen über das Wort „zufällig", welche ein
lutherisch gesinntes Mitglied der ev. Landeskirche führt, S. 125.

an die vereinzelten Gemeinden, die noch Bedenken hatten gegen die
Union; Concessionen, welche nicht aus Princip, sondern
aus Noth gemacht wurden, weil man sah, daß es anders nicht
ging. Und wenn Wangemann sagt, daß die Behörden Unrecht
hatten, dieses als Concessionen hinzustellen,[1]) während die Gemeinden ein Recht darauf gehabt hätten, so können wir wieder nur
antworten, daß es nach dem neugeschaffenen, gültigen und allgemein anerkannten Recht thatsächlich Concessionen waren. Freilich
hatten die Behörden auch in diesem Stück, wie in allen, sehr Unrecht; aber diese Wahrnehmung beweist nichts gegen den Thatbestand.

In Summa: es ist unmöglich aus dem Umstand, daß die Union
auf rechtsungültige Weise eingeführt worden ist, den Schluß zu ziehen, daß darum keine unirte Kirche vorhanden gewesen wäre und die
lutherische Kirche noch bestanden hätte. Auf diese Weise kann man auch
beweisen, daß es kein Papstthum gibt, — und sonst noch manches.
Wir können mit Wangemann sagen: de jure waren die Gemeinden
lutherisch, d. h. sie hätten, wenn es nach Recht und Gerechtigkeit
gegangen wäre, lutherische Gemeinden, einer lutherischen Kirche
Gliedmaßen, sein müssen. Aber sie waren es de facto nicht, vielmehr nach dem jus, welches damals die Norm war für alles kirchliche Leben und Handeln, evangelische Gemeinden der neuen
evangelischen Kirche. Nach diesem Recht bestand keine lutherische
Kirche mehr, und das war die Thatsache, über welche durch
keine Deductionen und Schlußfolgerungen hinweg zu kommen war.
Andrerseits war es eine Thatsache, daß die lutherische Kirche in
Preußen von Alters her als selbständige (unvermischte) berechtigt
war; daraus erwuchs für jedermann das Recht und für alle bewußten Glieder ihrer Kirche die Pflicht, den Beitritt zu der neu
entstandenen Kirche zu versagen und die Aufrechthaltung der altberechtigten Kirche in der Gestalt, in welcher sie berechtigt war, zu
fordern. Und sofern Scheibel dies begehrt hat, hat er begehrt, was
er durfte und mußte, und sich sein Ziel richtig gesteckt.

---

[1]) I. S. 219.

4. Ob Scheibel als Aufrührer anzusehen sei?

Der gegen Scheibel erhobene Vorwurf des Aufruhrs, wie solcher in seinem Verhalten gegen die kirchlichen Behörden und gegen die Glieder anderer Parochieen sich zeigen soll, ist hinfällig, weil unirte Behörden bei Luthe- ranern keinen Anspruch auf Gehorsam haben, und weil der Uebertritt aus einer unirten Gemeinde in eine lutherische durchaus berechtigt ist.

Wir werden die übrigen Wangemann'schen Vorwürfe, so schwer- wiegend sie auch sind, kürzer behandeln können, da sie alle mit der Hauptfrage zusammen hängen, ob seit 1830 die lutherische Kirche in Preußen noch bestand (abgesehen von Scheibel und seinen An- hängern) oder nicht.

Scheibel wird nun von ihm als Aufrührer dargestellt, theils weil er den Behörden der Landeskirche sich nicht untergeben hielt, theils weil er nach dem Vollzug der Union und nach seiner Sus- pension Glieder auch aus andern Parochien, als seiner Elisabet- gemeinde, mit zu „seiner Gemeinde" annahm. „Damit hatte er revolutionären Boden betreten", sagt Wangemann.

Ueber das erstere schreibt er: „Eine unmittelbar practische Folge dieses Scheibel'schen Irrthums war es, daß er es sich heraus- nahm, seiner rechtmäßigen vorgesetzten Behörde ins Angesicht zu erklären, falls sie der Union beigetreten sei, so habe sie die luthe- rische Kirche verlassen und sei nicht mehr seine vorgesetzte kirchliche Behörde mit den ihr bloß für die lutherische Kirche verliehenen Rechten. Heißt das nicht soviel, als: wenn mein Vorgesetzter irgendwie (!) seine Pflicht verletzt (!), so habe ich ihn nicht mehr als meinen Vorgesetzten anzusehen?" [1]

Nein, das heißt allerdings etwas ganz anderes. Wenn nun die vorgesetzte kirchliche Behörde etwa zur römischen Kirche über- getreten wäre und für diese gewirkt, also auf diese Weise ihre „Pflicht verletzt" hätte —, sollte sie dann auch noch als lutherische Kirchenbehörde respectirt werden? Was Wangemann so bescheiden eine

----

[1] I. S. 194 f.

„Pflichtverletzung" nennt, war ja nichts anderes, als ein amtlicher
Uebertritt in einen neuen Kirchenorganismus und ein amtliches
Wirken im Interesse dieses Organismus, ebendamit aber ein so
vollendetes Sichlossagen von der lutherischen Kirche, daß eine Behörde nach solcher That unmöglich noch als lutherische Behörde
gelten konnte. Es wird doch wohl bei Artikel 28 der Augsburgischen Confession bleiben, wo es heißt: „wo sie (die Bischöfe) aber
etwas dem Evangelio entgegen lehren, setzen oder aufrichten, haben
wir Gottes Befehl in solchem Fall, daß wir nicht sollen gehorsam
sein". Und es wird wohl richtig sein, wenn Stahl zu dieser
Stelle bemerkt:[1] „Die Kirchengewalt hat ihre Basis beständig an
der inneren Glaubensgemeinschaft und der äußerlichen Beurkundung
derselben, dem kirchlichen Bekenntniß. Auf diesem beruht ihr Ansehen; sie verliert es daher, sowie sie selbst von ihm abfällt. Die
Grundbekenntnisse der Kirche sind nicht bloß, wie die Verfassungs-
gesetze der Staaten, eine Macht neben den Inhabern der Gewalt, die sie beschränkt, sondern sie sind eine Macht über ihnen,
durch die ihre Qualität als rechtmäßige Inhaber der Kirchengewalt
selbst bedingt ist. Ein König, der die Verfassung eines Reiches
völlig aufhebt, hört dadurch nicht auf, rechtmäßiger König dieses
Reiches zu sein; allein das Oberhaupt der Kirche (König, Bischof,
Synode), welches das Bekenntniß der Kirche völlig aufhebt, hört
damit ipso jure auf, das Oberhaupt der Kirche zu sein. — Der
Grundsatz, daß der Abfall vom kirchlichen Bekenntniß den Inhaber
der Kirchengewalt dieser Gewalt verlustig macht, ist unvertilgbar
im Wesen der Kirche begründet."

Nach diesem Grundsatz hat auch Scheibel gehandelt und solchen
Behörden den Gehorsam verweigert, welche die lutherische Kirche
ausgeliefert hatten an die Union.

Doch auch wenn dies richtig ist, hat Wangemann noch etwas
auszusetzen. „Im vorliegenden Falle," schreibt er, „war es noch dazu
eine streitige Sache, ob der Magistrat seine Pflicht verletzte durch
Beitritt zur Union. Er behauptete ja ausdrücklich, daß er dadurch

---

[1] Die Kirchenverfassung nach Lehre und Recht der Protestanten. S. 91. 97.

an den bisherigen lutherischen Rechten der ihm untergebenen Ge=
meinden nichts geändert sähe. War diese Behauptung eine irrige,
so war es Zeit, den Irrthum aufzudecken, aber nicht, diese seine
geistliche Oberbehörde für abgesetzt zu erklären."[1]

Nun „den Irrthum aufdecken" — das hat Scheibel redlich
gethan. Wie aber diese „irrige" Behauptung des Magistrats dazu
dienen soll, ihm sein Recht als lutherische Behörde zu retten, ist
gar nicht einzusehen. War der Magistrat wirklich der Meinung,
mit dem Beitritt zur Union seiner lutherischen Pflicht zu genügen,
so war er ja doppelt unfähig, ferner eine lutherische Behörde zu
sein. Was ist das für eine Behörde, die ihrer Kirche, ihrem Be=
kenntniß den Rücken kehrt — und das nicht einmal merkt! Eine
„streitige Sache" wärs gewesen, ob der Magistrat durch seine
Unionsthätigkeit seine kirchenregimentliche Pflicht verletzt habe? Nun
ja, in demselben Sinn, in welchem es z. B. auch eine streitige
Sache ist, ob der Papst nicht jure divino Oberbischof der ganzen
Christenheit sei. Nämlich er behauptet's und andere leugnen es.
Soll man nun deßhalb unter sein Regiment sich begeben oder
drunter bleiben, bis diese Streitfrage erledigt ist? Doch wohl nicht,
und zwar deßhalb nicht, weil dies für die lutherische Kirche keine
streitige, sondern eine längst entschiedene Frage ist. Ebenso hat
aber die lutherische Kirche längst über die Unionsfrage entschieden;
für sie und also auch für Scheibel war es keine streitige Frage, ob
der Magistrat seine Pflicht verletzt habe, ob er vom Bekenntniß,
von der Kirche abgefallen sei, als er jener Union beitrat. Und
darum war es nicht Aufruhr, sondern Recht und Pflicht, wenn
Scheibel solche Behörden nicht mehr als Behörden der lutherischen
Kirche ansah. Will man von Revolutionären reden in dieser Sache,
so muß man die anderwärts suchen.

Was aber die übrigen höheren Behörden anlangt, so sagt ja
Wangemann selbst von denselben:[2] „sie waren einfach nur die Ver=
treter des königlichen Willens. Weil sie nicht der Confession ihrer
Kirche verpflichtet waren, weil sie im Gegentheil das Princip der

[1] I. S. 195.
[2] I. S. 54.

Indifferenz in Confessionsangelegenheiten factisch darstellten, so kann man nicht sagen, daß die lutherische Kirche in ihnen einen rechtlichen Vertreter gehabt habe." Richtig — wer kann aber von der lutherischen Kirche verlangen, solche Behörden als die ihrigen anzusehen und ihnen Gehorsam zu leisten?

Nun den zweiten Beweis für Scheibels Aufruhr. „Endlich war auch das ein entschiedener Uebergriff Scheibels, daß er nicht nur diejenigen seiner früheren Gemeindeglieder, welche sich zu ihm hielten, sondern auch außerdem die willkürlich hinzukommenden Glieder der übrigen Breslauer Gemeinden, ja selbst die aus den umliegenden Dörfern (Herdain) für seine Gemeinde erklärte . . . . Wann ist jemals in der Kirchengeschichte der Fall vorgekommen, daß ein irgendwie zusammengelaufener Haufe von Menschen, die keinen andern Einheitspunkt hatten, als das von ihnen willkürlich abgegebene, gar nicht einmal tiefer geprüfte Bekenntniß, daß sie lutherisch sein und lutherisch amtlich bedient sein wollen, mit dem Geistlichen ihrer Meinung und ihrer Wahl in Gemeinschaft eine „Gemeinde" gebildet haben? Hätte Scheibel sich begnügt, mit den wenigen lutherisch treuen Gemeindegliedern von St. Elisabet als ihr ordentlich berufener Pastor in Verbindung den Behörden gegenüber zu treten und auf Grund der alten kirchlich und politisch verbrieften Rechte es als ihr gutes Recht zu fordern, selbst der großen Mehrzahl gegenüber, auch lutherischen Gottesdienst zu haben, so konnte ihm diese Forderung rechtlich nicht versagt werden. Aber Scheibel vergab sich diese seine gute Stellung dadurch, daß er einfach diesen Complexus von Leuten, die sich um ihn gesammelt hatten, seine Gemeinde nannte. Damit hatte er revolutionären Boden betreten." [1]

Man sieht sofort, daß dieser Vorwurf nur dann von Gewicht ist, wenn die frühere Wangemann'sche Behauptung von dem ungestörten Fortbestand der lutherischen Kirche auch nach Einführung der Union richtig ist. Jedenfalls nahm Scheibel in Breslau ungefähr die ihm von Wangemann zugewiesene Stellung ein. Als ordentlich berufener Pastor der lutherischen Elisabetgemeinde forderte er der großen Mehr-

---

[1] Wangemann I. S. 195.

zahl gegenüber, gestützt auf alte verbriefte Rechte, freilich nicht nur
lutherischen Gottesdienst, sondern das Freibleiben dieser Gemeinde
von der widerrechtlich angesonnenen Union in den Mitgliedern, welche
dieses Unrecht verwarfen und darum der neubelebten evangelischen
Kirche nicht beitreten wollten. In diesen dauerte ja offenbar die
alte lutherische Gemeinde fort, ohne daß es auf die Majorität,
welche von dem Grundgesetz der lutherischen Kirche abfiel, ankommen konnte. So konnte allerdings rechtlich Scheibels Forderung
nicht versagt werden; sie wurde aber doch versagt. Nun kamen
andere Gemeindeglieder, deren Kirchen und Geistliche für die neue
evangelische Kirche gewonnen waren (sie kamen von selbst, ohne daß
sie Scheibel geholt hätte). Sie kamen zu ihm, als dem einzig
noch übrigen Diener der lutherischen Kirche in Breslau, erklärten
ihm, sie wollten lutherisch bleiben (ob sie diese ihre Erklärung gar
nicht einmal tiefer geprüft hatten,[1]) davon weiß doch wohl Wangemann nichts), er möge sich ihrer annehmen und ihre Sache führen.
Freilich wenn sie gewußt hätten, daß eigentlich ihre Gemeinden noch
lutherisch wären, — dann hätten sie diesen Schritt nicht thun dürfen. Aber woher sollten sie das wissen? Wangemanns Buch war
noch nicht da. Scheibel konnte es ihnen auch nicht sagen; denn
er wußte es selber nicht, er wußte nur, daß sämmtliche Gemeinden
in der vorgeschriebenen Form der Union beigetreten wären. Wenn
nun diese Lutheraner in ihrer Noth sich an Scheibel wandten und
ihn baten: hilf uns! — was sollte er thun? Sollte er sie abweisen? Aus welchen Gründen? Weil er keinen Beruf für sie
hätte? Im Grunde hatte er für seine früheren Gemeindeglieder
ebenso wenig Beruf; er war ja suspendirt. Aber diese riefen ihn
eben und jene riefen ihn, — und Gott hatte ihn schon vorher gerufen. Sollte er, der es als Sünde erkannt hatte, der neuen Kirche
beizutreten, andere, die es ebenfalls als Sünde erkannten, anweisen,
es zu thun? Sollte er den Männern, die nicht nur persönlich
lutherisch, sondern Glieder einer lutherischen Kirche bleiben wollten,
rathen, „lutherische Predigt und Sacrament anzunehmen von Geist-

---

[1] Wangemann I. S. 195.

lichen, die in der Union ständen, oder auch von rein (!) lutherischen
Geistlichen, die mit unirten an derselben Gemeinde arbeiteten?" [1]
Nun hätte er gewissenloser Weise es gerathen, so hätten die also
Berathenen dem Rath nicht Folge gegeben. So unverständig sie
nach Wangemann auch waren, soviel mußten sie doch, daß Lutheraner Predigt und Sacrament der Regel nach nur innerhalb der
lutherischen Kirche suchen dürfen, und daß sie um so weniger in
der neuen Kirche ihre kirchlichen Bedürfnisse befriedigen dürften,
als man sie durchaus zu Mitgliedern derselben pressen wollte.

Nun entstand auf diese Weise aus Gliedern der Elisabetgemeinde und andrer Gemeinden in und um Breslau eine Gemeinde, welche Scheibel seine Gemeinde nannte. Und wir müssen
sagen: diese Gemeinde entstand wahrlich auf eine viel legalere und
dem sittlichen Ernst der Sache viel gemäßere Weise, als sämmtliche unirten Gemeinden im ganzen preußischen Staat. Kraft
seiner lutherischen Vocation war Scheibel Pastor der lutherischen
Elisabetgemeinde, von der freilich der größte Theil sich getrennt
hatte, die aber doch in einem Ueberrest noch vorhanden war. Daß
er aus andern Gemeinden Glieder dazu nahm, war etwas, was
stets in der christlichen Kirche geschehen ist. Es sind ja Uebertritte
aus andern Confessionen und demgemäße Aufnahmen stets vorgekommen. Waren die übrigen Gemeinden in und um Breslau nun
andrer Confession geworden, so mußten auch Uebertritte stattfinden
können. Warum hätte nun Scheibel diese Summe von Gemeindegliedern nicht seine Gemeinde nennen sollen?

Oder gehört zum Begriff einer lutherischen Gemeinde die
staatliche Anerkennung? Aber daß der Staat wider das Recht seine
Anerkennung versagte, dafür kann man doch Scheibel nicht verantwortlich machen. Vom Boden des damaligen Unionsrechts aus
mag man Scheibel tadeln. Aber mit Recht bemerkt er selbst gegen
diesen Vorwurf: „Später suchte man mich durch die landrechtliche
Bedeutung von Gemeinde, in welcher sie mit Parochie identisch ist,
zu schlagen. Als ob in einem Zeitpunkt, wo es sich um das Stehen

---

ober Fällen einer kirchenhistorischen Macht handelte, und nicht Parochien, sondern ein Werk des heiligen Geistes zerstört werden sollte, von solchen Aeußerlichkeiten hätte die Rede sein können." [1]

Wir können also auch in dem Verhalten Scheibels gegen die unirten Behörden sowohl, als auch gegen die Lutheraner andrer Parochien nichts erblicken, wozu er nicht als lutherischer Pastor Recht und Pflicht gehabt hätte.

Allerdings steht sein Verhalten gegenüber den kirchlichen Behörden nicht tadelfrei da, aber freilich in ganz anderem Sinne, als Wangemann meint. Ein Mal muß man sagen, daß er nicht erst 1830, sondern schon früher die Gehorsamsverweigerung hätte eintreten lassen müssen; zum andern, daß er nimmer seine Suspension hätte anerkennen dürfen. Doch ist zu bedenken, was das erstere anlangt, daß in Zeiten der Verwirrung die Erkenntniß und die Gewißheit des Handelns nicht mit einem Mal kommt, sondern allmälig reift. Das andre lag vornehmlich in Scheibels Persönlichkeit; seine Nachfolger haben sich um ihre von unirten Behörden ausgesprochenen Suspensionen nicht mehr gekümmert.

5. Ob Scheibel sich des Separatismus schuldig gemacht habe?

Der Vorwurf des Separatismus kann weder Scheibel noch seine Gemeindeglieder treffen, da sie entweder sich überhaupt nicht getrennt haben, sondern geblieben sind, was sie waren, oder doch nur von einer fremden zu ihrer eigenen Kirche zurückgekehrt sind.

Daraus macht Wangemann Scheibel und seinen Anhängern den „entschiedensten Vorwurf", „daß sie ihre ganze Sache principiell in die Bahn des Separatismus drängten". [2] — „Sie sonderten sich vor ausgekämpfter Sache von ihren Gemeinden und bildeten, aus verschiedenen Parochien zusammengetreten, eine selbstgemachte Gesammtgemeinde." — „Hatten sie wohl wirklich ein

---

[1] Unionsgeschichte I. S. 212.
[2] I. S. 220.

lutherisch bußfertiges Herz über den Schaden Josephs, wenn sie die Strafgerichte des Herrn, die sie doch auch durch ihre Lauigkeit herbeigerufen hatten, nun hereinbrechen sahen, und dann anstatt mit dem andern Theil gläubig zu harren und um Abwendung des Schadens zu beten, vielmehr sich ein abgesondertes Plätzchen bereiten wollten, wo sie frei wären von der verhängten Zuchtruthe. Aber das war eben das Charakteristische ihrer ganzen separatistischen Richtung, daß sie nicht die Spur zeigten eines Verständnisses von dem durch Gottes Regierung geschichtlich erwachsenen Organismus einer Gemeinde, in welchem, wo ein Glied leidet, die andern mitleiden u. s. w." [1] Zum Beweise des „principiellen" Separatismus wirft dann Wangemann den Leitern der Bewegung vor, sie hätten, „um nur die Leute an sich zu binden", schnell die „Formen einer Gemeinde improvisirt"; [2] noch dazu hätten die Leute „von der Tragweite der Frage keine Ahnung gehabt" [3] u. dgl. m.

Darin ist nun viel zusammengehäuft, was wir einzeln vornehmen müssen.

Vorab sei bemerkt, daß die Frage, ob Scheibel und Andere bußfertige Herzen hatten, vor Wangemanns Richterstuhl nicht gehört. Jedenfalls verstand Scheibel von Buße soviel, daß er darüber Wangemanns Belehrung missen konnte. Und von der anderen Beschuldigung, daß „die Leiter der Bewegung" die Leute hätten „an sich binden" wollen, wird Wangemann wohl selbst wissen, daß sie nicht wahr ist. Doch dies nebenbei.

Zunächst sei nur wieder constatirt, daß der Vorwurf des Separatismus für sich nichts bedeutet. Entweder bestand die lutherische Kirche noch in alter Selbständigkeit, — nun dann war Scheibel Separatist, und seine Anhänger waren es auch. Oder aber es bestand thatsächlich eine andre Kirche, nämlich eine neubelebte evangelische, in welcher das lutherische Bekenntniß nicht mehr ausschließlich, sondern nur gleichberechtigt mit dem reformirten galt; nun

[1] I. S. 221.
[2] Ebenda.
[3] I. S. 253.

dann war es Pflicht und Recht, wenn bewußte Lutheraner von dieser Kirche sich fern hielten oder auch von ihr abtraten. Denn nur dann könnte man den Vorwurf des Separatismus aufrecht erhalten, wenn gesagt werden müßte, daß Scheibel sich von der lutherischen Kirche separirt hätte.

Wenn darum weiter Wangemann über den Mangel an Verständniß für den durch Gottes Führen entstandenen Organismus klagt, so ist diese Klage sehr berechtigt. Nur daß nicht Scheibel es war, dem dieses Verständniß abgieng, sondern der König und alle seine Behörden. Das war ja eben der Jammer, daß diese nicht die Spur eines Verständnisses für das Wesen der Kirche hatten, daß sie meinten, die durch Gottes Führen entstandene Kirche wie ein Staatsinstitut behandeln zu können, daß sie glaubten, an die Stelle aller feierlich und öffentlich garantirter Rechte plötzlich aus eigner Machtvollkommenheit ein neues Recht setzen zu können. „Wann ist jemals mit größerer Willkür über das kirchliche Recht der Gemeinden seitens ihres Regiments verfügt worden?" [1] fragt auch Wangemann. Ja wohl, und dieser bedenlosen Willkür gegen- über war eben Scheibel einer der wenigen, welche etwas von dem Organismus der Kirche wußten und allen Maßregeln und Bemän- telungen zum Trotz auf dem Satz stehen blieben: „in Preußen hat die lutherische Kirche das Recht, selbständig gegen- über der reformirten und katholischen zu existiren." Damit stand Scheibel auf dem Boden der Geschichte; die Union aber hatte den Boden der Geschichte verlassen. [2] Unter die Rubrik „Gottes Führen und Regieren" will doch auch Wangemann die Unionsmaßregeln nicht setzen. Oder doch?

Ganz richtig verwahrt sich Scheibel selbst gegen den Vorwurf des Separatismus mit den Worten: [3] „ich habe mich nicht ge- trennt; ich bin treu geblieben dem, was treue und in der heiligen

---

[1] I. S. 225.

[2] „Die Union ist nicht ein Erzeugniß der Geschichte, sondern ein Bruch mit der Geschichte". Luthardt in der Allgem. evang. luth. Kirchenzeitung, 1868. S. 8.

[3] Unionsgeschichte II. S. 112.

Schrift A. u. N. Testaments hocherfahrene, sie nicht verfälschende
Lehrer mir bezeugt haben, treu meinem Schwur bei der ersten
Abendmahlsfeier und am Ordinationstage, treu dem, was Kinder
seit fünfundzwanzig Jahren, die Gemeinde seit einundzwanzig, ihre
künftigen Lehrer seit neunzehn von mir vernommen haben. Daß
sie alle von mir schieden, schieden von der Kirche ihrer Väter, am
Tage ihrer Bekenntnißschrift, — bin ich davon Ursache?" — „Wir
begehren nichts neues, wir halten uns fest an der Väter Lehre",
schrieb die Gemeinde an den König. [1]

Es ist eben die völlige Umkehrung der ganzen Sachlage, vermittelst deren Wangemann den Vorwurf des Separatismus möglich macht. Jene Lutheraner haben wahrlich nicht das
Band zerrissen, durch welches sie Gott an ihre Gemeinden geknüpft
hatte; denn sie waren von Gott mit keinem Bande an die Union
geknüpft. Kabinetsordres und Rescripte versuchten wohl dies Band
zu knüpfen, nachdem der Leib der lutherischen Kirche zerbrochen
war —; aber jene Lutheraner richteten sich nach dem Grundsatz:
prüfet alles! — und nach dem andern: halte, was du hast!

Auch das rhetorische Kunststück wird nichts helfen, wenn Wangemann in rührendem (oder komischem) Bilde die Union als eine
Zuchtruthe darstellt, der die meisten als einer wohlverdienten sich
fügten, während die andern sich ihr entzogen, obwohl sie dieselbe
doch auch mitverdient hatten. Gewiß war die Union eine Zuchtruthe, verhängt über die lutherische Kirche; aber zugleich war sie
auch eine Sünde, gethan von der lutherischen Kirche. Sofern sie
eine Zuchtruthe war, haben Scheibel und seine Gemeinde sie reichlich schmecken und erfahren müssen in inwendigen und auswendigen
Nöthen und Aengsten aller Art. Aber sofern sie eine Sünde war,
haben sie sich ihr entzogen, und daran haben sie recht gethan. Die
andern aber, die dem Werk der Union, der allgemeinen evangelischen
Kirche willig und gern sich anschlossen, haben eben von der Zuchtruthe so wenig, als von der Sünde gemerkt, waren vielmehr in
der Lage, ein Tedeum über das wohlgelungene Werk anzustimmen.

---

[1] Ekenta S. 83.

Was soll es nun heißen: Scheibel hätte „mit den andern gläubig
harren und um Abwendung des Schadens beten sollen"? Wer
waren denn diese „andern"? Die Breslauer Geistlichen und Gemeinden sahen ja in der Union gar keinen Schaden, hatten also
auch nicht Ursache, um ihre Abwendung zu beten. Hatten sie doch
selbst zu ihrem Zustandekommen geholfen. Wenn aber Scheibel
in der Wahrheit um Abwendung des Unionsschadens beten wollte,
nun dann mußte er vor allem der Unionssünde sich gänzlich enthalten. Denn wenn Gott die Sünden der Menschen zu ihrer
Züchtigung braucht, dann ist die erste Bedingung des Segens solcher
Züchtigung ein ernstliches Meiden der Sünde.

Hat also Scheibel nichts gethan, als daß er seiner lutherischen
Kirche treu bleibend ihre Aufrechthaltung mit allen erlaubten Mitteln durchzusetzen suchte, zu der neuen evangelischen Kirche aber
seinen Beitritt versagte, so ist es mit seinem Separatismus nichts.

Aber nun die Gemeindeglieder, die doch von der Tragweite
dieser Sache keine Ahnung hatten und nur blindlings dem folgten,
was etwa Scheibel und Huschke ihnen vorsagten! Haben sie nicht
Unrecht gethan? Waren sie nicht eigentlich Separatisten, denen es
nur darauf ankam, von ihren bisherigen Gemeinden, in denen es
ihnen etwa nicht gefiel, sich zu trennen und einer Gemeinde anzu-
gehören mit einem Pastor nach ihrer Wahl?

Hierauf eine doppelte Antwort. Erstens wollen wir nicht vergessen, was wir schon früher bei Wangemann gelesen haben: „es
konnte also nicht der geringste Zweifel sein, um was es sich bei
der bevorstehenden Säcularfeier handelte, nämlich um Bildung einer
neuen unirten Kirche und um Einführung der neuen Agende, als
ihres vornehmlichen Wegbahners." Wir können nur hinzufügen:
es war darüber auch nicht der geringste Zweifel, da
wenigstens nicht, wo man überhaupt von der Sache etwas wußte.
War aber darüber kein Zweifel, so konnte für lutherische Christen,
die im Allgemeinen in der Lehre ihrer Kirche Bescheid wußten, auch
darüber gar kein Zweifel sein, ob sie sich dieser neuen Kirche anschließen dürften oder nicht, ob sie sich den Wegbahner für dieselbe
gefallen lassen dürften oder nicht. Zur Klarheit darüber gehörte

wahrlich keine hohe oder tiefe Bildung, sondern nur ein bewußtes Lutherthum. Daß ein Lutheraner dem Befehl: du sollst jetzt in eine evangelische Kirche, in welcher mit den Lutheranern auch die Reformirten gleichberechtigt sind, treten, — daß er diesen Befehl mit einem entschiedenen Nein beantworte, das ist etwas, was man von jedem bewußten Lutheraner verlangen muß.

Zum andern. Es ist ja gar kein Zweifel, daß viele Gemeinde-glieder die ausführlichen Begründungen, welche Scheibel, Steffens, Huschke u. a. für ihre Sache dem König vorlegten, nicht in ihrer vollen Bedeutung zu würdigen wußten, daß sie also bis zu einem gewissen Grad von der Auctorität ihrer Leiter abhängig waren. Es ist gewiß, daß viele gegenüber den Rescripten der Behörden und ihren Versicherungen um eine Antwort verlegen gewesen wären. Aber was thut das? In einem Aufsatz des früheren Frankfurter Präsidenten v. Gerlach [1]) lese ich: „Eines sehr unbilligen Vorwurfs werde hier noch gedacht, der ihnen (den Dissidenten) häufig gemacht wird. Man verlangt von jedem Gliede der Gemeinschaft der Dissi-denten, ohne Rücksicht auf Bildung oder Geschlecht, von Bauern, Weibern u. s. w., daß sie Rechenschaft sollen geben können, warum sie die Landeskirche verlassen, worin der Unterschied von Luthe-ranern, Reformirten und Unirten bestehe, welche Wichtigkeit und practische Bedeutung die Unterscheidungslehren haben u. dgl.; und wenn dann die Laien unter ihnen außer Stande sind, theologische Abhandlungen oder auch nur logisch zusammenhängende Antworten zu geben, so hält man sich für berechtigt, sie für blinde, bethörte Nachbeter ihrer Geistlichen zu erklären, von deren Auctorität sie sich leiten lassen. Es ist schwer zu sagen, was bei dieser Argumentation mehr verkannt wird, das Wesen der menschlichen Natur, oder das der christlichen Kirche. Allerdings folgen solche einfältigen Luthe-raner der Auctorität; aber es fragt sich, ob sie in ihrer indivi-duellen Schwäche nicht wohlthun, der Auctorität ihrer Kirche, wie sie seit dreihundert Jahren besteht, ihrer Symbole, so vieler frommer

---

[1]) Archiv des O.K.R. Ob der Aufsatz irgendwo gedruckt worden ist, weiß ich nicht.

Lehrer und ihrer um ihres Glaubens willen verfolgten Prediger zu folgen, und ob man es ihnen verdenken kann, daß Agende und Union durch viele der Behörden und Geistlichen, die sie befördern, und die Art, wie sie befördert werden, ihnen verdächtig, und diese Behörden und Geistlichen ihnen das Gegentheil einer Auctorität sind. Nicht dem, der seiner Kirche treu bleibt, oder nachdem er sie blindlings verlassen, zu ihr zurück tritt, liegt der Beweis ob, warum er nicht aus ihr austritt, sondern der, der ihn herausführen will, muß beweisen, warum er austreten soll. Worauf beruht denn die Mitgliedschaft der Landeskirche bei der großen Maſe ihrer ungebildeten, ja selbst ihrer gebildeten Glieder? Auf klarer Einsicht in das Wesen der Union, oder auf der Auctorität der Geistlichen und Behörden, der sie meist in trüber Dumpfheit sich überlassen?" —

Hiemit werden auch die Gemeindeglieder gegen den Vorwurf des Separatismus geschützt sein.

6. Ob Scheibels Kampf durch unlautere Nebenabsichten befleckt worden sei?

Daß Scheibel außer der Erhaltung der lutherischen Kirche die Realiſirung gewiſſer Verfaſſungsgrundſätze als ſelbſtändiges Ziel verfolgt habe, iſt unwahr. Nur aus Noth hat er für die übriggebliebene lutheriſche Kirche eine Verfaſſung vorgeſchlagen, natürlich die, welche er für die beſte hielt.

Es ist eins der Hauptverbrechen, deren Scheibel von Wangemann beschuldigt wird, dieses, daß er nicht einen reinen Kampf um die Erhaltung der lutherischen Kirche geführt habe, sondern zugleich andere Absichten auf dem Gebiete der Verfassung habe durchsetzen wollen. „Die Conservirung der alten lutherischen Kirche, mit welcher jedoch eine partielle Reformation kirchlicher Verfassungszustände projectirt wurde," bezeichnet Wangemann als Scheibels Ziel.[1] Anderswo heißts:[2] „Scheibel verläßt also hiemit ein-

[1] I. S. 226.
[2] Ebenda S. 237.

geſtandener Maßen den Weg der hiſtoriſchen Entwiclung und tritt auf Grund ſeiner Bibelforſchung als ein Reformator auf, nun nicht mehr Zeuge für das Recht der alten geſchichtlich vererbten lutheriſchen Kirche allein, ſondern damit verbindend die Ausführung radicaler Projecte in kirchlichen Verfaſſungsangelegenheiten. Auf dieſe Weiſe trübte er ſeine Angelegenheit immer mehr; ſeine Gemeinde, welche „Presbyterialverfaſſung" in einer Weiſe, wie ſie bis dahin in allen Presbyterialverfaſſungen noch nirgend angegeben war, zu ihrem vornehmlich (!) angeſtrebten Ziele erwählte, auch mit Entſchiedenheit alles zurückwies, was dieſem Ziel ſich entgegenſtellen wollte, begab ſich hiedurch des Rechts der hiſtoriſchen Continuität, ſie bezweckte auf Grund lutheriſcher Confeſſion einen kirchlichen radicalen Neubau, und trat auf dieſe Weiſe von dem Boden des Rechtes ab und auf den der Revolution über."

Den Beweis für dieſe weitgreifenden Beſchuldigungen führt Wangemann theils aus dem, was Scheibels Eingaben über die Kirchenverfaſſung ſagen, theils aus einem Schreiben der Breslauer Gemeinde. Wir wollen mit dem letzten anfangen.

Es war im Jahr 1831, als in Breslau die Nachricht eintraf, daß man in Berlin wieder mit der Auffindung gewiſſer liturgiſcher Conceſſionen beſchäftigt wäre, durch deren Bewilligung die Gemeinde vermocht werden ſollte, ſich nunmehr der evangeliſchen Landeskirche und ihren Ordnungen anzuſchließen. Dies aber war gerade der Punct, an welchem die Gemeinde nicht nachgeben konnte; nicht einige liturgiſche Stücke waren der Gegenſtand ihres Kampfes, ſondern der unvermiſchte Beſtand einer lutheriſchen Kirche. Dieſer ihrer Anſchauung gab ſie daher noch ein Mal, wie ſchon wiederholt, einen energiſchen Ausdruck in dem Schreiben vom 4. Mai 1831,[1]) in welchem ſie erklärte: „wir müſſen bemerken, daß wir die Union unſerer Gemeinde in jeder Geſtalt abzulehnen uns gedrungen fühlen; daher wir uns weder zu einem gemeinſchaftlichen Bekenntniß, noch zu einer Gemeinſchaft hinſichtlich des Gottesdienſtes, der Formulare und Agenden, der Kirchenver-

---

[1]) Scheibel, Unionsgeſch. II. S. 181.

faſſung oder des kirchlichen Beſitzes verſtehen können, und alles dies
auch nicht in der Art, daß uns zwar ausnahmsweiſe gewiſſe Ab=
weichungen von dem allgemeinen Bekenntniß, der Agende, Ver=
faſſung u. ſ. w. der unirten Kirche geſtattet würden, wir die
letzte aber doch als unſern Mittelpunct betrachten
müßten. Da nun hienach unſer Gewiſſen nur durch wirkliche
reine Sonderung unſerer Kirche zufrieden geſtellt werden
kann, ſo iſt offenbar, daß wir auch durch keine irdiſche Garantie,
von welcher Art ſie auch ſei, über irgend eine Vereinigung oder
Verbindung unſrer Kirche mit der unirten beruhigt werden können.“

Es iſt unwahr, wenn Wangemann von dieſem Schreiben
ſagt, daß damit die Breslauer Gemeinde weit über ihr urſprüng=
liches Ziel hinausgegangen ſei.[1] Vielmehr beſchränkt ſich der In=
halt dieſes Schreibens darauf, lediglich das beſtimmt zu wieder=
holen, was ſchon die allererſte Petition im Juni 1830 klar genug
ausgeſagt hatte: wir wollen mit der Union und darum mit der
neugegründeten evangeliſchen Kirche nicht das mindeſte zu ſchaffen
haben, ihr nicht angehören, nicht ganz und nicht halb, nicht inner=
lich und nicht äußerlich, nicht mit Bedingungen und nicht ohne Be=
dingungen. Unſre eigenthümliche Kirche wollen wir, weiter nichts.

Denn es iſt nicht minder unwahr, wenn Wangemann meint,
die Gemeinde habe damit die traditionell hiſtoriſch beſtehende Kirchen=
verfaſſung ihrer früheren Gemeinden offen als einen Scheidungs=
punct hingeſtellt.[2] In welchen Worten ſtünde das auch nur an=
gedeutet? Wo ſagt die Gemeinde: wir wollen deshalb nichts mit
der Landeskirche zu ſchaffen haben, weil dieſelbe die und die Ver=
faſſung hat, weil wir eine andere haben wollen, die uns beſſer
gefällt? Sie ſagt ja gar nichts über eine verſchmähte oder ge=
wünſchte Verfaſſung an ſich, ſondern nur, daß ſie auch verfaſſungs=
mäßig nicht mit der unirten Kirche verbunden ſein wolle, d. h. ſich
äußerlich nicht dem landeskirchlichen Organismus anſchließen, nicht
dem unirten Kirchenregiment untergeben ſein wolle.

---

[1] I. S. 239.
[2] Ebenda.

Endlich ist auch das unwahr, daß die Gemeinde alle Garantieen für die Erhaltung des früheren kirchlichen Besitzes von der
Hand gewiesen habe. [1]) Wenigstens in dieser Allgemeinheit ist die
Aussage falsch. Denn es handelte sich ja nur um solche Garantieen,
welche der Gemeinde ihr Lutherthum in der Union verbürgen und
sie nöthigen sollte, die neue evangelische Kirche als ihren
Mittelpunct zu betrachten.

Wie aber aus diesem Schreiben folgen soll, daß die Gemeinde
eine gewisse Presbyterialverfassung „zu ihrem vornehmlich angestreb-
ten Ziel gemacht und mit Entschiedenheit alles zurückgewiesen habe,
was diesem Ziel sich entgegenstellen wollte," — das ist mir verborgen geblieben.

Doch vielleicht findet man dies in den Eingaben Scheibels an
den Minister. Als Scheibel im Frühjahr 1831 zum zweiten Mal
seine Sache in Berlin persönlich vertrat, schien einen Augenblick die
Stimmung für ihn etwas günstiger zu sein, und Altenstein forderte
ihn auf, die „Wünsche" der Gemeinde zu formuliren und einzureichen. Diese Wünsche, sieben an der Zahl, waren folgende:

1) Selbständige von der unirten Kirche in Preußen getrennte
   Kirche nach dem göttlichen Wort und unsern darauf begründeten lutherischen Bekenntnißschriften.

2) Aus dieser Selbständigkeit hervorgehend eine von der Gemeinde zu gebende nach der heil. Schrift neuen Testaments
   einzurichtende Presbyterialverfassung.

3) Wahl und Erhaltung der Lehrer und Kirchenbeamten geschieht durch die Gemeinde, so wie ihr die Verwaltung des
   Kirchenguts zusteht.

4) Den eigenthümlichen Gottesdienst der lutherischen Kirche in
   seiner Integrität nach der Wittenberger Agende.

5) Die freie dem göttlichen Wort und den darauf gegründeten
   lutherischen Bekenntnißschriften gemäße Lehre. Ueber Erhaltung der Lehre, des Gottesdienstes, wie der Verfassung
   wacht die Gemeinde.

----

[1]) I. S. 239.

6) Es versteht sich, daß wir, wie jede Gesellschaft, der gesetz=
lichen Oberaufsicht des Staates zur Abwendung alles dessen,
was diesem Gefahr bringen könnte, unterworfen sind, sowie
wir umgekehrt den gesetzlichen Schutz geduldeter Kirchengesell=
schaften erbitten.

7) Da wir nicht als Fremdlinge in den Staat eingetreten, hoffen
wir auf gnädige Gewährung der Bitte, daß uns statt der
bisher mitgenossenen kirchlichen Gebäude und Grundstücke eine
besondere Kirche gewährt und hinsichtlich der Beerdigungen
für billige Regulirung der Stolgebühren im Verhältniß zu
andern Parochieen gesorgt werde.

Gleichzeitig überreichte Scheibel dem Minister eine Abhandlung
über lutherische Verfassung, in welcher er versuchte, aus der heiligen
Schrift eine „Presbyterialverfassung" als die von dem heiligen
Geist gebotene nachzuweisen, von der er selbst anerkannte, daß sie
vielfach von der bisherigen Art der Verfassung abweichend sei.
Auch die Grundzüge der Verfassung, wie sie in den „Wünschen"
der Gemeinde hervortreten, sind eigenthümlich und bringen man=
ches neue.

Ists damit nun nicht erwiesen, daß Scheibel wirklich neben
seiner Absicht, die lutherische Kirche zu erhalten, mit vollem Be=
wußtsein noch eine andere Absicht verfolgte, nämlich einen
ganz eigenthümlichen Verfassungsbau auf Grund der
heiligen Schrift? Wir sagen: nein, damit ist nichts erwiesen.
Das Verhältniß, in welchem die Verfassungsgedanken Scheibels zu
seinem eigentlichen Kirchenkampf stehen, ist vielmehr ein ganz anderes,
und Scheibel selbst hat sich darüber mit solcher Klarheit ausge=
sprochen, daß wir nichts zu thun haben, als sein eigenes Zeugniß
zu hören.

Es ist nämlich ein durchgreifender und immer wiederkehrender
Gedanke in Scheibels Schriften, daß eine neue Verfassung
für den kleinen Rest der lutherischen Kirche einzig und
allein aus dem Grunde nöthig sei, weil das bisherige
Regiment der Kirche sich von ihr losgesagt habe durch
seinen Beitritt zur Union. Weil durch die Union die luthe=

rische Kirche in eine Anzahl von Individuen aufgelöst war, so verlangte Scheibel mit Recht für diese eine Verfassung, und die, welche er vorschlug, war die „Presbyterialverfassung".

Dabei soll gar nicht geleugnet werden, daß er ein Gegner der bisherigen Summepiscopalverfassung war, wie Tausende in der lutherischen Kirche je und je es waren. Aber wo und wann hat Scheibel je erklärt, daß man der unirten Kirche aus dem Grunde nicht beitreten dürfe, weil in ihr der König der oberste Bischof sei? Und wenn der König erklärt hätte: „es soll die lutherische Kirche als eigene Corporation mit ihrem eigenen Regiment u. s. w. wieder frei gegeben werden, aber unter meinem Summepiscopat, wie früher" — wagt Wangemann zu behaupten, daß dann Scheibel ablehnend geantwortet hätte und bei seinen Verfassungsgedanken geblieben wäre? Nun wenn das nicht behauptet werden kann (oder versteht etwa Wangemann alle Aeußerungen Scheibels, welche von „Selbständig- keit" der lutherischen Kirche reden, dahin, daß damit die Freiheit von der landesherrlichen Kirchengewalt gemeint sei?), dann ist diese ganze Anklage hinfällig. Es war eine sehr wohlfeile Beschuldigung des schlesischen Consistoriums, daß die Lutheraner „der dem Landes- herrn zustehenden Auctorität in Kirchenangelegenheiten Eintrag thun wollten." Erst vernichtet der König die Selbständigkeit der luthe- rischen Kirche; diese will in kleinem Rest sich wieder verfassen, — und nun kommt die Klage, daß sie der Kirchengewalt des Königs Eintrag thun. Man lese die bekannte Fabel vom Wolf und vom Lamm.

Doch hören wir nun Scheibel selbst. Das Verlangen nach biblischer Verfassung motivirt er damit: „Da die Behörden unirt sind." [1] Ferner: [2] „Nun ist gegen die symbolischen Bücher der lutherischen Kirche und den Westfälischen Frieden seit 1817 alle Politik aufgeboten worden, um die Union mit der re- formirten Kirche zu bewirken, also die lutherische Kirche als selb- ständige aufzuheben; das schlesische Consistorium, auch die ehemals

---

[1] Unionsgeschichte I. S. 259.
[2] Ebenda S. 265 f.

lutherischen Beisitzer desselben, haben sich mit Eifer seit 1817 für die Union erklärt und alles mögliche gethan, um sie in Schlesien zu fördern, seit 1828 auch für die Agende. Diese neue Agende, die die Union, wie urkundlich gezeigt ist, vorzüglich fördern sollte, ist zum Landesgesetz gemacht, die Consistorialinstruction schon 1817 abgeändert worden. Endlich hat sich auch das städtische lutherische Consistorium urkundlich gewiß 1830 den 25. Juni durch eigene öffentliche Theilnahme am Unionsabendmahl und Verfolgung der lutherischen Gemeinde in Breslau als unirt — factisch bewiesen. Wir aber, die Lutheraner in Breslau, haben als ehrfurchtsvolle Unterthanen fünf Mal Se. Majestät schriftlich und die Behörden zwei Mal in Berlin persönlich geziemend gebeten, uns wenn nicht unsre Rechte, doch Duldung zu gewähren. Unsre kirchlichen Behörden aber haben uns alle verlassen, an ein frem= des, nicht preußisches Consistorium dürfen wir uns nicht wenden; wir haben also von dem Recht, das der West= fälische Friede giebt, selbst ein Consistorium uns zu be= stimmen, Gebrauch gemacht, und unsern weltlichen Lan= desherrn gebeten, unsre laut Landrecht in unsrer Noth im Juni 1830 erwählten Repräsentanten, die alle das Zutrauen der Gemeinde je länger je mehr sich erworben haben, nach Gottes allheiliger Anordnung eines Kirchenrechts in den Ti= motheusbriefen, ganz ähnlich unserm ehemaligen städtischen Consistorio als Aeltesten=Synode gelten zu lassen. Da= nach entscheide Geschichte und Kirchenrecht, wer die bis= herige kirchliche Ordnung, Verfassung und Kirchenrecht verlassen habe, wir oder der preußische Staat." „Wir hatten gewünscht, sagt ebenfalls Scheibel, „an die Stelle des für uns unkirchlich gewordenen städtischen Consistorii die biblische Ver= fassung der Timotheusbriefe." [1]

Oder man lese, was die Breslauer Gemeinde 1831 an den König schrieb: [2] „— es ergiebt sich, daß unsre Wünsche weiter

---

[1] Ebenda S. 267.
[2] Ebenda II. S. 198.

keine Abweichung von dem bisherigen Zustand enthalten, als welche
daraus von selbst hervorgeht, daß nachdem unsre bisherige
lutherische Kirchenbehörde uns verlassen hat, eine solche
neu aus unsrer Mitte gebildet werden muß." Oder was
Scheibel um dieselbe Zeit dem Könige schrieb:[1] „Nicht eine neue
Secte, nicht eine solche zu constituiren ist oder war jemals unser
Gedanke. Wir wünschen nur die lutherische Kirche zu sein, wie
wir sie bisher nach unsern symbolischen Büchern waren, nichts
andres, und ewig fern ist der Gedanke von mir, eine andre Kirche
oder eine bisher unerhörte der Breslauischen Verfassung ganz fremde
Einrichtung der Gemeinde stiften zu wollen. Vielmehr war vor der
Union ein selbständiges lutherisches Consistorium in Breslau, was
dem wesentlichen nach analog der in unsern Wünschen nach dem
landrechtlichen Ausdruck so benannten Presbyterial-Verfassung." Und
endlich sagt derselbe Scheibel:[2] „Ebenso kennen wir keine
ausschließlich lutherische Kirchenverfassung, unsre Kirche
gedieh und gedeiht unter jeglicher äußerer Form, und
nie kam es uns in den Sinn, Verfassung, unlogisch und unsymbo-
lisch für einen Lehrartikel oder eine Glaubensnorm zu erklären.
Nur in Preußen bei obwaltenden Umständen war doch
die beste, die apostolische, zu wählen."

Was bedarf es weiter Zeugniß! Es haben die Lutheraner
jener Zeit, von allen Behörden verlassen und jeder Verfassung beraubt, nothgedrungen versuchen müssen, sich auf eigene Art zu verfassen, weil ohne alle Verfassung nun ein Mal keine Kirche, selbst
wenn sie nur durch eine einzige Gemeinde repräsentirt wäre, bestehen kann. Wie kann ihnen das zum Vorwurf gereichen? Wie
darf man daraus den Schluß machen, daß sie von Anfang an
radicale Verfassungsziele im Auge gehabt haben? Dabei ist es
auch ganz gleichgültig, ob die Scheibel'schen Verfassungsgedanken
ihrem Inhalt nach vielleicht unlutherisch, unbiblisch, unbrauchbar

---

[1] Ebenda II. S. 201.
[2] Archiv für historische Entwicklung und neueste Geschichte der lutherischen
Kirche. Nürnberg 1841. S. 7.

gewesen sind. Mögen sie das immerhin gewesen sein: nicht aber wird dadurch die Reinheit und Lauterkeit seines Unionskampfes irgend wie befleckt. Denn die Verfassungsfrage war für ihn nur insofern ein Moment in der großen Streitfrage, als er sich klar zu machen hatte, in welcher Form die lutherische Kirche sich gestalten müsse, nachdem ihre alte Form zerbrochen war. Aber nicht war ihm die Verfassungsfrage ein selbständiger Streitpunct oder irgend eine Verfassung ein vornehmlich angestrebtes Ziel.

Was Scheibel in dieser Sache vorgeworfen werden kann, ist etwas anderes. Man kann nämlich sagen, daß er nicht klüglich gethan habe, diese die neu herzustellende Verfassung betreffenden Puncte mit unter die „Wünsche der Gemeinde" aufzunehmen. Er hätte sich vielleicht sagen müssen, daß dadurch allerdings der Schein hervorgerufen werden konnte, ja bei der Mißgunst der Verhältnisse hervorgerufen werden mußte, als handele es sich allerdings um die Herstellung einer neuen, noch nicht dagewesenen Religionsgesellschaft. Wenn er selbst sich auch der lautersten Absichten bewußt war, so galt es doch die äußerste Vorsicht, um nicht den Gegnern auch nur scheinbare Waffen in die Hände zu geben. Ja man könnte darüber streiten, ob es nicht formell richtiger gewesen wäre, auf die Fortexistenz der selbständigen lutherischen Kirche unter dem Summepiscopat des Königs anzutragen.[1] Damit wäre ja aufs augenfälligste gezeigt worden, daß man in jeder Weise nur das längst dagewesene Verhältniß retten wollte. Doch muß andrerseits bemerkt werden, daß Scheibel mit seinen Anhängern von Anfang an seine Absichten auf Erreichung dessen gerichtet hat, was zu erreichen möglich war. Gleich die erste Bitte lautete darum nicht auf einfache Restitution überhaupt, welche in vieler Hinsicht unmöglich geworden war, sondern nur auf Duldung. Unmöglich aber war es für den König, wenn er nicht sein ganzes Unionswerk in Frage stellen wollte, eine eigne lutherische Landeskirche fernerhin anzuerkennen und als Summepiscopus zu regieren. Darum zu bitten, hieß Unmögliches begehren. Andrerseits mußte man sich

---

[1] Doch nach den Bestimmungen des westfälischen Friedens.

doch auch sagen, daß die Behörden vor allem würden wissen wollen, in welcher äußeren Form denn der Ueberrest der Lutheraner zu existiren gedächte, und darum konnte es angemessen scheinen, das von vornherein zu sagen.

Doch sei es wie es sei. Auch wenn man Scheibel in dieser Hinsicht eines Fehlers anklagen müßte: es wäre kein sittlicher, sondern ein diplomatischer Fehler. Und auf den Ruf eines Diplomaten hat er nie Anspruch erhoben.

Wie wenig aber irgend ein bestimmtes Verfassungsideal den Lutheranern als selbständiges Ziel vorgeschwebt habe, und wie es keineswegs die Form der Landeskirche oder der fürstliche Summ= episcopat an sich gewesen sei, welche sie verwarfen, darüber hören wir noch Zeugniß aus zwei Privatbriefen von Huschke. Derselbe schreibt an P. Gaudian sen. am 16. November 1838:[1] „Vor kurzem hatte ich Gelegenheit, über die oben berührten Gegenstände (Kirche und Staat) viel zu disputiren — bei meinem Besuch in F. mit Herrn P. v. G. Er steht uns weit näher, als ich gedacht hatte, und umgekehrt fand er das auch bei mir wieder. — Was er uns besonders zum Vorwurf machte, war: Widerwillen gegen das landesherrliche Kirchenregiment als solches und daher absichtliche Trennung von Kirche und Staat. Ich pro= testirte hiegegen, sofern es meine und der mir bekannten Lutheraner Ansicht sein sollte. — Meine Ansicht genügte ihm; er meinte aber, es sei gewiß nicht die herrschende bei uns Lutheranern und bezog sich auf Pommern, wo alle Lutheraner jenem abstracten Princip von Trennung der Kirche und des Staates huldigten. Der mit= anwesende Herr v. T. bestätigte dieses, und so versprach ich, jedoch unter Aeußerung meines Zweifels, ob hier nicht bloße Mißver= ständnisse zu Grunde lägen, nach Pommern deshalb zu schreiben, was ich denn nun eben an Sie, geliebter Freund, gethan habe. Sollten wirklich solche Ansichten obwalten, daß die unirte Kirche deshalb verwerflich und zu meiden sei, weil der König in ihr das Kirchenregiment übe, so würde diesem meines Erachtens mit allem

---

[1] Aus dem durch P. Gaudian jun. mitgetheilten Schreiben.

Ernst zu begegnen sein. Denn nicht nur würde daraus folgen, daß wir uns auch von unsern lutherischen Mitbrüdern in außerpreußischen Ländern, wo die alte Verfassung noch besteht, trennen müßten, was wirklicher Separatismus wäre; sondern der Preußische Staat würde uns auch mit Recht als eine revolutionäre Gesinnungen nährende Religionspartei verfolgen."

In einem späteren Briefe an Cand. Wagner vom Oktober 1839 beantwortet Huschke die Frage, welche Verfassung die schlesischen Lutheraner für die allein richtige und nothwendige halten, folgendermaßen: „Ist der Sinn der Frage der, welche Verfassung wir nach Concordienformel Artikel X für die unter den jetzt gegebenen Verhältnissen in Preußen angemessenste und beste halten, so hat sich zwar während der dermaligen Verfolgungszeit noch keine feste Ueberzeugung gebildet, sondern wir erwarten von der göttlichen Leitung der Kirche und ihres Kampfes, in welche Verfassungsformen wir durch innere und äußere Erfahrungen werden hineingedrängt werden; im allgemeinen aber gehen die Einsichtsvollen von dem Grundsatz aus, daß man sich möglichst an die bisherige lutherische Kirchenverfassung anzuschließen und nur solche Modificationen und Neuerungen darin eintreten zu lassen habe, welche die veränderten Weltverhältnisse, die fortgeschrittene innere Entwicklung der Kirche und das gänzlich umgekehrte Verhältniß des Staats zur Kirche durchaus nothwendig oder doch räthlich machen." [1])

Es wird aus allen diesen Zeugnissen — aus zweier Zeugen Mund — sich hinreichend ergeben haben, ob die Verwirklichung radicaler Verfassungsideen ein vornehmlich angestrebtes Ziel jener Lutheraner gewesen ist.

---

[1]) Archiv des Ober-Kirchen-Collegiums.

7. Was von Scheibels Kampf überhaupt zu halten sei?

Daß Wangemann das Verhalten Scheibels einerseits als Aufruhr und Separatismus, andererseits als Märtyrerthum darstellt, ist ein innerer Widerspruch. Es kann nur das eine oder das andere richtig sein.

Wir haben gesehen, daß Wangemann mit den schwärzesten Farben Scheibels und seiner Gemeinde Verhalten malt. Als einen Revolutionär, der von radicalen Verfassungsideen besessen aller bestehenden Ordnung den Gehorsam aufkündigte, sich von einer Willkür zur andern fortreißen ließ, unverständige Gemeindeglieder an sich zu binden suchte, indem er die Formen einer Gemeinde schnell improvisirte u. s. w. — so haben wir Scheibel nach Wangemanns Beschreibung kennen gelernt. Aber das ist nur die dunkle Seite des Bildes. Zu gleicher Zeit wird auch Scheibel als ein Vorkämpfer, ja als ein Märtyrer für das Recht der lutherischen Kirche, als ein treuer Zeuge gegenüber der Union gepriesen. Fragt man nun, woher denn diese letzteren Prädicate Scheibel gebühren, so antwortet Wangemann: „Ein großes Verdienst hat er sich erworben um die Bloßlegung der Güter, welche die lutherische Kirche gegen eine unberechtigte Union zu vertheidigen hat." [1] Wenn aber dies das einzige ist, was an Scheibel zu loben ist (und ich kann abgesehen von seinen persönlichen Vorzügen bei Wangemann nichts anderes finden), daß er über die Union und ihre Bedeutung, über Agende, Bekenntniß und ähnliches einzelne richtige Ansichten gehegt und ausgesprochen hat, so ist in der That nicht abzusehen, wie Wangemann ihn zu einem Märtyrer machen will. Denn es steht ja nun so, daß all sein kirchliches Handeln gegenüber der Union ein verkehrtes war; war er ein Revolutionär, ein Separatist, nun dann ist ihm nur sein Recht geschehen, wenn die Behörde ihn abwies und absetzte, und daß er daneben noch viele richtige Ansichten hegte, kann ihn

---

[1] I. S. 251.

nicht zum Märtyrer machen. Das Gesammturtheil Wangemanns müßte also dahin lauten, daß der Scheibel'sche Kampf gänzlich verwerflich gewesen sei und nur dazu gedient habe, die ganze Sache zu verwirren und zu trüben.

Aber so meint es Wangemann doch nicht. Denn wenn er selbst die Bedeutung jenes Kampfes nicht unrichtig dahin angiebt: „es handelte sich um kirchenrechtliche Garantieen für rein Wort und Sacrament, um das rechtliche Fortbestehen der lutherischen Kirche" (er hätte nur hinzufügen müssen, auch um das wirkliche Bestehen, weil ja die einzig brauchbare Garantie für rein Wort und Sacrament der rechtliche und factische Bestand der lutherischen Kirche als solcher ist), — und wenn er denn fortfährt: „diesen Kern der gestellten Forderungen müssen wir für berechtigt erklären",[1] so scheinen allerdings die Verdienste Scheibels noch etwas andre zu sein, als nur die Bloßlegung gewisser lutherischer Güter und ihre Vertheidigung gegen die Union. Freilich wird ein aufmerksamer Leser sich hier besinnen, daß ja derselbe Wangemann, welcher hier die Forderung „des rechtlichen Fortbestehens der lutherischen Kirche" für berechtigt erklärt, früher ausführlich nachgewiesen hat, daß ja ohnehin die lutherische Kirche noch rechtlich bestand, also die Lutheraner mit ihren Forderungen im Unrecht waren, und Scheibel nur eine Correctur der Agende im Abendmahlsformular hätte fordern dürfen. Und so wird der Leser auf die Vermuthung kommen, daß in Wangemanns Urtheilen einige Confusion sei.

Diese Vermuthung aber wird noch wesentlich verstärkt, wenn man hernach plötzlich liest, daß es sich bei diesem Kampf gar nicht um Realitäten, sondern um Principien gehandelt habe![2] Denn nun fragt man sich, ob denn das rechtliche Bestehen der lutherischen Kirche, worunter doch nicht blos ein eingebildetes und im Begriff vorhandenes Fortbestehen gedacht werden darf, nicht eine Realität ist! Aber jetzt erfahren wir wieder, es habe sich überall blos um Entscheidung der Principienfrage gehandelt, „ob und inwieweit

---

[1] I. S. 217.
[2] I. S. 253.

die lutherische Kirche vernichtet werde dadurch, daß sie Reformirte zur Sacramentsgemeinschaft hinzuläßt."[1] So handelte es sich also doch nicht um das rechtliche Bestehen der lutherischen Kirche, und es könnte scheinen, als wäre nichts weiter vorgekommen, als daß irgendwo auch Reformirte zum lutherischen Abendmahl wären zugelassen worden — —, oder als stünden Wangemanns Lobsprüche und Ausstellungen in Widerspruch mit einander.

Oder vielleicht erfahren wir etwas gewisses über die Bedeutung Scheibels bei der Frage, deren Beantwortung auch Wangemann sich zur Aufgabe gestellt hat,[2] was denn die Lutheraner hätten thun sollen? „Buße thun und beten" — das brauchten sie von Wangemann nicht zu erfahren. „Vorstellen bei der Obrigkeit" — das haben sie gethan, aber umsonst. „Ausharren und leiden" — ist auch geschehen, nur so, daß sie sich dabei sorgfältig vor der Unionssünde gehütet haben. „Weil mit Union und Agende menschlich gute Absichten verbunden waren, sollten sie daran die Hoffnung knüpfen, daß Gott sich zu diesen frommen Absichten bekennen würde" — nun an Hoffnung hat es nicht gefehlt; aber daß sie um des guten Zweckes willen die unheiligen sündlichen Mittel sich hätten gefallen lassen sollen, ist zuviel verlangt. Auf die Sünde kann man keine Hoffnung setzen. Also was sollten sie thun? „Protestiren" — nun auch daran haben sie es nicht fehlen lassen; aber sie glaubten allerdings, dem Protest mit Worten müsse stets zur Seite stehen der Protest mit der That, der Protest gegen die Sünde habe nur dann Bedeutung, wenn er verbunden sei mit dem Nichtthun der Sünde. Weiter — was hätten sie thun sollen? W e i t e r n i c h t s.

Nun wenns damit genug war, dann kann es sich allerdings nicht um den Bestand der Kirche gehandelt haben, sondern nur um einzelne Schädigungen und Gefahren, und es bleibt also schließlich dabei, daß nach Wangemann Scheibel gar nicht wußte, wovon die Rede war und sich vor allen Dingen eine richtigere Erkenntniß von

--- --- ---

[1] Ebenda.
[2] I. S 221 f.

der Bedeutung der Union hätte anschaffen und einsehen müssen, daß in der Hauptsache alles, was er begehrte, eigentlich schon vorhanden war, daß er ruhig in seine Stellung als Diaconus wieder hätte eintreten können, zufrieden mit den agendarischen Concessionen, die man ihm bewilligen wollte. Nun dann war aber Scheibel kein Märtyrer, sondern ein Schwärmer, der die lutherische Kirche zerrissen hat.

Wir dagegen halten ihn allerdings für einen Märtyrer, weil wir der Meinung sind, daß er im Ganzen so gehandelt hat, wie es einem lutherischen Pastor zukam; weil er sich nicht begnügt hat, mit Worten ein Lutheraner und mit der That ein Glied der unirten Kirche zu sein, sondern Amt und Ehre, Vaterland und Freundschaft daran gegeben hat, damit seinem Vaterland eine selb=ständige lutherische Kirche, seiner Gemeinde die Gliedschaft an der=selben erhalten bliebe; weil er auf dem Boden der Geschichte und des Rechtes stehen blieb, als Tausende Geschichte und Recht zer=brechen halfen, weil er durch keine Concessionen sich die Augen blenden ließ über das, was vor Aller Augen offenbar war, daß die lutherische Kirche als Kirche nicht mehr vorhanden war, sondern als Name, als Schall — höchstens als verschwindende Partei.

Vielleicht könnte selbst Wangemann zu einem ähnlichen Resultat kommen, wenn er die Thatsache in ernstliche Erwägung nähme, daß alles Lutherthum, dessen er und seine Gesinnungsgenossen in der Landeskirche sich rühmen, nächst der Güte Gottes der Treue Scheibels zu verdanken ist.

8. Die Kabinetsordre vom 28. Februar 1834.

Die Wichtigkeit dieser Ordre beruht darauf, daß man in ihrem Erlasse ein Aufgeben der früheren Unionsgedanken und eine Zurückgabe der den Lutheranern zustehenden wesentlichen Rechte glaubt erkennen zu müssen.

Wenn nun das Verhalten Scheibels und seiner Anhänger in den Jahren 1830—33 ein lutherisch richtiges war, so ist die Frage, ob dies Urtheil auch von dem Verhalten jener Lutheraner seit 1834 gelte. Denn es wird behauptet, daß mit dem Jahre 1834 die Unionsangelegenheit eine ganz neue Wendung genommen habe, und zwar eine solche Wendung, durch welche die lutherische Kirche im wesentlichen zufriedengestellt, und den Gegnern der Union nicht das mindeste Recht mehr gelassen worden sei, auf ihren Forderungen für die lutherische Kirche zu beharren. Mit dem Erlaß der Kabinetsordre vom 28. Februar 1834 soll der ursprüngliche Unionsbegriff aufgegeben, der frühere Unionsplan wesentlich modificirt und die lutherische Kirche in der Hauptsache restituirt worden sein. Das ist auch die Meinung von Wangemann. Er bedauert, daß diese Ordre nicht schon 1830 erlassen worden sei, meint, daß sie damals zur Beruhigung Scheibels ausgereicht haben würde, und erklärt den Umstand, daß sie 1834 nicht mehr ausreichte, aus der Gereiztheit, in welcher sich die Lutheraner nach vierjährigem Kampfe befunden hätten. [1]

Jedenfalls ist diese Ordre die magna charta des Lutherthums geworden, das in der evangelischen Landeskirche Preußens existirt. Aus ihr beweisen die „Vereinslutheraner" vornehmlich, daß sie berechtigt seien, innerhalb der Landeskirche zu verharren und doch zugleich Glieder der lutherischen Kirche zu sein, ja daß man sie als die loyalen Erben der alten lutherischen Kirche ansehen müsse.

Wir werden daher diese Ordre einer eingehenden Betrachtung unterwerfen müssen; ihrer Wichtigkeit und des leichteren Verständnisses halber mag sie, obwohl oft gedruckt, hier noch einmal ihrem ganzen Wortlaut nach Platz finden.

„Es hat Mein gerechtes Mißfallen erregen müssen, daß von einigen Gegnern des kirchlichen Friedens der Versuch gemacht worden ist, durch die Mißdeutungen und unrichtigen Ansichten, in welchen sie hinsichtlich des Wesens und des Zweck's der Union und Agende befangen sind, auch Andere irrezuleiten. Zwar läßt sich von der Kraft der Wahrheit und dem gesunden Urtheile so vieler Wohlunterrichteter hoffen, daß dieses unlautere Beginnen im Ganzen erfolglos sein, und daß es durch die pünktliche Ausführung der Befehle, welche Ich in

---

[1] II. S. 48.

Meiner Ordre vom heutigen Tage, behufs der Beseitigung separa=
tistischer Unordnungen Ihnen ertheilt habe, gelingen werde, auch die
Wenigen, die sich durch falsche Vorspiegelungen haben täuschen lassen,
von ihrem Abwege zurückzubringen. Damit jedoch eine richtige Be=
urtheilung der in Rede stehenden Angelegenheit auch denen erleichtert
werde, deren Bedenklichkeiten aus Gewissensängstlichkeit entstehen, wird
es zweckdienlich sein, daß die Hauptgrundsätze, nach welchen die Ein=
führung der Agende und die Beförderung der Union zu leiten Ich
Sie bei wiederholten Veranlassungen angewiesen habe, im Zusammen=
hange bekannt gemacht werden. Die Union bezweckt und bedeutet kein
Aufgeben des bisherigen Glaubensbekenntnisses, auch ist die Autorität,
welche die Bekenntnißschriften der beiden evangelischen Confessionen
bisher gehabt, durch sie nicht aufgehoben worden. Durch den Bei=
tritt zu ihr wird nur der Geist der Mäßigung und Milde ausge=
drückt, welcher die Verschiedenheit einzelner Lehrpunkte der anderen
Confession nicht mehr als den Grund gelten läßt, ihr die äußerliche
kirchliche Gemeinschaft zu versagen. Der Beitritt zur Union ist die
Sache des freien Entschlusses, und es ist daher eine irrige Meinung,
daß an die Einführung der erneuerten Agende nothwendig auch der
Beitritt zur Union geknüpft sei, oder indirekt durch sie bewirkt werde.
Jene beruht auf den von Mir erlassenen Anordnungen; dieser geht
nach Obigem aus der freien Entschließung eines Jeden hervor. Die
Agende steht mit der Union nur in sofern im Zusammenhange, daß
die darin vorgeschriebene Ordnung des Gottesdienstes und die für
kirchliche Amtshandlungen aufgenommenen Formulare, weil sie schrift=
mäßig sind, ohne Anstoß und Beschwerde auch in solchen Gemeinden,
die aus beiderlei Confessionsverwandten bestehen, zu gemeinsamer
Förderung christlicher Gottesfurcht und Gottseligkeit in Anwendung
kommen können. Sie ist auch keineswegs bestimmt, in der evangeli=
schen Kirche an die Stelle der Bekenntnißschriften zu treten, oder
diesen in gleicher Eigenschaft beigesellt zu werden, sondern hat ledig=
lich den Zweck, für den öffentlichen Gottesdienst, die amtlichen Ver=
richtungen der Geistlichen eine dem Geiste der Bekenntnißschriften
entsprechende Ordnung, die sich auf die Autorität der evangelischen
Agenden aus den ersten Zeiten der Reformation gründet, festzustellen,
und alle schädliche Willkür und Verwirrung davon fern zu halten;
mithin ist das Begehren derer, welche aus Abneigung gegen die Union
auch der Agende widerstreben, als unstatthaft, ernstlich und kräftig

abzuweisen. Auch in nicht unirten Kirchen muß der Gebrauch der Landesagende unter den für jede Provinz besonders zugelassenen Modifikationen stattfinden; am wenigsten aber — weil es am unchristlichsten sein würde — darf gestattet werden, daß die Feinde der Union im Gegensatz zu den Freunden derselben als eine besondere Religionsgesellschaft sich constituiren.

Ich beauftrage Sie, gegenwärtigen Erlaß durch die Regierungs-Amtsblätter zur öffentlichen Kenntniß zu bringen.

Berlin, den 28. Februar 1834.

(gez.) Friedrich Wilhelm.

9. Die Veranlassung der Ordre vom 28. Februar 1834.

Die Ordre ging hervor aus dem Wunsch, den Lutheranern die Unionsangelegenheit in einem möglichst günstigen Lichte nochmals darzustellen, nicht aber aus der Erkenntniß begangenen Unrechts, oder der Absicht, neue Concessionen zu machen.

Die Absetzung und Auswanderung Scheibels (1832) hatte der lutherischen Kirche so wenig geschadet, wie sie der unirten nützlich gewesen war. Seine Gemeinde in Breslau setzte den Kampf in angefangener Weise fort, und sie stand nicht allein. In der Nachbarschaft arbeiteten Kellner, Berger und Hirschfeld in gleichem Sinn. Namentlich die beiden ersteren lehnten nicht nur die Agende ab, sondern erklärten auch, die unirt gewordenen Behörden nicht mehr für ihre berechtigten kirchlichen Vorgesetzten ansehen zu können. Sie forderten den Fortbestand der lutherischen Kirche als solcher. Ihre Gemeinden standen im Ganzen fest zu ihnen. Sie wollten nicht in die neugeschaffene Kirche eintreten, wollten nicht die um dieser Kirche willen erlassene Agende annehmen. In demselben Sinn erhoben sich in Schlesien hin und her viele einzelne Gemeindeglieder, angeregt theils durch Schriften aus der Mitte der Breslauer Lutheraner, theils durch persönlichen Verkehr, theils auch von Anfang an durch aufmerksame Beobachtung dessen, was geschah. Geldstrafen, durch welche man die Gemeindeglieder, angedrohte Disciplinaruntersuchungen, durch welche der Staat

7*

die Geistlichen zum Beitritt zur neuen Kirche zu gewinnen suchte, erwiesen sich als fruchtlos. Im Februar 1834 trat noch Pastor Biehler, ebenfalls in der Nähe von Breslau, in die Reihen der Kämpfenden ein. Die Gemeinden, die keine Pastoren hatten, erbauten sich durch Lesegottesdienste. Bedurften sie kirchliche Amtshandlungen, so machten sie lange Reisen an die Orte, wo noch lutherische Pastoren übrig geblieben waren, und wurden von diesen ohne Dimissorialien angenommen. In vereinzelten Fällen halfen sich die Laien selbst mit Amtshandlungen.[1]

Da nun diese Bewegung überall im Wachsen blieb, auch weder ein Stillstand noch ein Zurückkehren dieser Lutheraner zu der „Ordnung" abgesehen werden konnte, so schien es dem geistlichen Minister v. Altenstein nothwendig, einen entscheidenden Schritt zu thun. Es galt, um jeden Preis die sich zurückhaltenden und protestirenden Gemeinden für die Landeskirche zu gewinnen, sei es nun mit Güte, sei es mit Gewalt, sei es mit beidem zumal. Das letztere schien Altenstein das richtigste. In ausführlichem Bericht vom 2. November 1833 schlug er dem Könige vor, zunächst eine beruhigende Erklärung über Union und Agende ausgehen zu lassen, dann aber auch solche Anordnungen zu treffen, welche geeignet wären, eventuell die widerstrebenden Lutheraner der Strenge der Gesetze auszuliefern.

Wenn Eilers meint,[2] daß Altenstein in diesem Bericht die Einwendungen der lutherischen Partei im Allgemeinen richtig dargestellt habe, so ist das doch nicht ganz genau. Denn gerade die eine Einwendung, deren Recht am deutlichsten auf der Hand lag, und welche dem Verständniß des Königs am zugänglichsten sein mußte, daß nämlich die lutherische Kirche ein ganz unbestreitbares geschichtliches Recht auf gesonderte Existenz habe, fehlt da gänzlich. Es wurden eben die lutherischen Forderungen auch in diesem Fall einfach für Unbegreiflichkeiten erklärt und als solche dargestellt, überdies auch noch mit dem damaligen revolutionären Treiben in innere Verbindung gebracht, so daß sie nicht nur unberechtigt, sondern

---

[1] S. die Einzelheiten in m. „Errettung", S. 57—89.
[2] Meine Wanderung durch's Leben IV. S. 212.

grabezu gefährlich erscheinen mußten. Auf Grund dieser Darstellung, nach welcher der Scheibelsche Widerstand als ein völlig grund-
loser, thörichter, von Eigensinn und Schroffheit zeugender sich prä-
sentirte, schlug Altenstein dem Könige gewisse Maßregeln vor. Ausdrücklich aber fügte er hinzu, es dürften die zu ergreifenden Maßregeln nicht etwa in Concessionen bestehen. Seine Parole war
also: keine Nachgiebigkeit! [1]

Das vornehmste Resultat dieser Vorschläge, welche vom Könige
völlig genehmigt wurden, war nun eben die Kabinetsordre vom
28. Februar 1834.

Ganz anders stellt Wangemann den Hergang dar. Er berichtet folgendes: [2] „Er (der König) sah ein, daß er mit der ursprünglich beabsichtigten Gestalt der Union ganz gegen seine wiederholt ausgesprochene Absicht, das Recht der Confession zu wahren,
dennoch letztre mehrfach verletzt habe." — „Was nun thun? Der
einzige Ausweg, der der hochherzigen Gesinnung sowie der Gerech-
tigkeitsliebe des Königs entsprach, war der, daß man den bisherigen falschen Weg, soweit man ihn für falsch erkannte, auf-
gebend und den gerechten Forderungen der Confessionellen, soweit
man sie für gerecht befand, nachgebend, die Union soweit wie möglich festhielt, ihr aber eine wesentlich andre Tendenz beilegte, als
die ursprünglich beabsichtigte, welche in den bisherigen Kämpfen
als unhaltbar befunden worden war. Auf diese Weise gedachte
man, nachdem man der Confession ihr Recht habe angedeihen lassen,
dann völlig befugt zu sein, die Bewegung, die, alsdann noch fortgesetzt, vollständiger Separatismus gewesen wäre, mit aller Energie
niederzudrücken."

Es wird nun die Frage sein, woher Wangemann diese Kenntniß geschöpft hat. Aus Altensteins Bericht gewiß nicht; denn in
diesem wird vor allen Concessionen gewarnt, und es findet sich
keine Spur von dem Anerkenntniß, daß man bisher auf falschen
Wegen gewandelt sei und irgend jemandem Unrecht gethan habe,

[1] Eilers a. a. O.
[2] II. S. 29. 30.

oder daß dem Widerstreben der Lutheraner irgend eine Berechtigung inne wohnte. Also woher weiß Wangemann, daß der König plötzlich eine andere Anschauung der Dinge gewonnen hat? Und da Altenstein, wie aus seinem Bericht hervorgeht, nicht entfernt die Union und den Widerstand gegen sie in einem andern Lichte ansah, als früher, — wie ist es zu erklären, daß der König gleichwohl alle seine Vorschläge genehmigt hat? Das scheint doch eine Uebereinstimmung beider anzudeuten. Eine Quelle aber führt Wangemann in diesem Fall nicht an, obwohl er sonst so fleißig citirt. Und die von ihm erwähnte Aeußerung des Königs, er wolle nicht, daß auch nur ein einziger Mensch in seinem Lande um des Glaubens willen verfolgt würde, wird doch auch in Wangemanns Augen eine Aenderung der königlichen Intentionen nicht beweisen. So wird der König doch auch 1817 gedacht haben. So scheint er also jene ganze oben angeführte Betrachtung über die veränderten Pläne des Königs sich selber ausgedacht zu haben.

Oder ist die Meinung, daß ja der Inhalt der Kabinetsordre selbst deutlich genug zeige, daß ein solcher Umschwung der Anschauungen in den höheren Kreisen stattgefunden haben müsse? Aber was ist das für eine „actenmäßige" Geschichtsschreibung, wenn man die Schlüsse, die man aus dieser Ordre glaubt ziehen zu können, in der Form feststehender Thatsachen vorträgt, und zwar an solcher Stelle, wo der Leser vorläufig auf den richtigen Standpunkt zur Beurtheilung eben dieser Ordre gestellt werden soll! Was nur aus der Ordre folgt, kann doch nicht dienen, ihre geschichtliche Veranlassung zu erklären.

Und wenn nun der Inhalt der Kabinetsordre auch andere Folgerungen möglich — nöthig machte? Wenn — wie von vornherein aus der wirklichen Entstehung zu vermuthen — die Kabinetsordre vielmehr den Beweis lieferte, daß dem Könige nichts ferner gelegen habe, als ein Rückzug? Wie soll man diese Wangemann'sche Geschichtsschreibung charakterisiren?

Wir haben die Ordre selbst anzusehen.

10. Wofür die Kabinetsordre vom 28. Februar 1834 sich selbst gibt?

Die Ordre gibt sich selbst für eine Darlegung der bisher ausgesprochenen und gehandhabten Unionsgrundsätze, kann also schwerlich eine Aufhebung eben dieser Grundsätze sein.

Wangemann hat die Absicht, zu zeigen, daß sich in der Kabinetsordre eine ganz andere Unionstendenz ausspreche, als die in den Jahren 1817—1830 in Königlichen und andern Kundgebungen proklamirte. Zu diesem Zweck stellt er einzelne Aeußerungen eines Eylert'schen, vom Könige gebilligten Buches von 1830 mit einzelnen Bestimmungen der Kabinetsordre zusammen, und kommt auf diesem Wege zu dem Resultat, daß der Unionsbegriff von 1834 dem von 1830 (und also auch von 1817) diametral wider= spreche. [1]

Indessen diese Art des Beweises ist willkürlich und kann nicht für vollgültig erachtet werden. Jedenfalls wird zur Feststellung des Sinns, in dem, und der Absicht, in der die Ordre erlas= sen ist, zunächst diese selbst zu befragen sein. Was sagt sie von sich selbst, von ihrer Bedeutung, von ihrem Ziel? Wofür gibt sie sich selbst? Nur beiläufig ist Wangemann auf diese Frage eingegangen; aber das wenige, was er davon sagt, ist völlig wahr und richtig. Er schreibt nämlich: „wie in aller Welt sollten die Separirten zu der Ansicht kommen, daß die Kabinets= ordre von 1834 einlenken und frühere Irrwege gut machen sollte, wenn diese Kabinetsordre selbst sich kund gibt als eine zusammenhängende Darlegung der Haupt= grundsätze, nach denen die Union und Agende bisher eingeführt worden seien." [2]

Richtig! Dafür gibt sich die Ordre selbst, für eine Klarstel= lung der bisherigen Unionsgrundsätze. Sie sagt nicht, daß in dem

---

[1] II. S. 36—38.
[2] II. S. 50.

Verhalten der Lutheraner irgend etwas berechtigtes gefunden worden
sei, sondern daß diese als Gegner des kirchlichen Friedens sich das
allerhöchste Mißfallen zugezogen haben. Sie sagt nicht, daß die
bisher eingeführte Union irgend jemandem Unrecht gethan habe,
sondern daß die protestirenden Lutheraner der Union Unrecht gethan haben, sofern sie über dieselbe sich Mißdeutungen erlaubt und
unrichtige Ansichten verbreitet haben. Ebenso sagt die Ordre nicht,
daß nun trotzdem Nachgiebigkeit geübt und einzelne frühere Bestimmungen zurückgenommen werden sollen; die Protestirenden werden vielmehr als Menschen von unlautrem Beginnen dargestellt,
welche gegen die Kraft der Wahrheit und das gesunde Urtheil
vieler Wohlunterrichteter nichts vermögen. Auch wird die Ordre
gar nicht etwa um der Anstifter des Widerstandes willen, sondern
um der Wenigen willen erlassen, die sich durch falsche Vorspiegelungen
haben täuschen lassen. Ihnen will der König eine richtige Beurtheilung der Unionsangelegenheit erleichtern, da ja anzunehmen ist,
daß diese Irregeleiteten wirklich aus Gewissensängstlichkeit opponirt
haben. Aber nicht soll diese Erleichterung dadurch bewirkt werden,
daß von den bisherigen Unionsmaßregeln etwas zurück genommen
wird, sondern vielmehr dadurch, daß jetzt noch ein Mal und zwar
im Zusammenhang die Hauptgrundsätze, welche von Anfang an für
die Einführung der Agende und Beförderung der Union maßgebend
gewesen seien, bekannt gemacht werden, Grundsätze, deren Kund-
gebung im einzelnen schon bei wiederholten Veranlassungen erfolgt
sei. So will also diese Ordre nichts widerrufen, nichts zurück-
nehmen, auch nichts neues verfügen, sondern lediglich eine zusammenhängende Darstellung und authentische Erklärung dessen bringen,
was längst jedermann wissen sollte, was die meisten auch wissen,
was nur etliche Uebelwollende nicht haben wissen wollen, und etliche
Irregeleitete durch jener Schuld nicht haben wissen können.

So sagt die Kabinetsordre von sich selbst, und Wangemann
kann es nicht leugnen. Wie kommt er nun dazu, diese Ordre,
welche eine Darlegung der bisherigen Unionsgrundsätze sein will,
für eine Aufhebung eben dieser Grundsätze zu erklären? Also zu
erklären, daß die Kabinetsordre das Gegentheil von dem sei, was

zu sein sie behauptet? Verhielte sich so, dann könnte doch nur ein doppelter Erklärungsgrund gedacht werden. Entweder müßte man sagen, der König habe wirklich einen neuen Unionsbegriff aufstellen, dies aber nicht eingestehen, sondern das neue unter der Firma des alten einführen wollen. Das wäre also ein großartiger Betrug gewesen, und den anzunehmen, können wir uns bei Friedrich Wilhelm dem Gerechten nicht entschließen. Und nicht nur ein Betrug wäre es gewesen, sondern es hätte außerdem auch noch von vorn herein die bewußte Absicht obwalten müssen, daß die Lutheraner den Anbruch einer neuen Unionsära gar nicht merken sollten. Denn daß sie das nach den eigenen Erklärungen der Ordre nicht bemerken konnten, gesteht selbst Wangemann zu. Also eine absichtliche Täuschung anzunehmen ist doch schwer. Oder aber man müßte glauben, daß dem König ein Irrthum begegnet sei, daß er die alte Union habe erklären wollen, und aus Versehen eine neue proklamirt habe: — und das ist doch nicht minder schwer. Auch Wangemann scheint dies nicht zu glauben; rühmt er doch die „Weisheit", welche der Erlaß dieser Ordre gezeigt habe. [1] Nun denn — mit welchem Recht will er sagen, daß in der Ordre andre Dinge stehen, als nach ihrer eigenen Erklärung drin stehen sollen?

Er wird sagen: man sehe nur den Inhalt der Ordre an; da wird sich ja zeigen, daß in ihr ein neuer Unionsbegriff vorgetragen wird, der dem früheren diametral widerspricht. Nun wir werden sehen. Aber soviel dürfte schon jetzt klar sein: Nur wenn der Wortlaut der Ordre mit zwingender Nothwendigkeit die Annahme einer Verwandlung der früheren Unionsgedanken fordert — nur dann wird man annehmen dürfen, daß die Ordre (sei es absichtlich, sei es aus Versehen) etwas andres sei, als wofür sie sich selbst gibt.

---

[1] II. S. 38.

11. Ob in der Kabinetsordre vom 28. Februar 1834 etwas Neues enthalten sei?

Die Ordre enthält keine neuen Bestimmungen über das Wesen der Union, sondern hebt nur einseitig die Concessionen hervor, welche den lutherisch Gesinnten innerhalb der evangelischen Kirche schon längst bewilligt worden waren.

„Die Union bezweckt und bedeutet kein Aufgeben des bisherigen Glaubensbekenntnisses" sagt die Ordre. Das ist nun nichts Neues. Schon im Jahr 1830 schrieb Dr. Tscheggey an die Breslauer Gemeinden: „daß hier nicht von Veränderung des Glaubens oder von einem Confessionswechsel die Rede ist, bedarf kaum der Erwähnung." [1] In demselben Jahr bemerkte das schlesische Consistorium: „durch die Einführung der neuen Agende ist auch keine Glaubensänderung weder vorgegangen, noch bezweckt worden." Ebenso weiß die grundlegende Kabinetsordre von 1817 nichts davon, daß die Union jemandem sein Glaubensbekenntniß hätte nehmen sollen, erklärt vielmehr ausdrücklich, daß weder die Lutheraner, noch die Reformirten zu der Ansicht ihrer Gegner überzugehen nöthig haben sollen.

„Auch ist die Auctorität, welche die Bekenntnißschriften der beiden evangelischen Confessionen bisher gehabt, durch sie (die Union) nicht aufgehoben worden." Nun — etwas Neues ist dies auch nicht. Denn vor den Bekenntnißschriften war bei den Anfängen der Union überhaupt nicht die Rede gewesen, also auch nicht von einer Aufhebung ihrer Auctorität. „Beibehaltung des lutherischen Glaubensbekenntnisses" hatte ausdrücklich v. Altenstein in einem Briefe an Scheibel zugesichert. [2] Und wenn die Union kein Aufgeben des bisherigen Glaubensbekenntnisses bedeutete, so selbstverständlich auch keine Abschaffung der Auctorität der Symbole. Höchstens könnte man diese Bestimmung insofern eine neue nennen,

---

[1] Scheibel, Unionsgeschichte II. S. 80.
[2] Ebenda S. 227.

als bisher die Unionserlasse nicht von diesem Puncte geredet hatten. Aber dann ist sie nur formell eine neue. [1])

„Durch den Beitritt zu ihr (der Union) wird nur der Geist der Mäßigung und Milde ausgedrückt, welcher die Verschiedenheit einzelner Lehrpuncte der andern Confession nicht mehr als den Grund gelten läßt, ihr die äußere kirchliche Gemeinschaft zu versagen." So sehr auch Wangemann diese Bestimmung als etwas ganz Neues begrüßt, wir müssen wieder sagen, sie enthält nichts Neues. Auch dies war fast wörtlich ebenso von Altenstein an die Breslauer Gemeinde geschrieben worden: „daß der Beitritt zur Union nur die factische Erklärung sei, daß man mit den Genossen der andern evangelischen Confessionen Kirchengemeinschaft halten wolle und diese nicht für etwas Gewissenswidriges ansehe." [2]) Und verlangt im Grunde die Kabinetsordre von 1817 mehr? Keineswegs; sie setzt einen „besseren Geist" voraus, welcher geneigt ist zum Eingehen kirchlicher Gemeinschaft.

Dies werden die drei Puncte sein, bei welchen man etwa meinen könnte, daß sie einen neuen Begriff der Union aufstellten. Denn die Bestimmungen über das Verhältniß der Agende zur Union waren schon längst bekannt und oft wiederholt. Wir dürfen daher vorläufig sagen, daß man diese Ordre recht gut verstehen kann, ohne eine Aenderung der Königlichen Intentionen anzunehmen, daß ihr Wortlaut keineswegs zwingt, ihr eine andere Bedeutung beizulegen, als sie sich selbst beilegt. Wenn aber das nicht — was kann uns bestimmen, einen anderen Sinn dennoch zu finden, als den, welchen der Zusammenhang der Ordre gibt?

Doch überhebt uns das alles der Mühe nicht, den von Wangemann, wie er meint, geleisteten Beweis zu prüfen, daß in dieser Ordre ein neuer Unionsbegriff ausgesprochen sei, und zwar ein solcher, nach welchem die lutherische Kirche ihr Recht, wenigstens zum großen Theil wieder erhalten habe.

Wenn die Ordre sagt, daß die Bekenntnißschriften beider Con-

---

[1]) S. den ersten Abschnitt Nr. 1.
[2]) Unionsgeschichte II. S. 230.

fessionen ihre bisherige Geltung durch die Union nicht eingebüßt haben, so greift Wangemann das Wort Confessionen auf und meint, hier erkenne ja der König ausdrücklich das Bestehen zweier evangelischer Bekenntnißgemeinden an; er fasse also die Union als ein Zusammentreten zweier in sich selbständiger Bekenntnißgemeinden, zweier selbständiger Kirchen.¹) Indessen dies ist zunächst eine sehr unsichere Exegese. Denn „Confession" heißt auch Bekenntnißpartei d. h. ein nicht kirchlich organisch zusammengefaßter Haufe von Anhängern eines Bekenntnisses, und wenn wir die Ordre „aus dem Geiste jener Zeit" erklären, so hat dieses Verständniß vielleicht den Vorzug. Ferner, warum soll der König nicht von den Symbolen beider Confessionen sprechen, auch wenn er sie nicht mehr als selbständig bestehend anerkannte? Sie hatten doch früher bestanden und bestanden auch außerhalb Preußen. Damit sagt er noch gar nicht, daß sie jetzt noch, und daß sie in Preußen bestehen. Ferner: gesetzt auch, der König habe mit diesem Ausdruck sagen wollen, daß beide Kirchen in Preußen noch selbständig bestänben — was hilft das? Dann bleibt immer noch die Frage, ob er damit etwas richtiges gesagt hat. Eine bloße Königliche Erklärung beweist doch nichts für den Thatbestand. Und auf jeden Fall redet ja die Ordre von zwei Confessionen innerhalb der Union, also eben nicht von selbständigen, sondern unselbständigen Confessionen. Und endlich: warum soll der Ausdruck „beider Confessionen" so gewaltsam gepreßt werden? Wenn man den in Rede stehenden Satz ohne Hintergedanken liest, so findet man darin nur ausgesprochen, daß eben die früheren Bekenntnißschriften, sowohl lutherische als auch reformirte, ihre bisherige Geltung nicht verloren haben, wie ja auch in der Agende die Verpflichtung auf dieselbe vorgeschrieben war. Zweifelhaft bleibts dabei, ob unter der „bisherigen" Geltung der Symbole die „Geltung" zu den Zeiten des Rationalismus zu verstehen ist, was nach dem Geist jener Zeit das wahrscheinlichere ist, oder die Geltung in den älteren Zeiten der lutherischen Kirche.

Doch der eigentliche locus classicus der Ordre ist für Wange-

---

¹) II. S. 39.

mann der, wo gesagt wird, daß die Union nur den Geist der
Mäßigung und Milde bedeute, welcher der andern Confession die
äußere kirchliche Gemeinschaft nicht versage. Hieraus macht Wangemann die weitgreifendsten Schlüsse.

Zuerst folgert er, daß nun die Union „Abstand nimmt von
einer innerlichen Verschmelzung der Confessionen, und daß nur noch
eine äußerliche kirchliche Gemeinschaft erzielt werden soll." [1] Aber
er hat übersehen, daß in diesem Satz nicht von dem Ziel der
Union die Rede ist, sondern von ihrer gegenwärtigen Bedeutung.
Je mehr der Geist der Mäßigung und Milde um sich greifen
wird, welcher die äußere Gemeinschaft gestattet, desto mehr wird
sich die innere Gemeinschaft von selbst machen. Andererseits setzt
die Gestattung der äußeren Kirchengemeinschaft ja eine innerliche
Gemeinschaft schon bis zu einem recht hohen Grade voraus. [2]

Ferner sagt Wangemann: „die Union nimmt Abstand von
der Idee eines zu bildenden gemeinsamen Kirchenleibes und zieht
sich auf das geistige Gebiet zurück." [3] Aber der gemeinsame
Kirchenleib war ja schon längst fertig, da war es wohlfeil, Abstand zu nehmen. Die beiden früheren Sonderkirchen bildeten ja
einen einheitlichen Organismus, und es war nichts mehr zu wünschen, als daß diese leibliche Einheit auch zu einer geistigen Einheit immer allgemeiner würde.

Doch es muß diese Bestimmung über das Wesen der Union
noch ganz anders herhalten. „Wenn es heißt," schreibt Wangemann, „daß eine Confession der andern die äußerliche kirchliche
Gemeinschaft nicht versagen solle, so wird damit eine jede Confession als im Besitze ihres selbständigen Willens dargestellt; denn
zum Versagen und Nichtversagen gehört eben die Selbständigkeit
eines freien Entschlusses, und darum auch irgend welche Selbständigkeit eigner Existenz. Es zeigt also auch dieser Ausspruch, daß
die Kabinetsordre von dem Grundgedanken ausgeht, daß in der

---

[1] II. S. 40.
[2] Vgl. Grote, was ist die Union? S. 230.
[3] II. S. 40.

Union zwei selbständige kirchliche Gemeinschaften bestehend gedacht werden."[1] Was soll man dazu sagen? Treffend hat Fronmüller diese Art der Argumentation gegeißelt mit den Worten:[2] „Doch erholen wir uns von diesen halsbrechenden Gängen. Es ist nicht Hexerei, nur Geschwindigkeit, erinnert aber stark an das Verslein:

<blockquote>
Ist nichts so schlimm, als man wohl denkt,
Wenn man's nur recht erwägt und lenkt."
</blockquote>

Also es sind irgendwo zwei Gemeinden, eine lutherische und eine reformirte. Beide erhalten einerlei Gottesdienst, einerlei Sacrament und werden zu einem äußeren Organismus verbunden. Nun wird ihnen gesagt: diese Verbindung bedeute nur, daß sie hinfort gegenseitig sich die kirchliche Gemeinschaft nicht versagen sollen. Folglich (Wangemann'scher Schluß) sind es immer noch zwei selbständige Gemeinden.

Ein andrer kann doch nur sagen, daß sie selbständig waren, daß aber nach dem Vereinigungsbefehl nur noch eine selbständige Gemeinde vorhanden ist und nicht mehr zwei. Und wer wiederum den Satz der Ordre einfältigen Auges ansieht, merkt sofort, daß auf den Worten „nicht versagen" gar kein Nachdruck ruht, daß vielmehr der König den Unionsgeist hat darstellen wollen als einen Geist der Mäßigung und Milde, nach welchem zwischen den beiden Confessionen hinfort Kirchengemeinschaft bestehen soll.

Aber „äußere" Kirchengemeinschaft, sagt Wangemann. Diese äußere kirchliche Gemeinschaft soll darin bestehen, daß beide Confessionen in rechtlich stipulirter Sacramentsgemeinschaft, außerdem in kirchenregimentlicher Gemeinschaft stehen.[3] Ganz richtig; also darf man wohl schließen, daß beide Confessionen eben vermittelst des Unionsgeistes in eben dem jetzt organisch kraft rechtlicher Stipulation verbunden sind, worin sie früher geschieden waren? Keineswegs, belehrt uns Wangemann, man muß nur das Wort „äußere" genau ansehen.

----

[1] II. S. 40.
[2] Kirchenzeitung für Lutheraner 1860. S. 65.
[3] II. S. 41.

Dies Wort soll nämlich nach Wangemann die nöthige Bürgschaft dafür geben, daß „diese ordnungsmäßige Stipulation keineswegs bis zur Aufhebung aller Schranken der Confessionen in Bezug auf den Sacramentsgenuß durchgeführt werden dürfe, daß also dieselbe nicht ein völliges Aufhören des lutherischen oder des reformirten Sacramentsbegriffes, soweit dieselben sich eigenthümlich von einander scheiden, bedinge." [1] Diesen Schluß bekenne ich, nicht im entferntesten zu verstehen. Es scheint hienach, als sollte ein Unterschied sein zwischen äußerer und innerer Sacramentsgemeinschaft, als sollte die letztere eine völlige, schrankenlose, die erstere eine nicht vollkommene, irgendwie beschränkte sein. Nur ist nicht abzusehen, auf welche Weise man diesen Unterschied in der fraglichen Ordre soll finden können, und mit welchem Recht dieser Unterschied mit den Gegensätzen „äußerlich" und „innerlich" soll bezeichnet werden können. Ist die Sacramentsgemeinschaft an und für sich eine äußere kirchliche Gemeinschaft, nun so ist sie es in jedem Fall, sie mag beschränkt oder unbeschränkt sein. Ueber das Maß der Sacramentsgemeinschaft sagt doch das Wort „äußere" nichts. Wollte aber Wangemann aus diesem Wörtchen nun ein Mal schließen, daß auch in der Union nicht ein völliges Aufhören des lutherischen Sacramentsbegriffes gefordert werde, so hätte er ja gleich noch einen weiteren Schluß ziehen können. Denn man ist nun begierig zu erfahren, inwieweit denn der lutherische Sacramentsbegriff noch in der Union berechtigt sei. Leugnet Wangemann auch ein völliges Aufhören desselben, so scheint er doch ein theilweises Aufhören einzuräumen. Aber statt zu sagen, inwieweit denn nun der eigenthümliche lutherische Sacramentsbegriff untergegangen sei, thut er plötzlich, als sei dessen völliges Bestehen nachgewiesen und fährt fort: „mit dem fortgesetzten Sonderbestehen des kirchlichen Sacramentsbegriffes ist zugleich auch das Sonderbestehen des kirchlichen Altars und mit diesem auch das Sonderbestehen der lutherischen Gemeinde in der Union verbürgt." Das geht schnell. Erstens ist das Sonderbestehen des kirchlichen Sacramentsbegriffes keinen-

---

[1] II. S. 41.

falls nachgewiesen, und zweitens folgt aus dem Bestehen des Be=
griffs noch gar nicht die Wirklichkeit, sondern höchstens die Mög=
lichkeit des Sonderbestehens eines lutherischen Altars, und drittens
steht von alledem in der Ordre selbst nichts, auch nicht in dem
Wort „äußere“. Aber Wangemann setzt ruhig seinem Unterbau
die Krone auf und deducirt aus dem Vorhandensein von gesonder=
ten lutherischen und reformirten Gemeinden, daß „der Begriff der
unirten Kirche — zu einem blos formalen Begriff herabgesunken“
sei.[1]) Und das alles auf Grund des Wortes „äußere“.

Wir wollen nur noch sagen, wie wir diesen Passus von dem
Geist der Union verstehen; es mag dann jeder unbefangene Leser
wählen. Die Union bedeutet den Geist der Mäßigung und Milde,
welcher die zwischen Lutheranern und Reformirten streitigen Lehr=
punkte insoweit für indifferent und nur äußerlicher Natur achtet,
daß dieselben nicht mehr als Grund gelten können, gesonderten
Gottesdienst, gesonderte Sacramente, gesondertes Regiment, geson=
derte Namen aufrecht zu halten. Die Gemeinschaft in diesen Dingen
ist vielmehr dem Geist der Mäßigung und Milde entsprechend, und
eine äußere Gemeinschaft ist es, sofern es nicht darauf abgesehen
ist, eine innere Uebereinstimmung in den Streitfragen zu schaffen, so
daß etwa die Lutheraner oder die Reformirten je ihre eigenthüm=
liche Ueberzeugung aufgeben müßten. Wer nun die Kabinetsordre
von 1817 oder etwa die Flugschrift von Dr. Tscheggey hiemit ver=
gleichen will, wird die wesentliche Uebereinstimmung sofort sehen.

Die Kabinetsordre von 1834 hat völlig Recht, wenn sie sich
für eine Darlegung der bisherigen Unionsgrundsätze gibt. Sie
enthält in Wirklichkeit nichts, was nicht entweder schon vorher amtlich
ausgesagt worden wäre, oder doch mit den früheren Aussagen völlig
harmonirte. Sie unterscheidet sich von dem Unionserlaß von 1817
nur dadurch, daß sie einseitig die Punkte hervorhebt, von welchen
man glaubte, daß sie zu hören lutherischen Ohren angenehm sein
würde, während der Erlaß von 1817 aus dem Vollen wirthschaftet,
ohne auf erheblichen Widerstand gefaßt zu sein. Aber dieser Er=

[1]) II. S. 41.

laß wird nicht aufgehoben, nichts aus ihm wird zurückgenommen, keine einzige Unionsmaßregel wird rückgängig gemacht; die Kabinetsordre von 1834 hat nur die Bedeutung, daß in ihr der König selbst sagt, was die Behörden den Lutheranern seit 1830 unermüdlich gesagt hatten.[1])

Es wird den Lesern interessant sein zu hören, daß Wangemann seine Auslegung der Ordre „ein ehrliches Auffinden der Momente" nennt, „aus welchen der Aufbau der lutherischen Kirche mit Nothwendigkeit gefolgert werden müsse."[2]) Die Wahrheit ist, daß er die ganze Ordre auf den Kopf gestellt hat.

12. Welche Rechte der lutherischen Kirche kraft der Kabinetsordre vom 28. Februar 1834 gewährt wurden?

Der lutherischen Kirche als solcher gewährt die Ordre gar nichts, weil sie ihr das Recht selbständiger Existenz nicht gewährt. Darum sind alle ihre den Lutheranern scheinbar günstigen Bestimmungen werthlos.

Wenn nun auch die Ordre nichts neues enthält, immerhin wäre es doch möglich, daß die Zusicherungen, welche sie den Lutheranern macht, sich als genügend herausstellten. Vielleicht beweist sie doch soviel, daß die Widersprecher wirklich bisher aus Unverstand gegen die Union gekämpft, nun aber aufgeklärt sich hätten begnügen können mit dem, was ihnen an Lutherthum gewährt wurde. Wie verhalten sich also die von der Kabinetsordre ausgesprochenen, den Lutheranern entgegen kommenden Grundsätze zu dem, was dieselben als ihr gutes Recht in Anspruch nahmen?

Es sollte zur Beruhigung dienen, wenn der Beitritt zur Union Sache des freien Entschlusses genannt und geleugnet wurde, daß an die Einführung der Agende nothwendig auch der Beitritt zur Union geknüpft sei. Daß dies indessen nur zu weiterer Beunruhi-

---

[1]) S. den zweiten Abschnitt Nr. 3.
[2]) II. S. 49.

gung dienen konnte, ist von selbst klar. Denn dies war eine Be=
hauptung, welche von lutherischer Seite auch beim besten Willen
nicht geglaubt werden konnte. Früher war deutlich ausgesprochen,
daß die Agende um der Union willen so gemacht worden sei, daß
sie für beide Confessionen passe, daß sie die Union anbahnen, be=
fördern, beide Confessionen einander näher bringen solle. Nun
hieß es wieder: trotz alledem hat die Agende mit der Union nichts
zu thun. Das zu glauben, dazu gehörte allerdings ein großer
Glaube. Und daraufhin konnte das lutherische Häuflein in der
That ihre Ablehnung der neuen Agende nicht fallen lassen. Und
wenn nun die Ordre in den bestimmtesten Ausdrücken den pünkt=
lichen Gebrauch der neuen Agende forderte, so war sie schon um
deßwillen für die Lutheraner unannehmbar.

Auch Wangemann rechnet das, was die Ordre über die Agende
sagt, zu den „dunkelsten Partieen“ derselben. Zwar bemerkt er
richtig, daß jedenfalls insofern zwischen Annahme der Union und
der Agende ein Unterschied statuirt werden müsse, als die Annahme
der Agende nicht ein rechtsverbindliches Zeichen des Beitritts
zur Union gewesen sei.[1] Doch was will das viel bedeuten, wenn
die Annahme der Agende ein thatsächlicher Beitritt zur Union war!

Aber konnten sich die Lutheraner nicht mit der Versicherung
begnügen, daß die bisherige Auctorität der Symbole nicht aufge=
hoben sei? Gewiß — wenn es nur nicht eine bloße Versicherung
gewesen wäre.

Es ist von Wangemann nicht genug beachtet worden, daß die
Ordre von solcher Auctorität der Bekenntnißschriften spricht, welche
durch die Union nicht aufgehoben wäre. Die Union aber er=
klärte die Ordre selbst wesentlich als Sacramentsgemeinschaft. Wenn
nun die Lutheraner sagten, daß Sacramentsgemeinschaft zwischen
ihnen und den Reformirten wider die Auctorität der Symbole
sei? Der König dachte unter Union auch kirchenregimentliche Ge=
meinschaft. Wenn nun erwidert wurde, daß auch solche Gemein=
schaft wider die Auctorität der Symbole sei? Der König war

---

[1] I. S. 43.

allerdings der Meinung, daß die Auctorität der Symbole mit der kirchlichen Gemeinschaft zwischen beiden Confessionen bestehen könne. Aber die Lutheraner waren andrer Meinung. Wer sollte nun entscheiden? Der König und seine unirten Behörden? Aber die waren dazu weder befähigt, noch befugt. Denn über den Inhalt der Symbole hat niemand zu entscheiden, als die betreffende Kirche selbst.

So waren die Lutheraner auch dieser Bestimmung gegenüber wieder in die Unmöglichkeit versetzt, sie zu glauben. [1]) Sie hörten Worte, die mit den Thaten nicht stimmten, und sie mußten doch wohl die Worte und ihre Bedeutung nach den Thaten bemessen.

Welchen Sinn aber diese Bestimmung über die nicht aufgehobene Geltung der Bekenntnißschriften in Wirklichkeit nur haben konnte, lesen wir sehr richtig bei Dr. v. Scheurl. „Damit ist doch deutlich genug gesagt, daß die nicht aufgehobene Auctorität der beiderseitigen Bekenntnißschriften eben grade so weit und nicht weiter reichen sollte, als sie einander nicht widerstreiten. Bei dieser Beschränkung ihrer Auctorität sind dann aber die lutherischen Bekenntnißschriften nicht mehr Symbole der lutherischen Kirche, sondern eben nur noch mit und neben den reformirten Bekenntnißschriften, deren Auctorität nun eine gleichmäßig reducirte ist, Factoren des in allen diesen Bekenntnißschriften zusammen enthaltenen Bekenntnisses der evangelischen Landeskirche." [2])

So wird sich's in der That verhalten. Eine solche Auctorität wird allerdings durch die Union nicht aufgehoben. Aber mit solcher Auctorität der Symbole war eben den Lutheranern nicht geholfen. Sie hatten nach wie vor zu klagen, daß ihr Bekenntniß ihnen genommen sei. [3])

---

[1]) „Jedenfalls müßten Se. Majestät mehr als päpstliche Auctorität haben, um durch Allerhöchst-Ihre Erklärung an sich Unglaubliches glaublich zu machen", bemerkten mit vollem Recht Glieder der Hallischen Gemeinde in einer Eingabe. S. „Einige Urkunden, betr. die Geschichte der luth. Gemeinde in und um Halle." S. 60.

[2]) Die lutherische Kirche in Preußen und in Bayern. Erlangen 1854. S. 40 f.

[3]) „Nur dann ist ein Bekenntniß Auctorität, wenn es in Gemäßheit des

8*

Ferner aber — diese Bestimmung über die Auctorität der Symbole ist nur negativ. Es wird nicht gesagt, daß die Bekenntnißschriften ihre frühere Gültigkeit in der Landeskirche haben sollen, sondern nur, daß ihre frühere Gültigkeit nicht aufgehoben worden sei. Möglich, daß dies zufällig ist, und wir wollen kein Gewicht darauf legen. Aber es liegt nach dem „Geist jener Zeit" und nach allem, was man von der Union weiß, nahe, in dieser Aussage nur die Erklärung zu finden, daß es in der evangelischen Kirche nicht verboten sein solle, an der Auctorität der Bekenntnisse festzuhalten. So würden die Symbole nicht als eine Grundlage der evangelischen Kirche, sondern nur als ein in ihr Geduldetes hingestellt. Jedenfalls haben damals viele diesen Passus so verstanden, und dies Verständniß wird fast gefordert, wenn man die bald darnach erlassene Verfügung bedenkt, daß eine Verpflichtung der Geistlichen auf die lutherischen Bekenntnißschriften nur dann stattfinden solle, wenn die Gemeinden es verlangten. Das ist doch in der That nichts, als die Erklärung: das lutherische Bekenntniß soll geduldet werden!

Doch es ist genug am andern; wir wollen dies nicht weiter betonen. Halten wir uns nun an den Satz, daß der Beitritt zur Union Sache des freien Entschlusses sei. Wir wollen ihn auf's günstigste deuten. Es durften also — wenige oder viele — Gemeinden erklären: wir bleiben lutherische Gemeinden; sie durften sich an die Bestimmung klammern, daß ihre Symbole für sie noch vollkommene Geltung hätten. Diese Gemeinden — es mußte freilich niemand, welche es waren, und man weiß es bis heute noch nicht — durften die Verpflichtung ihrer Pastoren auf das lutherische Bekenntniß verlangen; — verlangten sie dieselbe nicht, dann freilich verfolgte sie auch nicht, dann konnten sie etwa auch einen

---

in der Augsburger Confession Art. 7 ausgesprochenen Grundsatzes: Ad veram unitatem satis est consentire de doctrina evangelii et administratione sacramentorum, der beherrschende Mittelpunkt einer Kirche ist. Diese Bedeutung aber konnte das luth. Bekenntniß in einer Landeskirche, in welcher das reformirte in gleicher Berechtigung stand, nicht haben. Und dagegen protestirten die Lutheraner, und zwar mit dem vollsten Recht." Kahnis a. a. O. S. 108.

reformirten Pastor erhalten. Sogar die älteren Abendmahlsformulare wurden ihnen als ausnahmsweise zu bestimmten Fristen zu gebrauchen bewilligt, wenn sie auch im Allgemeinen nach der neuen Agende sich richten mußten. War das nun nicht alles, was sie verlangen konnten?

Was man den lutherischen Gemeinden zu bewilligen gedachte, ist am deutlichsten ausgesprochen in dem Rescript des Breslauer Consistoriums an Pastor Berger in Hermannsdorf vom 15. Mai 1834. Es heißt darin:

„Was die Sicherstellung des Bestandes der lutherischen Lehre und Kirche betrifft, so ist

1. die fortwährende Geltung der symbolischen Bücher und insbesondere der ungeänderten Augsburgischen Confession durch die höchste geistliche Behörde des Landes und selbst durch einen allerhöchsten Erlaß ausdrücklich anerkannt und verbürgt worden, weil die irrige Meinung geäußert und verbreitet worden ist, als solle das specielle lutherische Glaubensbekenntniß durch die Agende verdrängt und auf den Unterschied der dogmatischen Lehre der beiden evangelischen Hauptconfessionen nicht weiter Rücksicht genommen werden.

2. Ist den nicht unirten lutherischen Gemeinden des Landes das Recht eingeräumt oder von Neuem anerkannt und versichert worden, im Falle der Erledigung einer Pfarrstelle bei der Wahl auch insofern zu concurriren, als sie verlangen dürfen, daß ihnen Männer ihres Bekenntnisses zu Geistlichen bestellt werden, welche die eidliche Verpflichtung auf die symbolischen Bücher und insbesondere die Augsburgische Confession zu übernehmen haben.

3. Ist ausgesprochen die völlige Trennung der Agendensache von der Union u. s. w.

4. Werden diejenigen evangelischen Geistlichen, deren Gemeinden einem größeren oder kleineren Theil nach an der durch die erneuerte Agende bestimmten Art, das heilige Abendmahl zu feiern, noch Anstoß nehmen möchten, autorisirt, in regelmäßig wiederkehrenden und mit Rücksicht auf das vorhandene Be-

dürfniß zu bestimmenden Fristen das heilige Abendmahl nach dem Ritus und in der Form, welche vor Einführung der erneuerten Agende dort gebräuchlich gewesen, zu halten und in gleicher Weise bei den Krankencommunionen zu verfahren."

Freilich theilten diese der Union nicht beigetretenen Gemeinden alle diese Vergünstigungen mit den der Union beigetretenen Gemeinden mit einziger Ausnahme des Unionsritus beim Abendmahl, den die letzteren gebrauchten. So war es also ein wesentlicher Unterschied doch nicht, ob man der Union beitrat oder nicht. In beiden Fällen hieß es: die Bekenntnißschriften sind noch in Gültigkeit, in beiden Fällen konnte lutherische Predigt begehrt werden; in beiden Fällen waren die Gemeinden als lutherische isolirt, Genossen der „evangelischen" Kirche.

Allerdings — darin hat Wangemann ganz recht — die Behörden reden auch von einer lutherischen Kirche und ihrem Fortbestehen. Zwar in unserer Kabinetsordre mit keinem Wort; auch die von Wangemann citirten Worte des Königs, gerichtet an die Gemeinde Hönigern: „die symbolischen Bücher der lutherischen Kirche bleiben in ihrer vollen Auctorität", [1] sind kein Beweis, daß man an höchster Stelle noch eine lutherische Kirche als existirend gedacht habe. Aber es fehlt nicht an Aeußerungen, die das sicher stellen. Das Magdeburger Consistorium z. B. schrieb unterm 24. Januar 1837 der dortigen Gemeinde: „die evangelisch lutherische Kirche besteht hier, auch nach dem Beitritt der hiesigen lutherischen Gemeinden zur Union in derselben fort." [2] Ganz dasselbe versicherte Altenstein wiederholt dem Dr. Guericke in Halle. [3] Ebenso schreibt Altenstein unterm 27. Juni 1834 an die Repräsentanten der schlesischen Lutheraner, [4] „daß die lutherische Kirche in der Preußischen Monarchie unverändert fortbestehe, und daß die Petenten damit, daß sie sich der evangelischen Landeskirche und deren

---

[1] II. S. 39.
[2] Archiv des C.R.C.
[3] Wangemann II. S. 111.
[4] Archiv des C.R.C.

Gottesdienst nicht anschließen wollen, ihren Standpunkt außerhalb der lutherischen Kirche genommen hätten." Noch merkwürdiger ist, was ebenfalls Altenstein unterm 27. November 1837 an Lasius schrieb: „Das Ministerium will Sie darauf aufmerksam machen, daß Ihre Ansicht, als bestehe der lutherischen Kirche gegenüber eine evangelische Landeskirche, unrichtig ist, indem die einzelnen unirten Gemeinden in der evangelischen Kirche jede für sich bestehen, eine evangelische Landeskirche aber, durch welche die lutherische Kirche ausgeschlossen oder aufgehoben sei, nicht existirt." [1])

Wenn nun die Behörden so unverhüllt den Bestand der lutherischen Kirche anerkannten, konnten sich die Lutheraner nicht zufrieden geben? Gewiß, wiederholen wir, — wenn es nur nicht bloße Versicherungen gewesen wären! Diese und ähnliche Verfügungen der Behörden können nur beweisen, daß die Behörden der Meinung waren, es bestehe die lutherische Kirche unverändert fort. Aber die Frage blieb, ob diese Meinung richtig war.

Denn erstens: was dachte man sich denn unter dieser lutherischen Kirche? Nicht etwa, wie man vermuthen könnte, die Summe aller der Union nicht beigetretenen lutherischen Gemeinden. Sondern diese, und die der Union beigetretenen lutherischen Gemeinden zusammen genommen, werden lutherische Kirche genannt. Wieder ein Beweis, daß es thatsächlich ganz gleichgültig war, ob eine Gemeinde der Union beitrat, oder nicht. [2])

Zweitens aber: wer sieht denn nicht, daß in allen solchen Erklärungen der Begriff „lutherische Kirche" in einem ganz neuen, willkürlichen, ungeschichtlichen, rechtlich gar nicht begründeten Sinne gefaßt wird. Unter einer lutherischen Kirche verstand und versteht

---

[1]) Archiv des O.K.C.

[2]) „Der Unterschied zwischen den lutherischen und reformirten Gemeinden, die mehr oder minder der Union beigetreten seien, und denen, die es nicht gethan, träte praktisch für das Kirchenregiment wenig hervor", sagte der Minister Eichhorn auf der Generalsynode von 1846. Vgl. v. Scheurl a. a. O. S. 44. 45.

„Die Union ist ein allen Gemeinden der preuß. Landeskirche anhaftender Charakter", sagt Kahnis a. a. O. S. 113.

man doch für gewöhnlich einen in sich geschlossenen und als solchen wahrnehmbaren Organismus, in dem ausschließlich die lutherischen Bekenntnißschriften gelten, und in dem alles kirchliche Leben durch das Bekenntniß bestimmt wird. Wo man einen solchen antrifft, da ist man berechtigt zu schließen, daß da auch lutherische Gemeinden, lutherische Predigt, lutherisches Abendmahl anzutreffen sein wird.

Ganz anders ist's mit der Behauptung der Existenz der lutherischen Kirche nach der Kabinetsordre von 1834 und den ihr folgenden Erlassen. Hier kann das Vorhandensein einer lutherischen Kirche nur mittelst des Schlusses gewonnen werden: weil lutherisches Bekenntniß für gültig erklärt wird, weil lutherische Predigt und Sacramentsverwaltung erlaubt ist, darum muß es lutherische Gemeinden geben, weil es diese giebt, darum muß es eine lutherische Kirche geben. So wie man sich aber umsieht und fragt, wo sie sei, aus welchen Gemeinden sie bestehe, wo ihre Grenzen seien, — in Summa, so wie man nach einem durch das lutherische Bekenntniß bestimmten und ihm unterworfenen Organismus fragt: so fragt man umsonst. Die lutherische Kirche ist nur als ein Begriff vorhanden; in der That ist sie nur noch eine Partei innerhalb des gemeinschaftlichen Organismus der evangelischen Landeskirche, und zwar eine verfassungsmäßig nicht organisirte Partei. Während in früheren Zeiten die lutherische und die reformirte Kirche die existirenden Corporationen, die „evangelische Kirche" nur ein beide umschließender Begriff war, ist's nun umgekehrt. Die „evangelische Kirche" ist die existirende Corporation geworden, während lutherische und reformirte Kirche nur als Begriffe vorhanden sind. Von einer selbständigen lutherischen Kirche weiß man auch durch die und nach der Ordre von 1834 nichts. Die Erhaltung der lutherischen Kirche als eines selbständigen Organismus hatten aber Scheibel und seine Genossen gefordert. Darum war die Ordre gar keine Antwort auf ihre Petitionen.

Oder vielmehr sie war's doch, nämlich in ihrem Schlußsatz: „am wenigsten aber, weil es am unchristlichsten sein würde, darf gestattet werden, daß die Feinde der Union im Gegensatz zu den Freunden derselben als eine besondere Religionsgesellschaft sich con-

ſtituiren." Hiemit ward geſagt, daß es zwar nicht gehindert wer=
den könne, wenn jemand ein Gegner der Union ſein, ihr nicht bei=
treten wolle, daß aber keinenfalls die lutheriſchen Gegner der Union
dieſer ihrer Stellung Ausdruck geben dürften durch Zuſammentritt
zu einer eignen ſelbſtändigen lutheriſchen Kirche. Nur innerhalb
der Union, innerhalb der auf ſie gegründeten evangeliſchen
Kirche ſollte die „lutheriſche Kirche" beſtehen dürfen. Damit war
denn die Forderung der Lutheraner direct abgewieſen, und zwar
um deßwillen, weil ſie zu gewähren das unchriſtlichſte geweſen ſein
würde.

Eben darum aber hatte dieſe Kabinetsordre für die Lutheraner
nicht den mindeſten Werth. Denn der lutheriſchen Kirche als ſolcher
gewährte ſie gar nichts, weil ſie ihr nicht das Recht des Beſtandes
gewährte.[1] Was ſie für das lutheriſche Element günſtiges anführt,
ſchwebt in der Luft, weil das Fundament nicht gelegt, nicht gewollt
wurde. Dieſe Ordre rechnet mit den Lutheranern in ſolcher Weiſe
ab, wie ein Schuldner, der ſeinen Gläubigern ſtatt des ſchuldigen
Capitals nebſt Zinſen ein oder zwei Procent anbietet und begehrt,
dieſe als volle Zahlung anzunehmen. Was darauf zu antworten
war, konnte daher nicht zweifelhaft ſein.

13. Die lutheriſche Antwort auf die Kabinetsordre vom 28. Februar 1834.

**Geſtützt auf die alten Rechte ihrer Kirche verſuchen die Vertreter der luthe=
riſchen Kirche in einer ausführlichen Petition vergeblich das Recht geſon=
derter Exiſtenz für ihre Kirche zu erlangen.**

Wenigſtens dann konnte es nicht zweifelhaft ſein, wenn der
Maßſtab des Rechts angelegt wurde. Wangemann zwar iſt der
Meinung, die lutheriſchen Gemeinden hätten ſich mit allen den ge=

------

[1] „In der That hat die Kabinetsordre vom 28. Februar 1834 die Auf=
löſung der lutheriſchen Kirche in Preußen nur beſiegelt", ſagt v. Scheurl
a. a. O. S. 42. Vgl. Grote a. a. O. S. 262. 263 Anm.

währten Zugeständnissen begnügen können, da doch die Hauptsache, reines Wort und Sacrament, verstattet, ja durch königliches Wort als berechtigt nun garantirt war. Aber er selbst kann nicht umhin zu bemerken, daß diese Ordre den Lutheranern „von dem vollen Maße ihrer Forderungen, selbst soweit dieselben gerecht waren, doch nur ein bescheiden Theil zugestand." [1]) Die Frage ist also, ob die Lutheraner von ihren berechtigten Forderungen soviel hätten nachlassen sollen, wie die Kabinetsordre ihnen versagte, um nun in Frieden der evangelischen Landeskirche sich einverleiben zu lassen.

Um über diese Frage ins Klare zu kommen, darf nicht unbeachtet bleiben, daß dieselbe zwei Seiten hat, eine theologische und eine rechtliche. Es wäre ja möglich, daß man lutherischer Seits sich damals hätte beruhigen lassen, sich mit dem Maß des Lutherthums, das gewährt wurde, persönlich hätte zufrieden geben können, daß man, auf die Concessionen gesehen, ohne Verletzung des Gewissens hätte der evangelischen Kirche sich anschließen mögen. Aber zunächst unabhängig hiervon war die andere Frage, ob nicht aus rechtlichen, geschichtlichen Gründen gleichwohl die Lutheraner das gute Recht hatten, auf dem gesammten Inhalt ihrer Forderungen zu beharren. Von Anfang an hatten sie ja nach diesen beiden Seiten hin ihre Stellung entwickelt. Sie hatten sich berufen auf ihr in Gottes Wort und den Symbolen gegründetes Gewissen, und sie hatten sich berufen auf die der lutherischen Kirche seit Jahrhunderten feierlich verbrieften Rechte. Mit dem ersten hatten sie sich gewehrt gegen die indifferentistischen Grundsätze der Union, mit dem zweiten gegen die rechtlosen Uebergriffe des Staats. Mit dem ersten hatten sie nachgewiesen die innere Unmöglichkeit, innerhalb der Union zu existiren, mit dem zweiten ihre äußere Berechtigung und Verpflichtung, für sich selbständige Existenz zu verlangen. Nach der ersteren Seite hatte der Staat kümmerliche Versuche gemacht, die Union in solchem Licht darzustellen, daß sie weniger gefährlich scheinen mochte; über den zweiten Punkt dagegen wurde von Seiten des Staats völliges Stillschweigen beobachtet.

─────────

[1]) II. S. 48.

Merkwürdig genug! Auf die inneren kirchlichen und Gewissensfragen
suchte der Staat einzugehen, obwohl er dazu gar nicht Beruf hatte
(und darum war es denn auch danach); auf die Rechtsfrage dagegen ging er nicht ein, obwohl er dazu recht eigentlich Beruf gehabt hätte. Um so näher lag es den Lutheranern, ihrerseits daran
festzuhalten.

Wangemann hat auf diese Unterscheidung kein Gewicht gelegt.
Hätte er's gethan, so möchte er vielleicht in manchen Puncten etwas
anders geurtheilt haben. ¹) Freilich gehen ja beiderlei Gründe, die
theologischen und die rechtlichen, neben einander her und greifen in
einander über.

Wir sind nun nicht der Meinung, daß es theologische Gründe
giebt, welche es den Lutheranern zur Pflicht, ja nur möglich gemacht hätten, nach der Ordre von 1834 mit gutem Gewissen sich
der evangelischen Kirche anzuschließen. Doch muß dieser Punct für
jetzt ruhen, um im zweiten Theil dieses Buches allein seine Besprechung zu finden. Hier handelt es sich, dem Staat gegenüber,
um die Rechtsfrage.

Es kann ja gar kein Zweifel darüber sein, daß auch 1834
und nachher der lutherischen Kirche ihr Recht nicht geworden war.
Denn nach Gesetz, Recht, Privilegien, Eiden hatte die lutherische
Kirche ein Recht auf gesonderte Existenz. War dies Recht verwirkt?
Niemand kann sagen, wodurch. War dies Recht durch die Ordre
von 1834 wiedergegeben? Keine Kunst wird das beweisen können.
Wenn nun die große Mehrzahl der lutherischen Gemeinden sich
dieses Rechts begab, waren deßhalb auch die übrigen verpflichtet,
sich dieses Rechts zu begeben? Und noch dazu zu Gunsten einer
Kirche, von der niemand recht wußte, was sie eigentlich wäre, die
aufs Haar so aussah, wie eine unirte, die auch beim Anfang des
ganzen Unionswerkes in der nie widerrufenen Kabinetsordre von
1817 als eine vereinigte evangelische Kirche hingestellt worden war,

---

¹) Namentlich wäre er nicht so schnell mit Vorwürfen über den „Kirchenbegriff" bei der Hand gewesen, z. B. II. S. 62, wo doch davon gar keine
Rede sein konnte.

von der aber andere mit vieler Mühe bewiesen, daß sie eigentlich doch keine unirte wäre? Die lutherische Kirche war doch die Landeskirche offenbar nicht, und nur innerhalb einer andern Kirche zu existiren resp. zu vegetiren, um endlich zu verschwinden, — nach welchen Rechtsgrundsätzen will man das Lutheranern als Pflicht auflegen? Ja woher sollten sie die Berechtigung nehmen, die Rechte ihrer Kirche preiszugeben? Rechte, die nicht ohne saure Arbeit errungen worden waren? Und Rechte, die nicht in Hab und Gut bestanden, sondern zum Schutz der eigentlichen kirchlichen Gnadenschätze mit gutem Bedacht verlangt und gegeben worden waren?

Doch lassen wir jene Männer selbst reden, die damals mit Entschiedenheit auf einer Synode im Frühling 1834 unter Huschke's geistiger Leitung sich vereinigten, von dem Boden ihres guten Rechts keinen Fußbreit zu weichen.

Ihre Eingabe an den Minister v. Altenstein, vom 4. April datirt, von Wangemann nur in dürftigem Auszuge mitgetheilt, möge hier vollständig folgen, um statt aller Auseinandersetzungen zu zeigen, worauf es ankam. [1])

Breslau, den 4. April 1834.

Eine Anzahl von schlesischen Predigern, Candidaten des Predigtamts und Gemeinen des evangelisch-lutherischen Bekenntnisses bitten ganz gehorsamst um Anerkennung der Rechte ihrer Kirche.

Hoch- und Wohlgeborner Herr Freiherr!
Hochgebietender, Höchstverehrter Herr wirklicher und dirigirender Staatsminister!

Die unterzeichneten Unterthanen Sr. Majestät aus der Provinz Schlesien, sämmtlich dem Augsburgischen Religionsbekenntnisse und der darauf gegründeten evangelisch-lutherischen Kirche zugethan, sind, von denselben Beweggründen und Interessen getrieben, zusammengetreten, um über den dermaligen Zustand ihrer Kirche Euer Excellenz folgende Vorstellung und Bitte ganz gehorsamst zu überreichen:

[1]) Aus dem Archiv des O.K.C.

Es ist allbekannt, daß Luthers Reformation bald nach ihren
Anfängen auch in Schlesien Eingang fand. Obgleich die oberste
Landesherrschaft einer andern Religionspartei angehörte, so erhielt
doch die neu entstandene Kirche bald öffentliche Anerkennung und
durch den Majestätsbrief Kaiser Rudolph's II. die ausgedehntesten
Privilegien. Während des breißigjährigen Krieges wurde zwar ka=
tholischer Seits alles aufgeboten, um das Lutherthum in Schlesien
auszurotten. Aber alle Versuche scheiterten an der Glaubenstreue
unserer Väter und der Westphälische Friede gab ihnen wie allen
Lutheranern Deutschlands wenn auch nicht den alten Glanz ihrer
Kirche wieder, doch eine festere und allgemeinere Garantie ihrer kirch=
lichen Rechte, nicht blos gegen Katholiken, sondern auch gegen die
dritte damals in Deutschland anerkannte Religionspartei der Refor=
mirten. Gegen Ende des Jahrhunderts suchten die Katholiken unsern
Glaubensvätern den Genuß der erlangten Gerechtsame wieder zu
schmälern, aber eine der Mächte, welche den Westphälischen Frieden
mit unterzeichnet und die Gewährleistung desselben mit übernommen
hatte, half den Glaubensbrüdern aus; die Altranstädter Convention
vom Jahre 1707 bestätigte den Westphälischen Frieden und fügte
neue Verwilligungen hinzu. Endlich kam das Land unter protestan=
tische Hoheit, und die schlesischen Lutheraner erhielten eine, wenn auch
nicht derselben Kirche zugethane, doch vollkommen duldsame Herr=
schaft. Nicht nur wurden alle bisherigen Rechte anerkannt, sondern
Friedrich der Große gestattete auch den schlesischen Lutheranern neue
Kirchen oder Bethäuser zu bauen, so viel sie wollten, und alle erhielten
in einem lutherischen Oberconsistorium eine gemeinsame Oberbehörde.
Der Majestätsbrief Kaiser Rudolph's II., dessen Wohlthaten von der
katholischen Herrschaft schon so lange vorenthalten waren, erhielt so
wieder volle factische Anerkennung. Der Geist des Jahrhunderts,
dem Glaubenszwange feind, befestigte diese Freiheiten je länger desto
mehr. Das preußische Landrecht, von ihm durchdrungen, gab der lu=
therischen Kirche neben den landesherrlichen Bestätigungen der alten
Rechte bei jedem Regierungswechsel eine feste rechtliche Gewähr auch
im Innern des Staats. Um dieselbe Zeit aber hatte leider auch der
Unglaube schon so große Fortschritte gemacht, daß er in seinen wei=
teren Folgen den ganzen göttlichen wie menschlichen Rechtszustand
bedrohte. Das Religionsedict, in welchem der reformirte Landesherr
auch den Lutheranern befahl, streng bei dem Lehrbegriff ihrer Kirche

zu bleiben, suchte dem Uebel zu steuern. Aber eine äußere irdische Macht konnte dem erstorbenen Glauben nicht beleben. Schon nach wenig Jahren mußte es wieder aufgehoben werden. Der durch den unzureichenden Damm angeschwollene Strom des Unglaubens und Indifferentismus brach nur mit um so ungestümerer Gewalt über die Kirche herein; er suchte nun auch das äußere Bestehen der lutherischen Kirche anzutasten. Da trat Gott ins Mittel. Durch den Druck der französischen Gewaltherrschaft und die wunderbare Befreiung von derselben wurden viele Gemüther tief erschüttert und blickten zurück nach dem kirchlichen Glaubensschatze, den wenige kümmerlich bewahrt, die meisten völlig verloren hatten. Aber auch da ward keineswegs das große Ganze der Zeit vom Glauben der Väter wieder ergriffen. Vielmehr war es meist nur hohe menschliche Begeisterung für Edles und Schönes, zum Theil mit Wirkungen des heiligen Geistes untermischt, welche die Zeit bewegte und gar bald zu mannigfachen, dem Staat wie der Kirche gleich gefährlichen Irrthümern hinriß: ja die Klagen über Glaubensindifferentismus und Unkirchlichkeit wurden jetzt erst recht laut.

In diesem Zustande erwuchs die nach den verschiedenen Geistern der Zeit so verschieden gedachte Idee der Union: abermals versuchte es die weltliche Macht durch äußere Maßregeln den protestantischen Kirchen aufzuhelfen; dieses Mal aber nicht blos durch Verweisung auf ihre Symbole und Grundgesetze, sondern durch Bildung einer neuen aus der lutherischen und reformirten zusammengesetzten Kirche, unter dem Namen der unirten oder evangelischen Landeskirche. Der Verlauf und Erfolg dieser Bestrebungen liegt am Tage. Unter den drei Bestandtheilen, welche das Dasein einer Kirche auf Erden ausmachen, Bekenntniß eines bestimmten Glaubens, diesem gemäßen Gottesdienst und eigenthümlicher Verfassung und Leitung der kirchlichen Angelegenheiten, kam hinsichtlich des ersten der Zeitgeist selbst der Union entgegen, indem die herrschende Gleichgültigkeit gegen einen bestimmten Glauben bei den meisten von selbst auch eine Gleichgültigkeit gegen die unsern Vätern hochwichtigen Unterschiedslehren zwischen unserer und der reformirten Kirche erzeugt hatte. Auch konnte schon an sich, da der Glaube etwas Innerliches ist und zu einem neuen Bekenntniß desselben der innere Zwiespalt der Zeit ganz unfähig war, darüber nichts Aeußeres festgesetzt werden. Doch wurde officiell erklärt, daß der Uebertritt zur Union keinen Glaubenswechsel

enthalten folle, d. h. alfo, daß die unirte Kirche als folche auf
keinem beftimmten Glauben erbaut fei — was aber wieder (da eine
Kirche ohne eine gewiffe ihr einwohnende durchgreifende Ueberzeugung
nicht gedacht werden kann) nur foviel heißt, als die unirte Kirche
glaube und bekenne, daß ein beftimmtes kirchliches Glaubensbekenntniß
im Verhältniß zu den vorgefundenen proteftantifchen Kirchen unnöthig
und insbefondere die Unterfcheidungslehren zwifchen den beiden Kirchen
gleichgültig feien.

Was den zweiten Beftandtheil einer Kirche, den Gottesdienft,
betrifft, fo wurde dafür durch die urfprünglich für die reformirte
Hof= und Domkirche beftimmte, nachher für die einzelnen Provinzen
und auch für Schlefien, von gemifchten (lutherifchen und reformirten)
Kommiffionen, umgearbeitete Agende der neuen evangelifchen Landes=
kirche geforgt und deren Annahme den Predigern ohne Unterfchied
der Confeffion zur Pflicht gemacht. Diefe Agende, ein treuer Ab=
druck des vorhin bezeichneten eigenthümlichen Glaubens der neuen
Kirche, ward daher das Hauptvehikel der Ausbreitung der letztern.
Am entfchiedenften endlich beftätigte fich die unirte Kirche in dem
dritten äußerlichften Hauptftücke, der Verfaffung. Nicht nur, daß die
bisher lutherifchen höhern Kirchenbehörden alle ausdrücklich der Union
beitraten, fondern man verfuhr auch hinfichtlich des theologifchen Un=
terrichts auf Schulen und Univerfitäten, der Examina der Kandidaten,
der Ordination der Geiftlichen, der Befetzung der landesherrlichen
Patronatftellen u. f. w. fo beftimmt im Intereffe der unirten Kirche,
daß diefe im Grunde als die allein beftehende vorausgefetzt und et=
waiges Widerftreben in diefelbe einzugehen nur als unrechtmäßige
nach und nach ebenfalls wegzufchaffende Ueberbleibfel der alten Kirche
behandelt wurden, die nur auf Eigenfinn oder Eigennutz beruhen
könnten.

So wurde auch in unferem Vaterlande befonders feit dem Fefte
der Augsburgifchen Confeffion im Jahre 1830 die unirte Kirche mehr
oder weniger vollftändig die factifch herrfchende, und die lutherifche,
die diefes bisher von Rechts wegen war, möglichft verdrängt. Aber
völlig aufgehoben werden konnte letztere nur, wenn fie felbft fich, oder
vielmehr, wenn der Herr, der fie gegründet hatte, fie aufgab, und
das war Seiner Zufage entgegen, die längft in dem Sinnspruche
des chriftlichen Volks „Gottes Wort und Luthers Lehr vergehen nun

unb nimmermehr" ihren Wiberhall unb ihr Zeugniß in ben Herzen seiner Bekenner gefunden hatte.

Ebenso bekannt, wie die obigen Thatsachen, ist es, daß bei ber Einführung ber neuen Agende unb Union in Schlesien eine Anzahl von Gemeinen mit ihren Predigern auf bas Entschiebenste ben Beitritt zur unirten Kirche — sei es in ihrem Bekenntniß, in ihrem Gottesbienste ober in ihrer Verfassung verweigerte, fest entschlossen, bas ihr von ben Vätern überlieferte Kleinob ber lutherischen Kirche — in ihrem Bekenntniß, ihrem Gottesbienst unb ihrer selbständigen Verfassung — sich unb ihren Nachkommen zu bewahren. Ihre Zahl, anfangs gering, mehrte sich allmählig, als bie Gewissen Zeit gewonnen hatten, sich über bie Bebeutung ihrer Kirche überhaupt unb im Verhältnisse zur Zeit zurecht zu finben, als insbesonbere bas von ben unirten Staats= unb Kirchenbehörben gegen bie übrig gebliebenen Lutheraner beobachtete Verfahren, welches bie Absicht ber völligen Hineinziehung ber lutherischen Kirche in bie unirte bekunbete, offenbar warb. Theils traten Einzelne ober einzelne Abtheilungen von ganzen Gemeinen aus ber unirten Kirche zur lutherischen zurück, theils sanbten Geistliche in Uebereinstimmung mit ihren Gemeinen bie neue Agenbe ber „evangelischen Kirche" mit ber Erklärung zurück, sich ber lutherischen wieber anschließen zu wollen.

Auf diese Weise haben bie Unterzeichneten sich zusammengefunben. Keine Lockung irbischen Vortheils hat sie verleitet, keine Aussicht auf ben Beifall ber Welt sie ermuthigt, — beibes war ja entschieben auf ber andern Seite; sie mußten umgekehrt Verfolgung unb Elenb als bie Folgen betrachten, ber sie mit bem gethanen Schritte entgegen gingen; aber sie mußten bei bem Gebanken erzittern, einst bem Richter aller ihrer Thaten Rechenschaft geben zu müssen, wo sie bas ihnen vertraute Pfunb ber reinen Lehre, bes reinen Sacraments unb ber Erhaltung beiber in ber auf biese gegrünbeten Kirche gelassen, warum sie bas von ben Vätern ererbte Gut ihren Kinbern nicht erhalten hätten. Noch jetzt wissen sie nicht, was Gott in biesem irbischen Leben über sie verhängen wirb. Aber bas wissen sie mit ber Gewißheit unb Freubigkeit, welche allein eine im harten Gewissenskampfe errungene Ueberzeugung gewähren kann, baß sie vor Gott unb Menschen ben Namen ihres Herrn Jesu Christi, ber ihnen unb ihrer Kirche versiegelt ist, bekennen sollen, unb so Gott ihnen Gnabe giebt, bis an ihr Enbe bekennen wollen. Demgemäß und in Betracht, daß durch das Umsichgreifen der unirten Kirche, sowohl unter den Geistlichen und Behörden als in den einzelnen Gemeinen der lutherischen Kirche, die letztere ihren bisherigen innern Zusammenhang verloren hat, daß sie sogar, wie die Erfahrung gezeigt, als lutherische von der unirten gesonderte Kirche von Sr. Majestät Behörden factisch nicht mehr anerkannt wird, daß aber ihre Reorganisation ebenso zu ihrem Fortbestehen nothwendig ist, wie ihre Befugniß dazu aus ihren unbestreitbaren Rechten folgt, richten Unterzeichnete im eigenen Namen und im Namen der durch sie Vertretenen an Ein Hohes Ministerium das unterthänige Gesuch:

> die lutherische Kirche als eine im Bekenntniß ihres, in den bekannten sechs symbolischen Schriften ausgesprochenen Glaubens, in ihrem Gottesdienste und in ihrer Verfassung, Verwaltung und ihrem Schulwesen freie selbständige Kirche, ihren alten Rechten gemäß wiederum anzuerkennen, damit auf Grund dieser Anerkennung ihre vollständige Auseinandersetzung mit der unirten Kirche und ihre innere Reorganisation leicht und ordentlich erfolgen könne.

Da ferner an vielen Orten der Prediger mit dem größten Theil der Gemeine unirt geworden; die übrigen lutherisch gebliebenen aber laut göttlicher Schrift (Hebr. 10, 25.) ihre Versammlungen nicht verlassen können, ihnen jedoch von den Königlichen Behörden ihre Nothgottesdienste verpönt werden, so bitten wir ferner:

> die Königlichen Behörden gnädigst auf das Recht der lutherischen Kirche zu verweisen und so zu gestatten, daß die Lutheraner einstweilen und bis sie durch erlangte Concession in den Stand gesetzt werden, sich ordentlicher Weise einen Prediger zu berufen, ihren Gottesdienst durch erwählte Laien und unter Aufsicht des nächsten lutherischen Geistlichen nach der Wittenberger Agende, mit Ablesung einer Predigt, ungestört abhalten dürfen.

Zur näheren Begründung dieser unserer Gesuche die religiösen Motive, die uns vom Eintritt in die unirte Kirche abhalten und uns überzeugen, daß Annahme der Agende unter Unterordnung unter unirte Kirchenbehörden den Uebertritt zur Union einschließt, auseinanderzusetzen, halten wir bis auf weiteres Verlangen für überflüssig, da diese im Wesen dieselben sind, welche schon unsere Väter bewogen

9

haben, von der reformirten Kirche sich gesondert zu halten, und welche in Bezug auf unser Verhältniß zur unirten Kirche neuerlich in mehreren Druckschriften, nämlich:

1. Sendschreiben an die Freunde und Beförderer der Union in der evangelisch-lutherischen Kirche, Leipzig bei Kummer 1822.

2. Vollgültige Stimmen von Dr. Schulz und von Cöln, Leipzig bei A. Barth 1826.

3. Geschichte der lutherischen Gemeine in Breslau von Scheibel, Nürnberg bei Raw 1832.

4. Theologisches Votum eines Juristen, Nürnberg bei J. Phil. Raw 1832.

5. Sendschreiben an Dr. Hengstenberg von Scheibel, Dresden 1832.

6. Actenmäßige Geschichte der neuesten Unternehmung einer Union zwischen der reformirten und lutherischen Kirche von Dr. J. G. Scheibel bei Fr. Fleischer, Leipzig 1834.

7. Das trennende Unionswerk, von einem lutherischen Geistlichen in Schlesien, Nürnberg bei Raw 1833.

öffentlich dargelegt worden sind. Wir beschränken uns daher auf die Rechtsgründe und auf die Verwahrung vor einigen Mißverständnissen:

Daß zuvörderst die evangelisch-lutherische Kirche in Schlesien, wie in sämmtlichen preußischen Staaten eine rechtlich bestehende privilegirte Kirchengesellschaft sei, bedarf als weltkundige Thatsache keines Beweises. Es reicht hin, nur auf die schon erwähnten Urkunden, welche ihre Rechte und Freiheiten aussprechen, genauer hinzuweisen. Sie erhielt zuerst durch den Religionsfrieden von 1555, nachher durch Kaiser Rudolph's II. Majestätsbrief vom Jahre 1609, darauf durch den Westphälischen Frieden von 1648, dann durch dessen Bestätigung und Erweiterung in der Altranstädter Convention von 1707 festes rechtliches — wenn auch durch Verfolgungssucht der andern Religionspartei öfter geschmälertes — Bestehen. Alle diese Rechtszusicherungen sind entweder durch Friedensschlüsse garantirt oder fallen vor die Königl. preußische Acquisition Schlesiens, die nach vorheriger Anerkennung aller bisherigen Freiheiten der Schlesier geschah, und können daher durch keine inländische Gesetzgebung wieder aufgehoben werden. Seit der preußischen Eroberung wurden eben dieselben von Friedrich

bem Großen, auch von Friedrich Wilhelm II. und von des jetzt re=
gierenden allergnäbigsten Königs Majestät bestätigt. Ein Königswort
kann auch nicht gebrochen werden. Ferner bestimmt das allgemeine
Landrecht, welches die katholische, lutherische und reformirte Kirche
als die privilegirten Hauptreligionsparteien vorfand:

Theil II. Tit. 11. §. 2. Jedem Einwohner im Staat muß eine
vollkommene Glaubens= und Gewissensfreiheit gestattet werden.

§. 3. Niemand ist schuldig, über seine Privatmeinungen in
Religionssachen Vorschriften vom Staate anzunehmen.

§. 4. Niemand soll wegen seiner Religionsmeinung beun=
ruhigt, zur Rechenschaft gezogen, verspottet oder gar verfolgt
werden.

§. 37. Kirchengesellschaften dürfen so wenig als einzelne
Mitglieder berselben einander verfolgen oder beleidigen.

§. 43. Keine Religionsparthei soll die Mitglieder ber an=
bern durch Zwang oder listige Ueberredung zum Uebergange
zu verleiten sich anmaßen.

Endlich wurde in Anwendung auf ben höchsten Orts gefaßten
Plan zur Bildung ber unirten evangelischen Landeskirche von Sr.
Majestät bereits in ber Kabinetsorbre vom 18. Juli 1798 und wie=
berholt in ber Verfügung an bie Consistorien vom 27. September
1817, Fernhaltung alles Zwanges und bürgerlicher Autorität und bie
Respectirung ber bestehenden Kirchen und ihrer Rechte eingeschärft.
Insbesondere heißt es in ber letzten Verfügung:

Aber so sehr Ich wünschen muß, baß bie reformirte und
lutherische Kirche in Meinen Staaten diese Meine wohlge=
prüfte Ueberzeugung mit Mir theilen möge, so weit bin Ich,
ihre Rechte und Freiheit achtend, bavon entfernt, sie auf=
bringen und in dieser Angelegenheit etwas verfügen und be=
stimmen zu wollen.

Auch biese von Sr. Majestät anerkannten Rechtsgrundsätze können
nicht übergangen werden.

Vorzüglich beachtenswerth ist aber bei allen biesen Rechten und
Freiheiten, baß sie kirchliche sind. Nicht auf Denk= und innere Glau=
bensfreiheit bes Einzelnen sind sie gerichtet, sonbern sie gewähren
einer Kirche, bie eine große von einem Glauben belebte Corpo=
ration ist, freies Bestehen. Leiber bilbete sich seit bem Enbe bes

9*

vorigen Jahrhunderts in den Zeiten des fast erloschenen kirchlichen Glaubens der Wahn, als wäre die Religion bloß Sache der individuellen Meinung, die Kirche dagegen eine Anstalt des Staats, vom Glauben und Erkenntniß der ihr Angehörigen unabhängig. Aber unser Heiland hat nicht bloß Lehren über die Religion verbreitet, sondern Er hat ein Reich gestiftet, von derselben Realität wie die irdischen Staaten, nur daß „sein Reich nicht ist von dieser Welt" und darum, ungeachtet seiner äußeren Erscheinung, mit den Reichen, die von dieser Welt sind, in gar keinem Conflict steht. Dieses Reich, welches zu dem Glauben an das Wort Gottes sich verhält wie der Leib zum Geiste, wie die äußere Staatseinrichtung zu dem irdischen Gesetz, ist eben die Kirche, und es ist bis ins vorige Jahrhundert nie daran gezweifelt worden, daß aller christliche Glaube nur in einer Kirche gedacht werden und bestehen könne: so ist auch die lutherische Kirche nicht ein Theil des Staats, sondern der Leib des lutherischen Glaubens, „erbaut auf dem Grund der Apostel und Propheten, da Jesus Christus selber der Eckstein ist, auf welchem der ganze Bau ineinandergefügt, wächset zu einem heiligen Tempel in dem Herrn" (Ephes. 2. 20. 21).

Auf diese Kirche in allen ihren äußeren Erscheinungen, der selbständigen eigenthümlichen Anordnung des Gottesdienstes, Verfassung, Verwaltung, Zucht und Erziehung, die sämmtlich von dem inwohnenden Geiste ihres Glaubens und Bekenntnisses durchdrungen sein müssen, beziehen sich die eben gedachten Rechte und Freiheiten der lutherischen Kirche. Auf sie können sie sich allein beziehen, da die bloße Religionsmeinung Einzelner, als etwas rein innerliches, gar nicht zur Erscheinung kommt und es mithin lächerlich wäre, von einer gesetzlichen Anerkennung der Glaubens- und Gewissensfreiheit in diesem Sinne reden zu wollen.

Es leuchtet daher ein, daß die bloße Verwilligung an einzelne Lutheraner von unirten Geistlichen etwa nach lutherischen Formularen in geistlichen Handlungen sich bedienen zu lassen und dabei den lutherischen Glauben haben zu dürfen, keine Anerkennung, sondern die bestimmteste Ableugnung ihrer Kirche und kirchlichen Rechte ist. Weß Glaubens und welcher Kirche der Hörer der Predigt, der Communicant ist, deren muß auch der Geistliche sein, und eben derselben muß auch die Agende sein, welche den Gottesdienst regelt. Dasselbe würde hinsichtlich der Verfassung gelten, wenn

nur zugestanden würde, daß die Lutheraner zwar in einzelnen Ge=
meinen eigene Prediger haben, ihre Verwaltung aber, wenn auch erst
in höchster Instanz, in den Händen solcher Behörden, die nicht aus=
schließlich der lutherischen Kirche selbst angehören, liegen sollte. Wem
kann es auch entgehen, daß, wenn eine Gemeine nicht ihre Versamm=
lungen hat, nicht die Art ihres Gottesdienstes selbst bestimmt und
bewahrt, wenn sie nicht selbst ihre Aufseher, Lehrer und Seelsor=
ger bildet, ordinirt, auf ihre Glaubensbekenntnisse verpflichtet und
einsetzt, nicht selbst für den Unterricht ihrer Jugend sorgt, selbst über
Lehre, Bekenntniß und Wandel ihrer Mitglieder wacht, überhaupt
nicht selbst ihre Angelegenheiten leitet, sondern in Stücken dieser
Art einer fremden Kirche übergeben ist, — von einer wirklichen Frei=
heit derselben nicht die Rede sein kann, und daß der in ihr wohnende
Glaube ebenso bald der fremden Einwirkung erliegen muß, wie die
Gesetze und der Charakter eines Volkes, welches einer fremden Re=
gierung unterworfen wird. Zugleich rechtfertigt es sich hiermit hin=
länglich, wenn von uns Annahme der Agende und der Behörden der
unirten Kirche dem Wesen nach als dem ausdrücklichen Beitritt zur
Union gleichstehend betrachtet worden ist. Doch zum Ueberfluß sind
auch alle jene einzelnen kirchlichen Rechte in den angeführten Urkunden
der lutherischen Kirche ausdrücklich zugesichert, so daß der genaue In=
halt der erbetenen Anerkennung aus ihnen auch ohne besondere An=
gabe entnommen werden kann. Nach dem Religionsfrieden von 1555
§. 15 soll kein Stand des Reichs die Augsburgischen Confessions=
verwandten

  „von dieser Augsburgischen Confessionsreligion, Glauben, Kir=
„chengebräuchen, Ordnung und Ceremonien, so sie aufgerichtet oder
„nochmals aufrichten möchten, in ihren Fürstenthümern, Landen
„und Herrschaften bringen . . . . , sondern bei solcher Religion,
„Glauben, Kirchengebräuchen, Ordnung und Ceremonien, auch ihrem
„Haab, Gütern . . . . ruhiglich und friedlich bleiben lassen.“

  Und nach §. 20 soll die geistliche Jurisdiction . . . . wider der
Augsburgischen

  „Confessionsreligion, Glauben, Bestellung der Ministerien, Kir=
„chengebräuche, Ordnungen oder Ceremonien, so sie aufgericht
„oder aufrichten möchten . . . . nichts exercirt, gebraucht oder ge=
„übt werden, sondern derselben Religion, Glaube, Kirchengebrauch,
„Ordnungen oder Ceremonien und Bestellung der Ministerien

„. . . . ihren Gang laſſen und kein Hinderniß oder Eintrag ge=
„ſchehen."

Nach dem Majeſtätsbrief Kaiſer Rudolph's II. vom 20. Auguſt
1609 ſollen:

„alle und jede Einwohner des ganzen Landes Schleſien . . . .,
„welche der Augsburgiſchen Confeſſion verwandt ſein und ſich zu
„derſelben bekennen, keinen ausgenommen, ihre Religion, laut letzt=
„erwähnten Confeſſion, frei und ungehindert überall, an allen
„Orten üben und verrichten; bei ſolch ihrer Religion, Prieſterſchaft
„und Kirchenordnung, welche jetzt bei ihnen iſt, oder dieſer Con=
„feſſion gemäß, möchte aufgerichtet werden, fried= und geruhiglich
„verbleiben, keiner aus derſelben zu einer andern Religion als wie
„ſie ſie bishero gehabt, ungeachtet unter welcher geiſt= oder welt=
„licher Obrigkeit einer geſeſſen, oder ſich aufhalten thut, gedrungen
„oder beroweget verjaget, vielweniger blos und allein der Religion
„halben, ab officiis removiret, und alſo auf keinerlei Weiſe noch
„Wege in ihrem Gewiſſen bedrängt oder betrübet, ſondern viel=
„mehr alle und jede dieſer Augsburgiſchen Confeſſion Verwandte,
„bei derſelben, auch bei allen jetzo inne habenden Kirchen, Gottes=
„dienſt, Ceremonien, Schulen, Pfarreien, Klöſtern, Stiftungen,
„Zehenden, Zinſen, Accidenzien, Einkommen, allermaßen, wie ſie
„ſolche bishero im Beſitz und Gebrauch gehalten, ruhig und unan=
„gefochten gelaſſen werden ſollen."

Im weitern Verfolg wird den Augsburgiſchen Confeſſionsver=
wandten auch das Recht zugeſichert, ihre bisherigen Conſiſtoria zu be=
halten oder neue aufzurichten, desgleichen Kirchen, Gotteshäuſer, Be=
gräbniß und Kirchhöfe aufzubauen, und ſie ſollen in keiner Art zu
einer andern Religion durch Gewalt oder auf andere unziemliche
Weiſe hinübergezogen werden. Die Worte ſind:

„Zum Dritten verwilligen wir auch dieſes, da jemand aus den
„Fürſten und Ständen, außer den Kirchen und Gotteshäuſern,
„welche ſie jetzo inne haben, halten, oder ihnen ſonſten zuſtändig
„ſein (bei welchen ſie auch friedlich geſchützt und erhalten werden
„ſollen), etwa in Städten, Städtlein, Dörfern, oder anders wo
„wollte oder wollten mehr Kirchen, Gotteshäuſer oder Schulen,
„zu Unterweiſung und Auferziehung der Jugend aufrichten und bauen
„laſſen, daß ſolches gleich wie den Fürſten und Herren Stand, und
„derſelben allerſeits Unterthanen, alſo auch den Erbfürſtenthümern,

„sowohl in Städten als auf dem Lande ingemein und einem jeden
„insonderheit, anjetzo und in künftig zu thun, frei und offen stehen
„soll, vor männiglich ungehindert.

„Zum Vierten wollen wir auch den Augsburgischen Confessions
„Verwandten, Fürsten und Ständen diese sondere Gnad thun, daß
„diejenigen Fürsten, so zu Zeiten unserer hochgeehrten Herrn An=
„herrs und Herrn Vatters, auch bei Antretung unserer Regierung
„ihre Consistoria gehabt, ... neue aufzurichten, und allermaßen mit
„denselben, wie die andern, so die ihrige bishero gehalten, in Or=
„dination und Ehesachen zu verfahren, freistehen soll ....

„Zum Fünften ...., in welchen Orten aber und Städten die=
„jenigen, so der Augsburgischen Confession seien, ihre eigenen Kir=
„chen und Begräbniß, oder gesammt mit den katholischen nicht
„hätten, dieselben sollen, vermöge dieser unser Concession, wie Kir=
„chen und Gotteshäuser, also Begräbniß und Kirchhöfe aufzubauen,
„auch Stellen dazu auszusetzen Macht haben ....

„Letzlich wollen wir auch dieses, daß zur Erhaltung Lieb und
„Einigkeit, eine Part der Andern, katholische sowohl als auch der
„Augsburgischen Confession Verwandte, in so, wie vorgesetzt, ver=
„willigter Uebung und Gebrauch ihrer Religion, Kirchenordnung und
„ertheilten Gerechtigkeiten nicht eingreifen oder fürschreiben, die Geist=
„liche in Weltliche und hinwieder die Weltliche in Geistliche Empter
„sich nicht einmischen, vielweniger einander schmähen noch verfolgen,
„sondern nunmehr als Glieder zu einem corpore gehörig einander
„lieben, ehren, fördern und beiderseits für einen Mann in allen
„unsern und des Vaterlands Notturfften und Angelegenheiten, es
„sei in Mitleidungen oder andern unvermeidlichen Zufällen bei=
„sammen als treue Freunde stehen und in Summa also von heu=
„tiges Tages dato an, keiner von dem andern, wie aus den Fürsten,
„Herren und Ständen, also auch den Städten, Städtlein und
„Bauersvolk, weder von ihren Obrigkeiten noch von keinen einzigen
„andern geist= oder weltliches Standes Personen, wegen der Religion
„bedrängt und zu einer andern sei es durch Gewalt oder anderer
„unziemlicher Weise gezwungen oder abgeführet werden solle."

Hinsichtlich des Gottesdienstes gesteht auch das allgemeine Land=
recht §. 40 Theil II. Tit. 11. jeder Kirchengesellschaft das Recht zu:
„wegen der äußeren Form und Feier des Gottesdienstes dienliche
„Ordnungen einzuführen,"

die nur nach dem folgenden Paragraphen dem Staat zur Prüfung
vorgelegt werden sollen, ob darinnen auch Ehrfurcht gegen die Gott=
heit, Gehorsam gegen die Gesetze, Treue gegen den Staat und sittlich
gute Grundsätze gegen die Mitglieder enthalten sind.

Ganz speciell aber für den vorliegenden Fall, wo in Folge des
Uebertritts des früher lutherischen Brandenburgischen Hauses zur re=
formirten Confession und der Acquisition Schlesiens durch dasselbe
unsere lutherische Kirche gegen die Reformirten in ein Verhältniß
getreten ist, durch das erstere sich beeinträchtigt finden muß, verordnet
der Westphälische Friede Instr. pac. Osnabr. 7. §. 1.

„Auch ist von kaiserl. Majestät und Reichsständen einmüthig
„beschlossen worden, daß, welche Gerechtsame oder Wohlthat so=
„wohl die übrigen Verordnungen des Reichs, als der Religions=
„friede und diese öffentliche Vereinbarung und in ihr die Hin=
„legung der Beschwerden, den katholischen und den der Augsbur=
„gischen Confession zugethanen Ständen und Unterthanen, ertheilen,
„dieselbe auch denjenigen unter jenen, welche Reformirte genannt
„werden, zustehen soll; ungefährdet jedoch die Verträge, Ueberein=
„kunft, Privilegien, Reversalen und andern Bestimmungen, welche
„die sogenannten protestantischen Stände unter sich und mit ihren
„Unterthanen über die Religion und deren Uebung und was davon
„abhängt, abgeschlossen und dadurch jedes Orts Ständen und
„Unterthanen bisher vorgesehen haben, ungefährdet auch der Ge=
„wissensfreiheit eines jeden. Weil jedoch die Religionsstreitigkeiten,
„welche unter den eben erwähnten Protestanten geführt werden,
„noch nicht beigelegt worden, sondern zu weiterer Beilegung vorbe=
„halten sind und jene also zwei Partheien ausmachen, darum ist
„über das Reformationsrecht zwischen beiden also übereingekommen,
„daß, wenn ein Fürst oder anderer Landesherr oder Patron einer
„Kirche nach diesem zu der Religion des andern Theils überge=
„gangen ist, oder eine Herrschaft oder Fürstenthum da, wo des
„andern Theils Religion gegenwärtig in öffentlicher Uebung besteht,
„durch Successionsrecht oder kraft dieses Friedensschlusses oder
„durch irgend einen andern Titel erlangt oder wieder erlangt hat,
„ihm selbst zwar gestattet sein soll, Hofprediger seiner Confession,
„ohne Beschwerung und Gefährde der Unterthanen, bei sich und in
„seiner Residenz zu halten. Dagegen soll es ihm nicht erlaubt
„sein, die öffentliche Uebung der Religion, die Kirchengesetze und

„Ordnungen, welche daselbst bis dahin angenommen sind, zu ver=
„ändern, oder die Gotteshäuser, Schulen, Hospitäler oder dazu
„gehörige Einkünfte, Pachtzinse, Stipendien, den bisherigen Be=
„sitzern zu nehmen und sie Leuten seiner Religion zuzuwenden,
„oder unter dem Vorwande des Landeshoheitlichen, Bischöflichen, Pa=
„tronats= oder irgend eines andern Rechts den Unterthanen Geistliche
„der andern Confession aufzubringen, oder irgend ein anderes Hin=
„derniß oder Gefährde direct oder indirect der Religion des andern
„Theils zu bereiten. Und damit diese Uebereinkunft desto fester
„beobachtet werde, soll es im Falle einer solchen Veränderung den
„Gemeinen selbst zustehen, taugliche Schulen= und Kirchendiener,
„so von dem öffentlichen Consistorium und Ministerium des Orts,
„wenn diese mit den Präsentirenden oder Ernennenden derselben
„Religion sind, oder, in dessen Entstehungsfalle an demjenigen
„Orte, welchen die Gemeinen selbst wählen werden, examinirt und
„ordinirt und sodann von dem Fürsten oder Landesherrn unwei=
„gerlich confirmirt werden sollen, zu präsentiren, oder wenn sie
„das Präsentationsrecht nicht haben, zu ernennen.“
Der hier bezeichnete Fall ist gegenwärtig fast wörtlich einge=
treten. Wir haben durch den Beitritt unserer bisherigen Kirchen=
behörden zur unirten Kirche alle unsere obern Behörden verloren,
das kirchliche Verwaltungsrecht (jus in sacra) ist somit den Gemeinen
heimgefallen und eine Reorganisation derselben ebenso nothwendig
geworden, als der gedachte Paragraph des Westphälischen Friedens
in Verbindung mit dem angeführten Majestätsbriefe Kaisers Ru=
dolph's II. die Gemeine dazu berechtigt. Zwar ist die neue Kirche, in
welche unsere Behörden eintraten, nicht geradezu und nicht dem Namen
nach die reformirte. Aber abgesehen davon, daß sie dem Wesen nach
nur als eine erweiterte reformirte Kirche betrachtet werden kann,
wie der beiden eigenthümliche negative Charakter hinsichtlich der
Abendmahlslehre zeigt, so versteht es sich auch von selbst, daß eine
lutherische Kirche ebensowohl in ihrer Selbstständigkeit beeinträchtigt
wird, wenn sie in eine aus der Mischung von reformirter und lu=
therischer Kirche hervorgegangene neue, als solche nicht lutherische
Kirche hineingezogen wird, als wenn sie geradezu in eine bestehende
reformirte Kirche eingeht.
Wenn wir ferner um einstweilige Gestattung von Laiengottes=
diensten an solchen Orten, wo sich kein lutherischer Prediger befindet,

gehorsamst gebeten haben, so rechtfertigt sich dieses Gesuch hinlänglich durch den unverschuldet eingetretenen Nothstand unserer Kirche. Außerdem aber auch durch das allgemeine Landrecht §. 9 und 10 Theil II. Tit. 11., welches gestattet, daß mehrere Einwohner des Staates unter dessen Genehmigung zu Religionsübungen zusammen kommen, und wo sich aus dem Gegensatz von §. 9 ergiebt, daß diese Genehmigung nur solchen Zusammenkünften versagt werden soll, die theils heimlich gehalten werden, theils der Ordnung und Sicherheit des Staats gefährlich werden könnten. Diesen Charakter tragen aber offenbar lutherische Nothgottesdienste in der Art, wie sie eben erbeten werden, nicht an sich. Zugeschweigen, daß alle Verfolgung und Bestrafung derselben, wie die ganze Kirchengeschichte zeigt und für Schlesen die im 17. Jahrhundert katholischer Seits versuchte Unterdrückung der lutherischen Kirche beweist, ihren Zweck doch nicht erreichen könne, denn hier ist das Gewissen durch Gottes Wort selbst gefangen. Ebr. 10, 24—27.

Wir haben hiermit die Gründe unseres Gesuchs dargelegt. Wir begehren nichts Neues, sondern nur was uns zusteht, was nur gegen alle göttliche und menschliche Rechte, gegen die heiligsten Zusicherungen früherer Landesherren und Sr. regierenden Majestät verweigert werden könnte. In Preußen fanden früher unsere Glaubensverwandten Zuflucht und Schutz. Sollte er uns, einer privilegirten Landeskirche entzogen werden? Preußen gab Europa das Beispiel der kirchlichen Toleranz; es hat sich allmählig zum Muster geistiger Freiheit und Bildung emporgeschwungen. Sollte es jetzt die eigenthümlichste Frucht des heiligen Geistes, die lutherische Kirche, in seinem Schooße vernichten wollen? Sr. Majestät gerechte Regierung wird allgemein gepriesen. Sollte blos der lutherischen Kirche die Gerechtigkeit versagt werden, welche selbst den Juden zu Gute kommt? Der Glaube ist des Menschen Heiligthum; er predigt und thut den Gehorsam gegen die Obrigkeit, auf ihm ruhen alle irdischen Verhältnisse; sein Recht (und ein solches hat der lutherische unbestreitbar) kann also nicht angetastet werden, ohne schon durch das Beispiel die Grundlage aller andern Rechte zu erschüttern. Den Lutheranern eine andere, als ihre eigene, gesetzlich ihnen zukommende Kirchenverwaltung aufbringen, wäre im Grundsatz nichts Anderes, als die Preußen einer fremden, ihnen nicht angestammten Obrigkeit unterwerfen wollen.

Daß die Unterzeichneten nicht nach einzelnen Gemeinen, sondern

vereint und zwar unmittelbar an Ein hohes Ministerium sich ge=
wandt haben, schien sich ihnen nach den bestehenden Gesetzen dadurch
zu rechtfertigen, daß der Gegenstand ein die lutherische Kirche der
ganzen Provinz Schlesien betreffender ist; wie denn auch die in Bezug
genommenen Urkunden zum Theil ausdrücklich diese Provinz insge=
sammt angehen. Obgleich sie übrigens die daraus herfließenden
Rechte nur für sich in Anspruch nehmen können, so wollen sie doch
keineswegs dem gleichen Rechte anderer Glieder derselben Kirche da=
mit zu nahe getreten sein und verwahren sich ausdrücklich gegen die
Meinung, daß sie gegenwärtig die einzigen seien, welche die Erhaltung
der lutherischen Kirche in der gehorsamst erbetenen Weise wünschen,
indem sie Gegentheils wissen, daß noch viele Schlesier denselben
Wunsch hegen, die nur zufällig an diesem unterthänigen Gesuch nicht
Theil genommen haben.

Was die Legitimation der Unterzeichneten betrifft, so hat es
leider aus Scheu, das gesetzliche Verbot des Sammelns von Unter=
schriften zu verletzen, nicht überall bewirkt werden können, daß die=
jenigen, in deren Namen diese gehorsamste Eingabe verfaßt ist, dieselbe
mit unterschrieben oder die Unterschriebenen schriftlich bevollmächtigten.
Da jedoch in derselben nur auf allgemeine Rechte angetragen ist, so
erscheint dieser Mangel unwesentlich. Jedenfalls könnte demselben
durch amtlich zu veranstaltende Befragung der Auftraggeber abge=
holfen werden.

Eine hochgeneigte, wie zu hoffen, baldige und gewierige Antwort
wolle Ein hohes Ministerium die Gnade haben, an Pastor Berger
in Hermannsdorf bei Breslau, Pastor Kellner in Hönigern bei
Namslau, Pastor Biehler in Kaulwitz bei Namslau und dem Kauf=
mann Grempler in Breslau, die wir erwählt haben, daß durch sie
die Communication über unsere Kirchenangelegenheit mit der hohen
Behörde geschehe, zukommen zu lassen und sie insbesondere an den
letztgenannten zu adressiren.

In besonderer Ehrfurcht unterzeichnen sich
    Euer Excellenz und Eines hohen Ministerii
        ganz gehorsamste Diener.

(Folgen 45 Unterschriften.)

Man kann es nicht ohne Unwillen lesen, was Wangemann zu dieser Eingabe bemerkt. Er beweist daraus Huschke's „abstract juristischen" Kirchenbegriff, [1]) als ob die Eingabe eine theologische Abhandlung über die Kirche hätte sein sollen. Dann belehrt er Huschke, daß Wort und Sacrament die Lebenssubstanzen der Kirche seien, als ob das Huschke nicht selber wüßte. Anderwärts [2]) erinnert er gegen diese Petition an sein Lieblingsthema, daß durch die Union einzelne Theile des Kirchenleibs angefressen seien, womit aber der Kirchenleib selbst nicht aufgehört habe zu existiren, — was eine ganz interessante Frage ist, mit der in Rede stehenden Eingabe aber nicht das mindeste zu thun hat. Allenthalben, wo die Eingabe von der lutherischen Kirche redet, meint sie ja lediglich die lutherische Kirche, wie sie historisch in Preußen berechtigt ist. Sie geht nicht von irgend welchen Principien, sondern von offen vorliegenden Thatsachen aus, nämlich davon, daß in dem Sinn, wie früher, eine in Bekenntniß, Gottesdienst und Verfassung freie und selbständige lutherische Kirche in Preußen nicht mehr gestattet sei. Vom Staat, der die lutherische Kirche in diesem Sinne garantirt hatte, fordert die Eingabe die Wiederherstellung, soweit eine solche unter den obwaltenden Umständen noch möglich sei.

Will Wangemann diese Forderung tadeln, so ist vor allem nothwendig, daß er sich klar macht, wovon die Rede ist. Was ihm nämlich, falls er tadeln will, zu beweisen obliegt, ist:

1) daß die lutherische Kirche als eine in Bekenntniß, Gottesdienst und Verfassung völlig freie und selbständige (NB. gegenüber anderen Confessionen) in Preußen nicht garantirt war; oder

2) daß sie das Recht solcher Existenz zwar früher gehabt, damals aber verloren hatte; oder

3) daß sie das Recht zwar noch hatte, damals aber alle Lutheraner verpflichtet waren, auf dieses Recht zu verzichten; oder

---

[1]) II. S. 95.
[2]) II. S. 58.

4) daß wenigstens die damals protestirenden Lutheraner auf das alte Recht der lutherischen Kirche keinen Anspruch zu machen hatten.

Das aber sind nicht Principienfragen, sondern geschichtliche Rechtsfragen. Will aber Wangemann durchaus Principienfragen haben, so kommt immer noch nicht die für alle Tadler so bequeme Frage nach dem Kirchenbegriff an die Reihe, sondern wenn die geschichtlichen Zeugnisse ihrem Inhalt und ihrer Rechtskraft nach als richtig befunden werden müssen, so erheben sich die Fragen:

1) Hat der Staat (resp. der Landesherr als Summepiscopus) das Recht, der lutherischen Kirche eine Existenzform zu geben, wie sie ihm beliebt?

2) In welchem Falle sind Lutheraner verpflichtet, uralte Rechte ihrer Kirche aufzugeben?

In der That, nach Grundsätzen der Gerechtigkeit konnte der Staat auf die Petition nur mit der Beschränkung antworten, daß der König sich auch über diesen Rest der lutherischen Kirche den Summepiscopat vorbehalten wolle, der aber durch rein lutherische Behörden zu üben sei. [1]

Aber die Antwort lautete ganz anders. Es ist nämlich ein Irrthum, daß diese Eingabe unbeantwortet geblieben sei. [2] Sehr kurz und sehr schnell antwortete Altenstein, die Petenten sollten sich an die Consistorien wenden, und sie seien im Irrthum. [3] Die Lutheraner konnten auf die bloße Behauptung hin den Irrthum nicht erkennen und baten unter nochmaliger Zusammenfassung aller Gründe Punkt für Punkt um Belehrung. [4] Diese wurde von

---

[1] Doch nach Maßgabe des westfälischen Friedens, in welchem das jus in sacra der reformirten Fürsten wesentlich beschränkt, seinem Inhalt nach eigentlich aufgehoben wird.

[2] Bei Wangemann II. S. 58; auch in der ersten Auflage meiner „Errettung" S. 53.

[3] Archiv des O.K.C.

[4] Ebenda.

Altenstein unterm 27. Juni rund abgeschlagen. Darauf folgte
(16. August) noch eine Eingabe an den König, welche unbeant=
wortet blieb. [1]

Damit war der Weg der Petitionen erschöpft. Es galt nun
auch ohne, ja gegen den Willen des Staates das Recht der luthe=
rischen Kirche zu behaupten.

14. Der Kriegszustand zwischen dem Staat und der lutherischen Kirche als Folge der Kabinetsordre vom 28. Februar 1834. [2]

Während der Staat gegen die den Beitritt zur evangelischen Kirche versagen=
den Lutheraner unter vergeblichem Widerspruch des Justizministers Ver=
folgung eintreten ließ, suchten diese ihre kirchlichen Rechte nach Möglich=
keit mit der That geltend zu machen.

Als das Unchristlichste hatte es die Kabinetsordre bezeichnet,
daß neben und außerhalb der allgemeinen evangelischen Kirche noch
eine besondere lutherische Kirche sich constituirte. Die Vertreter
dagegen der lutherischen Kirche konnten es nur für ihre Pflicht er=
kennen, diese neue Constituirung vorzunehmen, nachdem durch das
Verfahren des Staates die bisherige Ordnung der Dinge umge=
stürzt worden war. Sowie nun der Staat sowohl, als auch die
Kirche je ihre Anschauungen in Thaten übersetzten, so war ein Zu=
sammenstoß, ein offener Kriegszustand zwischen beiden Theilen ge=
geben. Beide Theile hatten denn auch diese Eventualität um
so mehr ins Auge gefaßt, als es in der Breslauer Gemeinde
wie an andern Orten schon längst nicht mehr bei nur schriftlichen

---

[1] Archiv des OKC.
[2] S. die Einzelheiten in m. „Errettung" S. 69 ff.

Verhandlungen geblieben, sondern zu Straffentenzen einerseits, zu Gehorsamsverweigerungen andrerseits gekommen war.

Der Staat hatte seine Waffenrüstung angelegt. Es waren vornehmlich drei Kabinetsordres in unmittelbarem Zusammenhang mit der Ordre vom 28. Febr. 1834 erlassen, die eine gerichtet gegen „Conventikel", die andre gegen „unbefugte Verrichtung geist= licher Amtshandlungen", die dritte bezog sich auf die Verpflichtung aller „evangelischen" Eltern, ihre Kinder in die bestehenden Schulen zu schicken und sie von den „evangelischen" Geistlichen confirmiren zu lassen.

Damit war der Weg bezeichnet, auf welchem der Staat vor= zugehen gedachte. Das beharrliche Fernbleiben der Lutheraner von der Staatskirche war Separatismus, Auflehnung gegen die be= stehende Ordnung, Aufruhr; ihre Gottesdienste waren Conventikel; die Amtshandlungen ihrer Pastoren waren unbefugt, darum un= gültig; ihre Kinder mußten mit Gewalt in den unirten Religions= unterricht gebracht werden.

Die lutherische Kirche war auch gerüstet, gerüstet mit dem Worte Gottes und ihrem darauf gegründeten Bekenntniß, gerüstet mit dem Bewußtsein ihres alten guten Rechts, das durch nichts verwirkt war. Sie schloß sich fest zusammen, fing an sich in nothdürftiger Form zu organisiren mit dem Entschluß, für die Erhaltung ihrer selbständigen Existenz alles einzusetzen und in dem zuversichtlichen Glauben, daß der Herr sich dazu bekennen würde. [1]

Es geschah nun, was nicht ausbleiben konnte. Den Geistlichen, welche der evangelischen Kirche nicht beitreten, die Agende nicht gebrauchen wollten, wurden Geldstrafen auferlegt. Das half nicht; so wurden sie suspendirt. Sie erkannten die Suspension, als von nichtlutherischen Behörden verfügt, nicht an. Man setzte ihnen be= wachende Gensd'armen an die Seite. Sie amtirten doch, wo es nöthig war. Steckbrieflich verfolgt zogen sie von Ort zu Ort.

---

[1] S. die erste Generalsynode in m. „Errettung" S. 89—96.

Wurden sie entdeckt, so war das Gefängniß für sie offen. Hatten sie die bestimmte Zeit darin verweilt, so ließ man sie nicht los. „Aus Staatsraison" wurden sie festgehalten, bis sie das Versprechen gäben, hinfort keine Amtshandlungen vorzunehmen. Sie gaben es nicht; man mußte sie endlich loslassen, aber man schickte sie in die Verbannung nach entlegenen Punkten. Die Folge war, daß auch hier Gemeinden entstanden.

Die Gottesdienste der Gemeinden wurden auseinander gesprengt, die Theilnehmer mit hohen Geldstrafen belegt, wenn sie nicht bezahlen konnten oder wollten, ausgepfändet, wenn nichts oder nichts mehr zu pfänden war, ins Gefängniß geworfen. Hatten sie taufen lassen, dann wollte man sie nöthigen, Verräther der Täufer zu werden; wollten sie das nicht, so ging es ins Gefängniß, oder es folgten hohe Geldstrafen. Die Gerichte sprachen sie frei; aber es half nicht. Die lutherisch eingesegneten Ehen galten für Concubinate, die Kinder für unehelich. Die fortgesetzten und immer erhöhten Geldstrafen brachten viele an den Bettelstab.

Seit 1837 trat wohl an einzelnen Orten eine theilweise Milderung ein; aber im Ganzen blieb es wie es war. Die lutherische Kirche wurde als eine revolutionäre Secte verfolgt.

Altenstein sah sie wirklich dafür an. Und doch war auch ihm Gelegenheit geboten, eine richtige Auffassung der Sachlage zu gewinnen. Wie sein böses Gewissen in dieser Frage stand neben ihm der Justizminister v. Mühler, der mit rücksichtsloser Offenheit sich gegen alle diese Verfolgungsmaßregeln erklärte nach dem einfachen Rechtsgrundsatz: „Eine solche neue Religionsgesellschaft (wie sie in der Ordre von 1834 verboten sei) wolle die separatistisch-lutherische Gemeinde nicht errichten, sondern nur die alte lutherische Kirche behaupten. Es finde sich in unsrer ganzen Gesetzgebung keine Strafbestimmung, welche auf den vorliegenden Fall anwendbar sei. Auch komme der Westfälische Friede in Betracht, dessen Artikel VII. den Lutheranern völlige vom Landesherrn einer andern Religion nicht zu beschränkende Religionsfreiheit, wo sie dieselbe bisher gehabt, sichere." In demselben Sinne erklärte v. Mühler später:

„Was die sogenannten separatistischen Geistlichen betrifft, so gehören dieselben keiner neuen Secte an; sie sind das, was sie vor der Union waren." Demgemäß trug er darauf an, alle Verfolgungs= maßregeln gegen die Lutheraner zu sistiren und denselben Anerken= nung zu gewähren. [1]

So erklärte sich der Mann, welcher in Preußen eigens dazu angestellt war, um für Recht und Gerechtigkeit zu sorgen. Aber seine Stimme blieb unbeachtet.

Der lutherischen Kirche dagegen konnte es nur tröstlich sein, aus so unparteiischem Munde (denn auch v. Mühler erklärte sich eifrig für die Union) ihr Recht anerkannt zu sehen, so gewiß sie auch ohnehin desselben war. Sie befand sich in der schwierigsten Lage. Verfolgt von dem Staat, verkannt von vielen auch frommen Christen, ohne sichere Ordnung und Verfassung, oft ohne geistliche Bedienung — wie sollten sie sich verhalten, um lauter und unan= stößig durchzukommen? Im allgemeinen hielten sie an dem Grund= satz fest: alles äußere geben wir der Gewalt willig Preis, als Kirchengebäude, Haus und Hof, Geld und Gut. Aber nicht können wir uns nehmen lassen unsere Gottesdienste, Sacramentsverwaltung, Trauung, Confirmation. Denn eine Kirche, die das nicht mehr festhält, giebt sich selbst auf. Hienach wurde aller Orten verfahren und die Folgen geduldig getragen. Viele entzogen sich der Noth durch Auswanderung.

Ob die lutherische Kirche mit diesem Verhalten Recht gehabt hat? Es bedarf keines Beweises, wenn sie war, was sie zu sein behauptete: die lutherische Kirche; es ist nicht zu beweisen, wenn sie es nicht war. Dann hatte der Staat Recht. Man mag letzterem dann Härte, Unklugheit, auch Ungesetzlichkeit im einzelnen vorwerfen; aber das will in solchen Zeiten nicht viel bedeuten. Auch auf lutherischer Seite sind im einzelnen Ungesetzlichkeiten vorgekom=

---

[1] Bei Eilers a. a. O. S. 206 f. 300 f.

men. [1] Haben wir aber Recht, daß jenes Häuflein die geschichtliche lutherische Kirche darstellte, wie sie in Preußen berechtigt war, dann waren diese Lutheraner Märtyrer ihrer Kirche und der Staat ein Verfolger der Wahrheit.

---

[1] Doch erkennt auch Wangemann ihre gesetzmäßige Haltung an. II. S. 165.

Dritter Abschnitt.

Die zur Wiederherstellung geordneter Verhältnisse zwischen dem Staat und der lutherischen Kirche geführten Verhandlungen.

10*

1. Außeramtliche Friedensvorschläge vom Jahr 1835.

Die Friedensvorschläge, welche der Kronprinz 1835 macht, werden mit Recht zurückgewiesen, weil sie der lutherischen Kirche unirtes Regiment auflegen wollen. Ueberhaupt waren dieselben rein privater Art, ohne Aussicht auf Realisirung.

Es ist bekannt, daß die eigentliche Wiederherstellung des Friedens zwischen dem Staat und der lutherischen Kirche erst seit 1840 angebahnt worden ist. Doch hat der Kronprinz (der spätere König Friedrich Wilhelm IV.) in herzlicher Theilnahme an den harten Verfolgungen der übrig gebliebenen Lutheraner durch Geh. Rath Steffens in Berlin schon 1835 Vorschläge nach Breslau gelangen lassen, welche den Petitionen der lutherischen Gemeinden einen etwas veränderten Charakter geben sollten, und für deren Annahme an höchster Stelle zu wirken er sich bereit erklärte.

Es wäre genug, dies eben anzuführen und sofort zu wichtigerem zu eilen, wenn nicht von Wangemann auf Anlaß dieser Vorschläge und der darauf ertheilten Antwort sehr erhebliche Beschuldigungen gegen die Vertreter der lutherischen Kirche und namentlich gegen Professor Dr. Huschke erhoben worden wären. Es möge daher der an Steffens gerichtete Brief von Huschke, welcher die kronprinzlichen Vorschläge bespricht, hier vollständig mitgetheilt und mit einigen apologetischen Bemerkungen begleitet werden. [1]

---

[1] Die Quelle für alle in diesem Abschnitt mitgetheilten Thatsachen und Actenstücke bildet, wenn nicht ausdrücklich anders angegeben ist, das Archiv des Ober=Kirchen=Collegiums der ev. luther. Kirche in Preußen.

„Sie können sich denken, theurer Freund, wie oft und wie ernst mich seit Empfang Ihres letzten Briefes (vom 29. October b. J.) die darin enthaltene wichtige Nachricht beschäftigt hat. Wenn ich Ihnen darauf jetzt schon antworte, so geschieht dies besonders in der Besorgniß, daß außerdem von Seiten der Staatsregierung im Sinne der mitgetheilten Vorschläge schon Schritte geschehen möchten, die, zur Regulirung unserer Angelegenheit bestimmt, sie nur noch mehr verwirren müßten, wenn die Voraussetzungen, von denen man dabei hinsichtlich der Gesinnung der lutherischen Gemeinen ausginge, nicht gegründet wären, und daß sie dieses nicht seien, habe ich nach eigener Ueberzeugung und nach den von den Glaubensbrüdern eingezogenen Erkundigungen allen Grund zu glauben. Dieses möchte ich Ihnen also vor allen Dingen ans Herz legen: der verehrten Person, welche Ihnen die bewußte Mittheilung gemacht hat, vorzustellen, daß man doch um Gotteswillen nicht ein Arrangement hazardiren möge, bevor man die Ueberzeugung gewonnen, daß auf dem vorgeschlagenen Wege wirklich die Gewissen beruhigt werden würden.

Ueber die Vorschläge selbst schreibe ich Ihnen zunächst nur meine Meinung, die der Kirche zu vernehmen würde auch ohne eine zusammenberufene Synode nicht möglich sein, denn einen einzigen Mann, den man als vollkommen gewährleistenden Repräsentanten derselben ansehen könnte, giebt es nicht, da sie zwar wohl durch einen Einzigen wieder erweckt ist, keineswegs aber durch ihn, sondern vielmehr durch das Bewußtsein Eines Glaubens und Strebens, oder richtiger durch den heil. Geist geleitet und in der Einheit erhalten wird. Nichts besto weniger glaube ich mit ziemlicher Gewißheit dafür einstehen zu können, daß was ich Ihnen schreibe so ziemlich die allgemeine Ueberzeugung sein möchte. Specielle Erkundigungen und Berathungen mit den hiesigen Glaubensbrüdern und frühere Aeußerungen von auswärtigen bürgen mir dafür.

Nach den mitgetheilten Bedingungen sollen wir um selbständige Begründung unserer Kirche und Lehre, einen Repräsentanten in das Consistorium, Lehrer, die auf unsre Bekenntnisse verpflichtet werden, Sicherheit für den Unterricht und Fortpflanzung unsrer Lehre und freien Gottesdienst bitten dürfen, und es wird nur verlangt, daß wir die neue Agende in der Art annehmen, daß die lutherischen Tauf- und Abendmahlsformulare in diese aufgenommen, jeder schwankende Ausdruck mit einem das Bekenntniß scharf bezeichnenden vertauscht,

unb Alles unſerer Ueberzeugung gemäß geändert werden darf. Dieſe
veränderte Agende ſoll dann nicht als eine bloße Modification der
herrſchenden betrachtet, ſondern als die Agende der nichtunirten
Lutheraner gedruckt und beſtätigt werden.

Sie, theurer Freund, halten dieſe Bedingungen für annehmbar,
weil ſie materiell Alles gewährten, was wir ohne Gewiſſensverletzung
fordern müßten. — Ich ſtimme mit Ihnen darin überein, daß wir
als getreue und unſern König ebenſo von Herzen ehrende, wie Gott
fürchtende Unterthanen in dieſer Angelegenheit auf nichts Anderm
beſtehen dürfen, als was fahren gelaſſen unſer Gewiſſen verletzen
würde. Daß uns aber dieſes durch obige Vorſchläge gewährt würde,
muß ich nach meiner vor Gott ernſtlich geprüften Ueberzeugung
beſtreiten.

Sie wiſſen ſelbſt: der eigentliche Nerv unſers Glaubenskampfes
beſteht darin, daß wir durch den Geiſt Gottes zu dem Bewußtſein
gelangt, eine Gemeine des Herrn zu ſein, die (als Kirche) nur Ihn
als Ihren König und Herrn, als das Haupt erkennt, „aus welchem
der ganze Leib zuſammengefügt und verbunden durch alle Gelenke
der Handreichung nach der Wirkung eines jezlichen Gliedes in ſeiner
Maaße des Leibes Wachsthum vollbringt zu ſeiner ſelbſt Erbauung
in der Liebe“ (Epheſer 4, 15—16) — daß wir in dieſem Bewußtſein gegen jedes fremdartige Princip proteſtiren müſſen, welches
uns entweder in unſerm Haupte ſelbſt — indem wir ausdrücklich
oder factiſch ein weltliches Regiment in unſerer Kirche anerkennten
— oder in unſerm Verhältniſſe zu ihm — indem wir eine fremde
Lehre, die wir nicht gelehrt ſind, ganz oder theilweiſe ausdrücklich
oder ſtillſchweigend, in der Lehre unmittelbar, oder mittelbar im Got-
tesdienſte oder der Verfaſſung billigten — Chriſto unſerm Herrn entfremden würde. Das Gotteswort, welches in dieſer Hinſicht unſer Gewiſſen bindet, iſt 2. Kor. 6, 14 ff.: Ziehet nicht am fremden Joch
mit den Ungläubigen. Denn was hat die Gerechtigkeit für Genieß
mit der Ungerechtigkeit? Was hat das Licht für Gemeinſchaft mit
der Finſterniß? u. ſ. w. bis Vers 18, woraus hervorgeht, daß Gott
uns nur dann annehmen und unſer Vater ſein will, wenn wir Un-
reines — und ſolches iſt Alles, was nicht aus dem Glauben, wie
Gott ihn uns geſchenkt hat, kommt — auch nicht einmal an-
rühren. Man hat uns häufig unſinnige Härte vorgeworfen, daß
wir dieſe Bibelſtelle auf die Union mit den Reformirten anwendeten.

Aber wir bleiben damit nur im Bekenntniſſe unſrer Väter, die in der
Concordienformel Art. X dieſelbe Stelle gegen jede äußere Union
mit einer Kirche, mit welcher man im Glauben nicht eins ſei, an-
wandten. Und wenn Chriſtus, der Sohn der Liebe, den Petrus,
kurz nachdem er ihn für den Felſen der Kirche erklärt hatte, um
einer aus bloß menſchlicher Liebe zu Ihm gethanen Aeußerung willen
einen Satan nannte (Matth. 16, 23), wenn Paulus diejenigen,
welche in der Rechtfertigungslehre von der Wahrheit abweichend
lehrten, und wenn es Engel vom Himmel wären, zweimal verfluchte
(Galat. 1, 8. 9), dürfen wir da nicht, zum Schutze unſrer Gewiſſen,
uns auf eine Bibelſtelle berufen? Dieſes Buch redet einmal eine
ernſte heilige Sprache; in Sachen der ſeligmachenden Wahrheit ſieht
es Alles aus ſeinen tiefſten Gründen an, und fordert auch von ſeinen
Bekennern, daß ſie mit Furcht und Zittern ihre Seligkeit ſchaffen
ſollen. Gewiß kann man uns alſo keinen Vorwurf daraus machen,
wenn auch wir eine jede Abweichung vom Glauben in unſerm Gewiſſen ſo ſchwarz ſehen wie ſie die heil. Schrift malt, und das um
ſo weniger, als wir damit die Reformirten keineswegs richten wollen,
ja vielmehr anerkennen, daß auch unter ihnen nach Gottes Gnade
und Reichthum ſich gar vieles Chriſtliche finde. Aber jeder Knecht
ſteht und fällt ſeinem Herrn, und wer da ſteht, der ſehe zu, daß er
nicht falle.

Doch zurück zu den Bedingungen. Dasjenige, was mich bei
dieſen beunruhigt, iſt zweierlei: „daß unſre Selbſtändigkeit in der
Verfaſſung durch einen Repräſentanten im Conſiſtorium ſicher geſtellt
werden, und daß wir für unſern Gottesdienſt nur eine lutheriſch
modificirte und genannte neue Agende erhalten ſollen.“ Was das
Erſte betrifft, ſo liegt ſchon in dem Ausdruck „Repräſentant im Conſiſtorium“, daß dieſer Repräſentant für unſere Kirche dieſelben Rechte
und dieſelbe Stellung haben ſoll wie die übrigen Conſiſtorialräthe
für die unirte Kirche. Dieſe haben nun nach der Conſiſtorialinſtruc-
tion von 1817 das jus in sacra zu üben und ſtehen unter dem Mi-
niſterium der geiſtlichen Angelegenheiten, dem ſie unbedingt Folge
leiſten müſſen: unter ihnen ſelbſt aber entſcheidet Stimmenmehrheit.
Denken wir uns nun unſern Conſiſtorialaſſeſſor in dieſes Collegium
eingetreten, ſo würde erſtens ſchon das Princip des Conſiſtorii, das
Landesherrliche jus in sacra auszuüben, die Selbſtändigkeit unſerer
als einer von der unirten geſonderten Kirche gefährden; zweitens noch

mehr wäre dieses aber in der Praxis der Fall. Unser Assessor würde bei jeder Collisionsfrage überstimmt werden, und wenn dieses durch Zugeständniß des Rechts der itio in partes verhindert werden sollte, so würde doch drittens immer noch in der höhern Instanz des Ministerii der geistlichen Angelegenheiten, die eigentlich die wichtigste ist, die vollständigste Union übrig bleiben.

Ein Anderes wäre es freilich, wenn jener Consistorialassessor bloß wegen des Landesherrlichen juris circa sacra bestellt werden sollte. Allein dann gehörte er nach der bestehenden Verfassung nicht zum Consistorium, sondern zur Regierung: oder es müßte an ein ähnliches Verhältniß gedacht werden, wie es jetzt für die katholische Kirche besteht. Hier verwaltet nämlich der Oberpräsident die Landesherrlichen jura circa sacra, soweit sie die interna betreffen, unbeschadet der Rechte des katholischen Bischofs, das Consistorium ist dafür nur berathende Behörde, und die katholischen Angelegenheiten müssen einem katholischen Rathe zur Begutachtung zugetheilt werden. Jedoch auch in dieser Bedeutung halte ich den projectirten Consistorlalrepräsentanten, wenn auch nicht für gewissenswidrig, doch für nicht zweckmäßig. Ein Anderes ist ein seit Jahrhunderten geordnetes und in seiner äußerlichen Einrichtung völlig abweichendes Kirchenwesen, ein Anderes eine sich eben erst wieder bildende verwandte Kirchengesellschaft. Bei dieser würde, besorge ich, eine solche Consistorialrepräsentation nur Anlaß zu beständigen Reibungen geben. Viel besser scheint es mir, wenn man zu Anfang möglichst wenig ex professo regierte, sich Alles von selbst bilden ließe und nur dann und wann inspicirte oder Bericht verlangte, wozu eine eigene Behörde, zumal bei der verhältnißmäßig geringen Zahl der lutherischen Gemeinen, nicht nöthig scheint. Im Vertrauen gesagt, scheint mir auch jenes Project dem Interesse der unirten Kirche wenig zu entsprechen. Die lutherische Kirche würde dann nämlich der unirten Staatskirche gewissermaßen mit gleichen Ehren coordinirt erscheinen und die Folge wäre gewiß, daß gar Viele, die noch an dem lutherischen Namen hängen, sich von der unirten Kirche wieder lossagten, so daß vielleicht in manchen Provinzen die lutherische Kirche weit stärker werden möchte als die Landeskirche, für die das Consistorium eigentlich bestimmt ist. Daß aber auch uns an einem solchen Zuwachs nicht viel liegen könnte, darf ich nicht erst sagen.

Auf das Zweite, die Annahme der von uns zu lutheranisirenden neuen Agende, bezieht sich, wie ich glaube, hauptsächlich Ihr Urtheil, wir könnten zufrieden sein, wenigstens das Materielle gerettet zu haben, wenn auch das Formelle verloren ginge. Dagegen muß ich bemerken, daß das Bekenntniß gerade in der Form, im Aeußern besteht und also, wo es auf das Bekenntniß ankommt, auch das Formellste nicht gleichgültig ist. Die Gegensätze von Innerem und Aeußerem, Materiellem und Formellem haben überhaupt unendliche Anwendungen, und was in der Beziehung formell ist, ist gegen ein noch Aeußerlicheres materiell u. s. f. Alles Formelle hat aber noch Theil an dem Leben des Organismus; nur dadurch ist es formell, d. h. Gestalt und Bild des innern Lebens. Dürften wir beim Bekenntniß mit dem bloß Materiellen zufrieden sein, nun so hätten wir auch die neue Agende in ihrer jetzigen Gestalt nicht zurückweisen dürfen. Denn positiv widerspricht sie unserer Lehre nicht, wir hätten uns bei ihren doppelsinnigen Ausdrücken recht gut unsern Glauben denken können. Noch um so viel mehr hätten wir unser Gewissen beschwichtigen können, als man uns anbot, statt der Abendmahlsgebete in der Agende die unsrer alten Agende zu gebrauchen. Aber beim Bekenntniß kommt eben Alles darauf an, in dem Aeußeren nicht zu verleugnen, weil dieses stets der Ausdruck des Inneren ist. Hätten wir uns die unirte Agende mit eingelegten lutherischen Formularen gefallen lassen, so hätte dieses doch in der That keine andere Bedeutung gehabt als: wir wollten unsern Gottesdienst im Allgemeinen mit dem sogenannten evangelischen vereinigen und uns nur hie und da eine Eigenthümlichkeit vorbehalten, womit dann die Union im Gottesdienste ebenso wenig verhütet worden wäre, wie z. B. die Vereinigung einer Provinz mit Preußen, der daneben für gewisse Handlungen der Gebrauch ihrer Nationalsprache, ihr Provinzialrecht u. dgl. zugestanden wäre. Von dieser Concession weicht nun aber auch der neue Vorschlag wesentlich nicht ab. Es bleibt doch immer wahr: wir sollen unsere lutherische Agende fallen lassen und die neue Agende annehmen; die Erlaubniß, in diese wieder Lutherisches hie und da hineinzubringen, ist identisch mit der früheren Concession lutherischer Tauf- und Abendmahlsformulare statt derer der neuen Agende; denn ob die letzteren abgedruckt und in lutherischen Kirchen für ungültig erklärt oder ob sie gar nicht abgedruckt sind, macht natürlich keinen Unterschied. Die Benennung: lutherische Agende oder: Agende für die nicht unirten Lutheraner ist aber eben bloß Concession eines Namens, welche das Factum, daß wir unsere alte Agende aufgegeben unb die der unirten Kirche angenommen haben, nie ungeschehen machen kann. Was würde man von einem Lehnsmann sagen, der sein von dem einen Könige empfangenes Leben plötzlich einem fremden Lehnsherrn auftragen und nur, um jenen nicht zu beleidigen, im neuen Lehnsbriefe alle dem ersten Lehnsherrn schuldige Treue sich vorbehalten, auch stets Lehnsmann desselben sich nennen lassen wollte? Niemand würde zweifeln, daß er die Treue gegen den ersten gebrochen, ja um so schimpflicher gebrochen hätte, je schlauer und scheinbarer er seinen Treubruch verhüllte. Sollten wir nun unserm himmlischen Könige weniger Treue schuldig sein, als einem irdischen? Von Ihm haben wir unsern Gottesdienst — die eine Hauptseite der selbständigen vor 300 Jahren gegründeten lutherischen Kirche. Er ist ein theures Unterpfand seiner Gnade, die bis dahin mit unsern Vätern gewesen ist. Würden wir sie nicht leichtsinnig verscherzen, wenn wir das anvertraute Pfund aus Menschengefälligkeit hingeben wollten? Würden wir nicht unsere bisherige Kirche, die uns geboren und erzogen hat, verachten, das historische Band, welches uns in ununterbrochener Folge von Geschlecht zu Geschlecht mit den Gründern unsers Glaubens und durch diese wieder mit der apostolischen Kirche vereint, zerreißen, wenn wir die bisherige Agende mit der einer anderen Kirche vertauschten, deren ausgesprochener Zweck ist, die Eigenthümlichkeit der unsrigen in ihrer Allgemeinheit aufzuheben?

Ich muß auch noch fragen: wenn der Unterschied zwischen Beibehaltung unserer Agende oder, was dasselbe ist, Erneuerung derselben durch die lutherischen Kirchgemeinen mit Bestätigung des Landesherrn, ganz wie das geltende Recht (Allgem. L.-R. II. 11, §. 46—48) vorschreibt, und Annahme der neuen evangelischen Agende, in die wir unsern Glauben gleich einem neuen Wein in einen alten Schlauch hineinbringen dürften, — wenn dieser Unterschied so bedeutungslos wäre, warum wird denn jenseits darauf bestanden? warum läßt man es nicht bei dem geltenden Rechte? Aber er ist eben nicht bedeutungslos; denn wo die Initiative ist, da ist das Kirchenregiment, und ein fremdes — weltliches oder einer fremden Kirche angehöriges Kirchenregiment können wir einmal nach Gottes Wort (5. Mos. 17, 15; Matth. 22, 21; 2. Kor. 6, 14 f.) und den symbolischen Büchern (Confess. Aug. Art. 28) nicht annehmen, auch nicht in einem einzelnen Falle.

Endlich würde auch der König bei eigener ruhiger Prüfung diesen Weg als seiner unwürdig verwerfen. Denn wenn wir nun die neue Agende annähmen, und auf dem Wege der Modification unsere ganze alte Agende hineinschöben (was der Vorschlag seinem Sinn nach gestattet), wäre das nicht ein Betrug an Gott und dem Könige zugleich verübt und nur um so schlimmer, weil er conventionell begangen würde? Wenn ein so heiliges Verhältniß wie das zwischen Landesherrn und Unterthan überhaupt nicht durch Unredlichkeit entweiht werden darf, so gewiß am wenigsten, wenn es den Glauben und Gottesdienst betrifft, die wahre Grundlage nicht bloß der Kirche, sondern auch des Staats= und des Unterthanenverhältnisses.

Wenn nun aber die gemachten Vorschläge nicht angenommen werden können, wie soll denn, werden Sie fragen, geholfen werden?

Vor Allem kommt es darauf an, daß man sich über ein Princip, und um dieses zu gewinnen, über die wahre Bedeutung unsers Gegensatzes gegen die unirte Kirche klar werde. Der Unbekannte, von dem die mitgetheilten Vorschläge herrühren, hat sich offenbar das zu reorganisirende Verhältniß der lutherischen Kirche zur unirten so gedacht, daß jene eine coordinirte Stellung zu dieser erhalten und beide gleichmäßig als Landeskirche, die sich gewissermaßen in zwei Abtheilungen verzweige, betrachtet werden sollten. Dieses Princip muß ich für unangemessen und verfehlt halten. Ein Staat kann nur Eine Kirche als Staatskirche haben, d. h. eine solche Kirche, nach deren Grundsätzen der Staat regiert und die von ihm wiederum als religiöses Princip seiner weltlichen Angelegenheiten geschützt und geehrt wird. Allerdings bestanden früherhin in den Ländern des deutschen Reichs drei mit gleichen Rechten neben einander anerkannte Kirchen, aber damals hatte sich auch der Begriff des Staats, der jetzt das politische Dasein regiert, noch nicht ausgebildet. Alle socialen Vereine waren vertragsmäßig, privatrechtlich organisirt, und so beruhten auch jene gleichen Rechte der drei anerkannten Confessionen auf speciellen Verträgen — obgleich auch damals schon, weil die Anfänge des heutigen Staatsbegriffs schon gegeben waren und ihrer Natur nach in allen politischen Gesammtheiten liegen, diejenige Kirche, der das regierende Haus zugethan war, nach dem Maße seines politischen

Uebergewichts auch schon eine beginnende Staatskirche war. Freilich
hat in unsern Tagen die Revolution das Axiom aufgestellt und durch
mancherlei Experimente realisirt, der Staat müsse theilnahmlos über
allen Confessionen stehen; aber es ist längst mit Recht bemerkt worden, daß auch solche Staaten ihre Staatsreligion haben, die nur die
des Indifferentismus ist, und durch den Ausdruck z. B. der französischen Charte: la foi catholique est celle de la plupart des François
das atomistische Princip ausspricht, welches sie dem Staat auch in
religiöser Hinsicht zum Grunde legt. Fragen wir nun die Geschichte,
was eigentlich die Religion und Staatskirche des preußischen Staats
sei, so kann kein Zweifel obwalten; zur unirten Kirche bekennen sich
das regierende Haus, die höchsten Staatsbeamten, der bei weitem
größte Theil der Unterthanen; nach ihr wird regiert und sie wird
als Basis des Staats geehrt und geschützt. Sie ist aber auch ausschließliche Staatskirche gegen die lutherische in dem Sinne, daß diese
neben ihr nicht gleich berechtigt, sondern nur als vertragsweise geduldete oder anerkannte bestehen kann. Dieses kann nur der übersehen, der den tiefen und ursprünglichen Gegensatz, der zwischen der
lutherischen und reformirten Kirche von Anfang an durch die Abendmahlslehre begründet ist, nicht in seiner folgenreichen Bedeutung aufgefaßt hat. Durch die im lutherischen Abendmahlsglauben begründete
leibliche Gegenwart des Herrn in seiner Kirche und allen Gliedern
derselben ist diese corporativ von jeher auf irdischer Leiblichkeit beruhenden Gesammtheit, insbesondere also vom Staat, im Princip
streng gesondert; denn wo der himmlische Adam (1. Kor. 15, 45—48)
auch leiblich regiert, bleibt auch hinsichtlich der äußeren Kirche nichts
übrig, was dem irdischen Adam, d. i. dem Staat für sein Regiment
anheimfallen könnte. Er ist hier lediglich auf die irdischen Interessen
der Mitglieder dieser Kirche beschränkt. Die reformirte Kirche erkennt dagegen Christum nur seinem Geiste nach als gegenwärtig, die
Glieder der Kirche durchbringend an. Er regiert sie nur durch seinen
G e i s t von der Rechten des Vaters her, ist ihr aber nicht das
H a u p t, welches selbst leiblich die Glieder des Leibes zu einer auch
leiblichen Einheit in sich verbindet. Daher hat sie ein gespaltenes
Princip; dem Geiste nach gehört sie allerdings Christo an, aber dem
Leibe nach dieser Welt und folglich dem Staate, der das Haupt dieser
Welt ist. Dieses zeigt sich auch deutlich genug in ihrer Abtheilung
in so viele besondere reformirte Confessionen als es Staaten giebt,

in denen sie sich festsetzte (z. B. Confessio Helvetica, Belgica, Te-
trapolitana, Scotica, Marchica etc.), wogegen die lutherische Kirche
stets nur Eine Confession annahm, in so viele Staaten sie auch kam
und dort geographisch gesonderte Gesammtheiten mit besondern politischen Rechten bildete. Allerdings wurde die Concordienformel nicht
in allen Ländern angenommen, aber doch auch kein ihr entgegenge-
setztes Bekenntniß. Uebrigens offenbarte sich in dieser nicht allgemeinen Annahme des strengsten lutherischen Bekenntnißbuchs zum ersten
Male kirchlich eine doppelte Seite der lutherischen Kirche, deren Auffassung auch für die jetzigen Verhältnisse von der größten Wichtigkeit
ist: ich möchte die eine das strenge oder eigentliche, die andere das
uneigentliche zum Calvinismus abschüssige Lutherthum nennen. Beide
Richtungen treten schon im Ursprunge der sächsischen Reformation in
Luther und Melanchthon hervor, und haben sich seitdem durch alle
Jahrhunderte unserer Kirche in den stets theilweise Anklang finden-
den, theilweise heftig bestrittenen Unionsunternehmungen lebendig erwiesen. So lange nun der Individualismus der Kirche, mit dem sie
zur Zeit der Reformation geboren war, noch hinlängliche Kräfte besaß, scheiterten jene Unionsversuche, die eine abschüssige Seite wurde
gleichsam wider Willen durch die andere gehalten. Als aber in
unsern Tagen die allgemeine Abstreifung der alten gesetzlichen Bande
auch jene centrifugale und centripetale Richtung unserer Kirche ent-
fesselt hatte, da ergab sich die Union der ersteren mit der reformirten
Kirche ganz von selbst. Die wesentliche Identität von unirter und
reformirter Kirche ist eine nothwendige Folge dieser durch die Geschichte bestätigten Ansicht; denn was zu einem fremden Princip abfällt, zeigt eben damit, daß es kein eigenes in sich selbst trägt, und
stets ist bei Vereinigungen zweier Kräfte die eine die stärkere, die
sich die andere unterthan macht. Nur insofern muß man sagen, daß
die Union beide Kirchen zu einem über beiden liegenden Ganzen vereinigt hat, als inmittelst durch die fortgeschrittene Vergeistigung (nicht
Vergeistlichung) des Staats und die ihr entgegen gekommene Ver-
weltlichung der Kirche nach ihrer leiblichen äußeren Seite ein Punkt
erreicht war, in welchem die regenerirte reformirte und der reformirten zuneigende lutherische Kirche sich mit dem Staate wirklich identi-
ficiren mußten, so daß wenn die reformirte Kirche bisher als äußere
Kirche dem Einflusse des Staats nur offen gestanden hatte, dieser
jetzt förmlich von ihr Besitz nahm und damit eine Kirche darstellte,

welche als äußere Corporation mit dem Staat völlig zusammenfiel und nur noch den Individuen als solchen einen Glauben übrig ließ. So wie nun aber hiermit die reformirte Kirche ihr Princip zur Vollendung gebracht hatte, so mußte andererseits auch die strenge lutherische Kirche das ihrige zu einer höheren Stufe entwickeln und diese liegt darin, daß sie in demselben Grade als äußere Kirche mehr von der leiblichen Gegenwart des Herrn erfüllt ist, mithin alles was sie in bloß glaubende Individuen auflösen, oder sie der Gewalt der irdischen Leiblichkeit unterwerfen könnte, viel entschiedener als früher zurückweisen muß, in welchem die unirte Kirche dem Staate sich zugewandt hat, und von ihm sich durchbringen läßt. Wie factisch wahr dieses sei, mag Ihnen, theurer Freund, der Sie schon mehrere Jahre fern von den hiesigen Gemeinen leben, weniger einleuchten als mir, der stets Gelegenheit hatte, das in unseren Gemeinen sich ent= wickelnde Glaubensleben zu beobachten. Doch der eine Beweis reicht hin und wird auch für Sie hinlänglich überzeugend sein, daß offen= bar die Abendmahlslehre sich durch Scheibel nach einer Seite über= wiegend ausgebildet hat, die, obgleich die eigentlich lutherische, doch zu Luthers Zeit noch zurücktrat. Zu Luthers Zeit war nämlich die ethische der katholischen Kirche entgegengesetzte Seite des Abendmahls, nämlich, daß darin der für uns dahin gegebene Leib des Herrn ge= nossen und durch diesen Genuß im Glauben uns Vergebung der Sünden ohne unser Verdienst zugeeignet werde, bei weitem die über= wiegende; jetzt dagegen tritt vielmehr die physikalische der reformirten Kirche entgegengesetzte Seite hervor, daß wir wirklich den Leib und das Blut des Herrn empfangen, daß wir dadurch Glieder Seines Leibes, von seinem Fleisch und von seinem Gebeine werden (Epheser 5, 30) und ihn zu unserem wirklichen Haupte und Könige haben. —

Es ist also offenbar, daß die unirte und lutherische Kirche jetzt weiter auseinander liegen, als ehemals die reformirte und altluthe= rische: ihre Principien sind einander so direct entgegengesetzt, daß selbst die katholische Kirche (so paradox dies auch klingen mag) der unirten näher steht als die lutherische; denn wenn sie auch mit der letzteren die Verwandtschaft hat, eine von dem Staate scharf geson= derte Corporation zu bilden, — auch bei ihr eine Folge des Sacra= ments — so stimmt sie doch mit der unirten darin überein, daß diese Corporation auch wieder irdischer Substanz ist, — eine Folge ihrer Transsubstantiationslehre — und meines Erachtens bedürfte es nur des Wegfalls der Pabstes und der Auflösung der katholischen Kirche in Nationalkirchen der einzelnen Länder, so wäre eine Vereinigung mit ihr in der Art, wie die bisherigen Unionen geschehen sind, etwas sehr nahe Liegendes.

Erwägt man nun jene völlig entgegengesetzten Richtungen der unirten und der wieder erwachten lutherischen Kirche und daß es eben so sehr zum Wesen der ersteren gehört, immer mehr von dem Staate durchdrungen zu werden, wie zu dem der letzteren, sich corporativ vom Einflusse des letzteren frei zu erhalten, so muß wohl aller Gedanke an eine Coordination der lutherischen Kirche mit der unirten fallen gelassen werden. Erstere kann hinfort nicht mehr eine Landeskirche, sie kann nur noch eine neben dieser aber auch in völliger Sonderung von ihr geduldete sein, weil ersterer Platz von einer anderen Kirche eingenommen ist. Dieses muß als Princip bei der zukünftigen Regulirung ihrer Verhältnisse festgehalten werden. Ich muß dabei noch zweierlei Befürchtungen entgegentreten. Die eine ist die von vielen Staatsbeamten: wenn man die lutherische Kirche überhaupt frei ließe und völlig von der unirten sonderte, so würde die letztere sich wieder auflösen; es würden andere Gemeinen mit einem besonderen Glaubensbekenntniß aufstehen, auch auf Anerkennung bringen und so ein Zustand der Verwirrung oder doch Zerspaltung herbeigeführt werden wie in der englischen Kirche. Diese Besorgniß ist meines Erachtens völlig unbegründet. Man verkennt dabei: erstens daß jede geschichtliche Entwicklung nach einem nothwendigen Naturgesetz ihrem Princip getreu bleibt. Wie oben gezeigt, hat nun die Reformation bloß jene beiden Hauptprincipien, das lutherische und das reformirte, und diese beiden können sich also auch als corporative Individuen fortdauernd geltend machen. Man verkennt zweitens die Natur der unirten Kirche. Indem diese durch ihr reformirtes Princip bloß die geistige Seite des Christenthums auffaßt, bringen es die in ihr etwa zum Vorschein kommenden Regungen des Glaubenslebens nie zu einer Corporation; sie werden sich stets mit einer individuellen Gewissensfreiheit begnügen. Nur einige streng calvinistische Gemeinen könnten etwa eine Ausnahme machen, weil die strenge Prädestinationslehre allerdings auch eine bis zum Corporativen durchbringende Macht hat. Man verkennt drittens die Macht der Staatsidee, in der, wie vorhin bemerkt, die höhere Einheit der reformirten und der einen Seite der lutherischen Kirche

liegt, und welche für diese ebenso die Zerspaltung ausschließt, wie
der Leib des Herrn in der lutherischen Kirche, das Pabstthum in der
katholischen. In England hat es nie eine solche organische Staatsidee gegeben; die ganze dortige Verfassung ist nichts als eine Verkettung von Privatverhältnissen; daher kann jenes Land durchaus
nicht als Vorbild für unsere Verhältnisse dienen. Viertens hat ja
der Landesherr das jus reformandi, es steht daher ganz bei ihm,
einer aufkommenden Secte, die keine geschichtlichen Rechte aufzuweisen
hat, die Duldung in seinem Lande zu versagen.

Die zweite Befürchtung finde ich in Ihrem Briefe ausgesprochen:
die lutherische Kirche möchte bei einer völligen Sonderung vom Staate
und von der Landeskirche zu einer bloßen Secte wie die Mennoniten,
Herrnhuter u. s. w. herabsinken. Diese Besorgniß wäre gegründet,
sobald die wieder erstehende Kirche im Geringsten aus ihrem historischen Princip, namentlich den symbolischen Büchern, herauswiche.
Bleibt sie aber in diesem Gleise, wie es denn bis jetzt geschehen ist,
so muß sie auch immer eine historische Macht, immer der alte Segen,
den Gott durch Luthers Werk über das Menschengeschlecht ausge-
gossen hat, bleiben; denn „Ihn mögen seine Verheißungen nicht ge-
reuen." Allerdings wird sie nicht mehr als Landeskirche ihre Flügel
über einzelne Staaten ausbreiten, nicht mehr wie bisher alle Zweige
menschlicher Thätigkeit durchbringen und im Gehorsam Christi seg-
nend beleben, behüten, adeln. Aber das ist nicht ihre Schuld. Sie
hat sich nicht vom Lande losgesagt, sondern das Land von ihr, und
keine Kirche kann da wirken, wo man ihr sanftes Joch verschmäht.
Dagegen wird sie in der Stille, zu der sie die Entwicklung des
Menschengeschlechts verweist, einen höheren Beruf erfüllen, nämlich
den Samen des lautern Worts und Sacraments und die daran geknüpften Verheißungen zu bewahren bis ans Ende der Zeiten, sie
wird auch hinfort alle menschlichen Interessen in Staat, Kunst und
Wissenschaft auf das Wort Gottes als ihre wahre Quelle zurückweisen, in dem Gewirr der durcheinander tobenden Meinungen und
Leidenschaften ein sicherer Pilot und ein Segen Gottes sein, zunächst
für den Staat, dessen Schutz sie genießt; im Allgemeinen aber auch
für die ganze europäische Civilisation, und Luthers Glauben, der die
Welt des Mittelalters bezwungen, wird in einer äußerlich zusammen
geschmolzenen Gemeine nicht übersehen werden können. Erlauben
Sie mir auf ein Vorbild hinzuweisen. Nachdem das israelitische

Volk, oder vielmehr die Wenigen, welche den an ihr Land geknüpften Verheißungen noch glaubten, aus der Gefangenschaft zurückgekehrt waren und ihren Tempel wieder gebaut hatten, da weinte das Volk, als es das neue Gotteshaus mit der Herrlichkeit des Salomonischen Tempels und seine wenigen Haufen mit der Macht des alten Davidischen Gottesstaates verglich. Dennoch war dies Abrahams Same, der die Verheißung empfangen hatte, Davids Geschlecht, aus dem der Segen der Welt geboren werden sollte; und wenn auch der jüdische Staat sich nie mehr zu einem mächtigen seinen Umgebungen gebietenden Reiche erhob, so bewiesen doch nach einander alle großen Centralmonarchien dem Volke des Jehovah ihre Achtung, die frommen Heiden gingen dorthin anzubeten, und ein stilles Gefühl der Ehrfurcht sagte dem Menschengeschlechte, daß von dort sein Heil aufgehen werde. Ganz ähnlich jetzt. Der Mensch in seinem Reich ist groß geworden, darum muß Gottes Reich klein werden; aber das Senfkorn hat noch immer die Verheißung, daß es ein Baum werden soll, unter dem die Vögel des Himmels wohnen.

Nach dem gewonnenen Princip kann es nun keine Schwierigkeit haben, im Einzelnen den richtigen Weg zur Reorganisirung unserer kirchlichen Verhältnisse zu finden.

Man hat behauptet, unser König sei schon zu weit gegangen als daß jetzt mit Ehren zurückgegangen werden könne. Das ist ein Blendwerk. Gesetzt es wäre schon gesetzlich erklärt worden, die lutherische Kirche solle aufgehoben sein, und es müßte ein offener Rückschritt geschehen — würde dieser den König unehren? Nein, er würde ihm die größte Ehre bringen; denn irren ist menschlich und gethanes Unrecht wieder gut machen die erste Pflicht der Gerechtigkeit; Gerechtigkeit aber ziert die Krone, befestigt den Thron und wird von Jedermann, auch den Mißgünstigen, gepriesen. Wollte man dagegen in dem Unrecht verharren, so würde dann der Griffel der Geschichte ein Blatt zu beschreiben bekommen, welches jeder Vaterlandsfreund aus Preußens Annalen gerissen wünschen müßte. Außerdem macht Gott jedes Unrecht wieder gut, welches die Menschen gutzumachen versäumen — aber durch Zorngerichte, die darum, daß der Ungläubige sie verlacht, nicht ausbleiben. Und in diesem Falle ist es nicht schwer, voraus zu sehen, wohin fortgesetzt verweigerte Duldung führen müßte. Die Lutheraner haben bisher geduldig gelitten. Jedermann, der ihr Leiden gesehen, schlägt sich schon aus Mitleid, wenn auch nicht zu ihrem Glauben, doch auf ihre Seite und klagt die Ungerechtigkeit an, die selbst der wohl erworbenen Rechte der Gewissen nicht achte. So wird ein Keim des moralischen Mißbehagens in das Volk geworfen, der gewiß nur traurige Früchte bringen kann. Ginge man nun in der Verfolgung noch weiter — ausrotten würde man sicher den lutherischen Glauben nicht; das Wort Gottes verbürgt es, die Erfahrung hat es bewiesen, indem selbst in diesen Tagen, wo bereits vier Geistliche im Gefängniß seufzen, wieder einer zur lutherischen Kirche übergetreten und bereits suspendirt ist. Dagegen würde der Unmuth der Redlichen zur lauten Klage sich steigern, und der von der Obrigkeit ernöthigte Ungehorsam gegen Gesetze, welche den Gehorsam gegen Gott verbieten, könnte leicht das Ansehen der Obrigkeit, auch da wo sie in ihrem Rechte ist, untergraben — nicht bei Lutheranern, aber bei der großen Masse des Volks.

Doch es liegt noch keine Erklärung vor, daß die lutherische Kirche nicht mehr sein solle, und meines Erachtens ließe sich durch eine einfache Auffassung der Sache, wie sie liegt, Alles ehrenvoll und zufriedenstellend regeln. Die Cabinetsorbre vom 27. September 1817 spricht aus, daß bei der Unionsangelegenheit die Rechte und Freiheit der lutherischen wie der reformirten Kirche geachtet werden sollen. Der Erlaß vom 28. Februar 1834 bestätigt auch wiederholt die symbolischen Bücher derselben. Als nun die Union im Kirchenregiment und Gottesdienst vollzogen war und verschiedene lutherische Geistliche mit ihren Gemeinen gegen beide protestirten, konnte wohl die Ansicht entstehen, dieser Widerstand beruhe auf bloßem Eigensinn; vom Standpunkte unirter Gesinnung aus, welche bloß individuellen Glauben kennt, war diese Ansicht selbst nothwendig. Allein jetzt, wo deutlichere Darlegung unsers Glaubensstandpunktes dessen Würdigung erleichtert, der Zutritt von Männern, welche nie im Geruche der theologischen Streitlust gestanden, den Verdacht des bloßen Eigensinns entkräftet und das eben so loyale als standhafte Benehmen der lutherischen Gemeinen den lautern Grund ihres Widerstandes bezeugt hat, jetzt können und müssen Se. Majestät die Ueberzeugung gewonnen haben, daß die Fortbauer einer im Kirchenregiment und Gottesdienst selbständigen und gesonderten Kirche einer nicht unbedeutenden Zahl ihrer Unterthanen wirkliche Gewissenssache sei. In Grundlage dieser Ueberzeugung nun könnte erklärt werden: Bei weitem der größte Theil der lutherischen Gemeinen habe sich der

Union angeschlossen und die erneuerte Kirchenagende sei in allen
evangelischen Parochieen eingeführt worden. Da jedoch ein Theil
von Sr. Majestät Unterthanen ihre Bekenntnißschriften in einem
Sinne verständen, der ihnen den Anschluß an jene Parochieen Gewissens halber unmöglich mache, so wollten Se. Majestät in Gemäßheit der Cabinetsordre vom 27. September 1817, wonach die Rechte
und Freiheit der lutherischen Kirche unversehrt bleiben, und der Cabinetsordre vom 28. Februar 1834, wonach die symbolischen Bücher
in ihrer Autorität erhalten werden sollen, das Gewissen auch dieses
Theiles ihrer lutherischen Unterthanen nicht beschweren, sondern ihnen
gestatten, sich zu einer eigenen Religionsgesellschaft zu reconstituiren,
die in Lehre, Verfassung und Gottesdienst selbständig und von der
evangelischen Landeskirche unabhängig sein solle; doch verstände es
sich von selbst, daß dieselben von den bestehenden lutherischen Parochieen, da die Mehrzahl der Parochianen in ihnen der evangelischen
Landeskirche anhingen, ausgeschlossen blieben und sich in eigene neue
Parochieen vereinigen müßten. Auch bliebe Sr. Majestät das Auf-
sichtsrecht über diese Religionsgesellschaft vorbehalten, welches nach
§. 5 der Consistorialinstruction vom 23. October 1817 von den
Königlichen Provinzialconsistorien geübt werden könnte. — In diesem
Sinne würden wir nun gern auch aufs Neue bitten.

Natürlich bedürfte es nun noch vieler näheren Bestimmungen,
um das Verhältniß der nicht unirten oder, wie ich lieber sagen würde,
der strengen lutherischen Kirche da, wo es an die Interessen des
Staats und der Landeskirche grenzt, nach obigem Principe im Einzelnen durchzuführen. Vor allem wäre bringende Pflicht der Mensch-
lichkeit, die gegenwärtigen Prohibitivmaßregeln gegen unsern Gottesdienst sofort aufzuheben. Für das zukünftige dauernde Verhältniß
wage ich nur einige Skizzen anzugeben, wobei mich der Blick auf
die äußere Stellung der Brüdergemeine leitet.

1) Unter der freien Lehre ist natürlich zu verstehen freier Vortrag der christlichen Lehre in Gemäßheit der sieben symbolischen
Schriften unsrer Kirche, freie Ordination durch lutherische Behörden,
Befugniß zur Errichtung von Lehranstalten für unsere Lehrer, soweit
die Universitäten dazu nicht ausreichen; freier Religionsunterricht für
die Kinder, mithin auch Anstellung von Schullehrern; Recht Katechismen und Schulbücher einzuführen oder zu verbessern.

2) Der freie Gottesdienst schließt ein, daß die Gemeinen nach

Concordienformel Artikel 10 Macht haben, die Form ihres Gottes=
dienstes zu bestimmen (wobei dem Staat die im Allg. L.R. II. 11,
§. 10 vorbehaltene Genehmigung bleibt), Ort und Zeit zu wählen,
und daß Niemand zur Theilnahme an einem fremden Gottesdienst
genöthigt wird.

3) Hinsichtlich der Verfassung übt die Kirche selbst die Kirchen=
gewalt in allen ihren Theilen. Die neugebildeten Pfarrgemeinen
vociren selbst; von dem Patronat der alten Parochieen kann bei ihnen
natürlich nicht die Rede sein, schon deshalb nicht, weil sie neue Pa=
rochieen sind, Befugniß Kirchen= und Schulhäuser zu bauen, Gottes=
äcker anzulegen u. s. w., überhaupt die Gerechtsame anerkannter Ge=
sellschaften. Für Erhaltung des Kirchenamtspersonals sorgt jede
Gemeine selbst; der Nexus der Parochianen mit den bisherigen Pa=
rochieen, daher auch die Stolgebühren an deren Geistliche hören auf,
ebenso keine Nöthigung zu Kirchencollecten von Seiten der Landes=
kirche. Befugniß zu evangelischer Kirchenzucht; Recht, die gemein=
samen Angelegenheiten der ganzen Kirche auf Synoden zu berathen;
ein beständiger Ausschuß derselben besorgt die laufenden Angelegen=
heiten und ist der Stellvertreter der Kirche nach außen hin: er be=
ruft in nöthigen Fällen die Synode. Jede Gemeine hat ein Pres=
byterium, an dessen Spitze der Pastor steht, und welchem mit diesem
die Sorge für das geistliche Gedeihen, wie für die äußeren Ange=
legenheiten der Gemeine obliegt. Daß die Geistlichen dieselben Vor=
rechte genießen wie die anderer christlicher Religionsparteien, und
den Lutheranern überhaupt ihre gleichen politischen Rechte erhalten
werden, versteht sich von selbst.

Dies sind ungefähr die Grundzüge der Verfassung wie ich sie
mir als ersprießlich denke; denn natürlich kann ich hier, wo es auf
so viel Einzelheiten ankommt, nicht dafür einstehen, ob dies auch
Ansicht der ganzen Kirche sein werde. Unterstützung des Staats für
die erste Einrichtung der neuen Parochieen habe ich dabei nicht er=
wähnt, weil ich sie nicht als Bedingung aufstellen möchte. Giebt
uns aber Gott Gnade vor den Menschen, so wird man schon selbst
die Billigkeit einsehen, uns, die wir alle Kirchengebäude und sonstige
Stiftungen verloren haben, wenigstens einen kleinen Ersatz durch
Beihülfe zur Errichtung neuer Kirchen und dergleichen zu gewähren.

Indem ich das Vorstehende noch einmal überlese, fällt mir auf, daß ich bei Angabe der Art und Weise, wie uns ohne Beeinträchtigung der zur unirten Kirche übergetretenen Lutheraner unser Recht geschehen könne, einen wichtigen Punkt nicht so ins Licht gesetzt habe wie ich wollte. Ich meine den, daß wir uns sämmtlich entschieden auch zur Concordienformel bekennen, während dieses Bekenntnißbuch in den mehrsten lutherischen Gemeinen der Monarchie schon früher nicht recipirt war, und wo dies der Fall war, durch Annahme der neuen Agende factisch aufgegeben worden ist. Denn daß der Artikel X dieser Bekenntnißschrift mit Annahme der Union und neuen Agende in directem Widerspruch steht, hat noch Niemand zu leugnen gewagt. Nach meiner Ueberzeugung steht nun zwar auch schon die Confessio August. Artikel X durch die Worte et reprobant secus docentes (in der Abendmahlslehre) der Union im Wege. Indessen da man unirter Seits sich mehr nur an den Geist dieser Bekenntnißschrift, der sich auch früher schon die Reformirten verwandt erklärten, als an dessen genauen Inhalt gebunden erachtet und den Bekenntnißbüchern überhaupt mehr eine den individuellen Glauben als die kirchliche Glaubenslehre normirende Bedeutung beigelegt, so würde unser unumwundenes Bekenntniß zu allen sieben Symbolen unserer Kirche, insbesondere auch zur Concordienformel, uns hinsichtlich der Lehrnorm immer einen bestimmt unterscheidenden Charakter beilegen.

Hiermit schließe ich nun meine Vorschläge und befehle sie Gott, der, wenn sie recht sind und seiner Kirche frommen, ihnen auch schon Eingang zu verschaffen und unsern Leiden ein Ziel zu setzen wissen wird. Menschlichem Ansehen nach müssen wir das Letztere allerdings dringend wünschen; denn unsere Leiden steigen immer höher. Vorgestern war die Pastorin Biehler bei mir und erzählte mir unter Thränen, daß nun auch ihr Mann wegen Verrichtung einer Taufe ohne Urtheil und Recht in das Inquisitoriat gesetzt worden sei, um dort nach dem Ausdruck des Polizeicommissarius, der die Verhaftung vollzogen, „zu sitzen bis er schwarz würde." Sie sei darauf zum Polizeipräsidenten gegangen, um sich in ihrem jetzigen Zustande (sie sieht täglich ihrer Entbindung entgegen) die Erlaubniß ihren Mann im Gefängniß zu besuchen, auszubitten. Der Polizeipräsident habe sie aber schrecklich angefahren, ihren Mann einen frechen niederträchtigen Menschen genannt und ihr ein Gesuch abgeschlagen, welches sonst selbst schweren Verbrechern gewährt wird. Gestern sind die Absetzungen von Kellner, Biehler und Berger — natürlich ohne Gründe — publicirt worden. Gestern Abend ging von Posen die Nachricht ein, daß Wermelskirch des Landes verwiesen werden soll — dieser mächtige Prediger des Worts, in dem Stadt und Provinz den größten Segen Gottes erkannten, so daß die ihm jüngst auferlegte Religionsstrafe größtentheils von Unirten aufgebracht wurde! Daß auch Senckel in Ratibor kürzlich suspendirt worden, habe ich gelegentlich schon erwähnt. So bringt fast jeder Tag eine neue Hiobspost — der vielen Quälereien und Geldstrafen gegen die Gemeineglieder nicht zu erwähnen. Doch sollen wir klagen? Wohl — wenn wir unser Gefühl und menschliches Urtheil gelten lassen. Fragen wir aber das Wort Gottes und die Geschichte, so sollen wir vielmehr frohlocken; ja wir sollen dann, wenn es um derer willen, die sich so sehr an uns versündigen, nicht sündlich wäre, selbst wünschen, daß der jetzige Zustand noch länger dauerte. Man befolgt gegen uns offenbar das System, die Pastoren durch Gefängnißstrafe unwirksam zu machen und dem Volke durch empfindliche Geldbußen seinen Glauben zu verleiden, und da dies ein juste milieu ist, zwischen zu harten Strafen, welche das Ansehen des Märtyrerthums geben, und zu gelinden, welche nichts fruchten würden, so scheint man den unfehlbaren Weg zur Ausrottung des Lutherthums eingeschlagen zu haben. Aber siehe! gerade das Umgekehrte ist eingetreten: „Je mehr sie das Volk drückten, je mehr es sich mehrete und ausbreitete (2. Mos. 1, 12)." Auch hat Gott es uns noch nie am Wort und Sakrament fehlen lassen; ein Pastor ist gesetzt, — ein anderer ist von der Landeskirche wieder zugetreten und ein solcher, dessen Ansehen und Gewicht unter seinen Amtsbrüdern wahrscheinlich bald Andere nachziehen wird, die nur noch die Schwäche ihres Glaubens zurückhält. Auch ist es ein im Lichte der Wahrheit bald zerfließendes Blendwerk, wenn man meint, bloß vergossenes Blut mache den Glaubenszeugen. Der arme Mann weiß und fühlt recht gut, daß Abpfändung der Nothdurft das schwerste Leiden ist, welches man ihm zufügen kann, und wenn er dies von Andern um des Glaubens willen geduldig getragen sieht, so verlangt ihn unwillkürlich nach dem verborgenen Schatze, über dem seinem Nachbar die irdische Habe Dreck und Auskehricht ist. Ebenso weiß der Vornehmere das Gut der Freiheit zu schätzen, und schon hat die Kunde von den verhängten

Geld- und Gefängnißstrafen nicht nur in fast allen Theilen Deutschlands, sondern auch im Elsaß, in Schweden und ganz kürzlich auch
in Dänemark uns Freunde erweckt, die öffentlich ihre Stimme für
uns erheben. Darum noch einmal, wie der Herr will, nicht wie wir
wollen!

Und das halten auch Sie als Richtschnur fest, theurer Freund,
wenn Sie nach der Stellung, die Ihnen Gott angewiesen hat, für
uns sprechen.

In herzlicher unveränderlicher Liebe

Ihr

treu ergebener

Breslau, den 26. November 1835.

E. Huschke."

So der Brief von Huschke, aus dem Wangemann nur zwei
ganz kurze Stellen mitgetheilt hat. Was er daran auszusetzen hat,
ist folgendes: „wir müssen hier doch die bestimmte Anklage registri-
ren, daß Huschke, der zwar nur für seine Person diese ablehnende
Antwort ertheilt, aber doch also, daß er mit ziemlicher Gewißheit
dafür einstehen zu können glaubt, daß, was er schreibt, so ziemlich
die allgemeine Ueberzeugung sein möchte, die dargebotene Hand zurückgewiesen, und während ihm der materielle Besitz aller derjenigen
Güter und Rechte, die wir unter dem Begriff „lutherische Kirche"
zu sichern begehren, garantirt wurde, es vorgezogen hat, seine sepa-
raten Wege zu gehen, auf welchen in seiner neu erdachten lutherischen Kirche die eigenen Ideen ihre Realisirung fanden. Er möge
es selbst einst am jüngsten Tage verantworten, daß der Riß, nachdem er durch Unbilden der Behörden entstanden, durch seine Unbill
ungeheilt geblieben ist, und daß er anstatt das dargebotene Arrangement wenigstens der Prüfung seiner Synode zu unterbreiten —
welche sicherlich zum großen Theil durch die dargebotenen Garantieen befriedigt worden wäre — dasselbe gleich im Keime erstickt
hat. Von nun an aber werden die Breslauer Separirten wohl aufhören müssen zu behaupten, daß das erlittene Unrecht und die Ent-

ziehung der materiellen lutherischen Güter der Grund ihrer Selbst-
constituirung gewesen sei." [1])

So Wangemann. Er wird inzwischen wohl erfahren haben,
daß wir auch auf diese Auslassung hin unsere Behauptungen nicht
haben fallen lassen, und zwar aus sehr nahe liegenden Gründen.

Erstens. Wangemann weiß sich gar nicht in die Sachlage
zu versetzen. Er thut immer so, als ob die Lutheraner jede, auch
die unbedeutendste Vergünstigung, die zu ertheilen dem Staat be-
liebte, mit beiden Händen hätten ergreifen müssen, um nur wo
möglich um jeden Preis wieder in Verbindung mit der Staatskirche
zu kommen. Aber so stand die Sache gar nicht. Was die Lutheraner erbaten, das erbaten sie nicht als eine Gunst, sondern als
das ihnen zustehende Recht, wie in dem zweiten Abschnitt hinlänglich dargethan worden ist.

Sie hatten also alle gemachten Anerbietungen erst darauf anzusehen, ob ihnen ihr Recht dadurch wurde, wenigstens soweit sie
es als ein nicht zu veräußerndes in Anspruch genommen hatten.
Nicht irgend eine nähere oder fernere Verbindung mit der Landeskirche war ihr Ziel, sondern die Festhaltung der selbständigen in
keiner Form unirten lutherischen Kirche; und wenn das erste überhaupt in Betracht zu ziehen war, so doch nur insoweit, als es sich
mit der Rücksicht auf das zweite vertrug.

Zweitens. Die Rechte der lutherischen Kirche aber wurden
durch die kronprinzlichen Vorschläge nicht gewährt, sofern dieselben
den Lutheranern die Unterwerfung unter ein unirtes Regiment zu-
mutheten. Dabei ist es denn zunächst ganz gleichgültig für unsern
Zweck, ob etwa, wie Wangemann auf Otto's Auctorität gestützt,
meint, nach lutherischer Lehre auch ein fremdgläubiges Regiment in
der Kirche zulässig sei. [2]) Jedenfalls hatte die lutherische Kirche in

---

[1]) a. a. O. III. S. 395 f.
[2]) a. a. O. III. S. 58 ff. und öfter. Inzwischen hat sich freilich das
Blatt gewendet. Auch die Lutheraner in der evangel. Kirche stimmen jetzt der
These Dr. Kliefoth's zu: „Daher ist unzulässig, Kirchen durch ein
gemeinsames Kirchenregiment ohne Uebereinstimmung in der
Lehre und Sacramentsverwaltung zu vereinigen," behaupten so-

Preußen laut Geschichte und Privilegien den Rechtsanspruch auf ihr eigenes gesondertes Regiment, wie ebenfalls hinlänglich dargethan, und ihr das Aufgeben dieses Rechtes zuzumuthen, war wiederum ein unbilliges Verlangen.

Drittens. Aber auch abgesehen von diesem allen, konnte sich nicht Wangemann selber sagen, daß der Kronprinz gar nicht in der Lage war, seine Vorschläge zur Ausführung zu bringen? Daß sein Einfluß gerade in kirchlichen Angelegenheiten gleich Null war, ist ja jetzt Jedermann bekannt. Ja man wird sagen müssen, daß selbst wenn er damit bei dem Könige Gehör gefunden hätte, dieser gar nicht im Stande war, sie auszuführen, wenn er nicht alle seine Unionspläne aufgeben, seinem ganzen bisherigen System entsagen und eine ganz neue Anschauung der Dinge in sich aufnehmen wollte. Das konnte weder der König, noch konnte es Altenstein. So haben diese Vorschläge nur die Bedeutung, daß sie den freundlichen Sinn des Kronprinzen verrathen, und Huschke's Antwort hat nur die Bedeutung, daß sie seine Stellung dazu bezeichnet, ohne daß beides irgendwie auf den geschichtlichen Gang der Dinge von Einfluß gewesen wäre. Und hätte Wangemann sich nicht von der Freude über diesen vermeintlichen Fund die Augen blenden lassen, so würde er wohl selber hinzugefügt haben, daß die Sache dieselbe geblieben wäre, auch wenn Huschke sich etwa zustimmend geäußert hätte. Wie wenig die gemachten Vorschläge Aussicht auf Verwirklichung hatten, werden wir bald noch deutlich sehen.

Schließlich aber wollen wir nicht versäumen, Wangemann unsern Dank dafür abzustatten, daß er uns zu der Veröffentlichung dieses wichtigen und bedeutenden Actenstücks Veranlassung gegeben hat. [1]

---

gar, dieser Meinung schon früher gewesen zu sein — und befinden sich mit dieser Behauptung ebenso, wie mit jener Zustimmung in einem seltsamen Irrthum. Doch darüber im zweiten Theil.

[1] Ueber einiges Eigenthümliche in dem Inhalt des Briefes, sowie über gewisse Beschuldigungen, welche P. Wehrhan auf Grund desselben erhoben hatte, vgl. die Verantwortung Huschke's in Münkels Neuem Zeitblatt. 1861. Nr. 8.

2.   Die Anfänge der Duldung seit 1840.

Seit 1840 sucht man die Lutheraner möglichst zu ignoriren. Die Uebelstände, die sich dabei ergeben, werden theils gehoben, theils müssen sie getragen werden.

König Friedrich Wilhelm IV. ging an die lutherische Kirchenangelegenheit, über die er schon beim Antritt seiner Regierung vollständig unterrichtet war, mit dem festen Entschluß heran, eine solche Lösung der Frage herbeizuführen, daß aller Druck der Gewissen und alle Verfolgung der Lutheraner ein Ende hätten. Obwohl mit Geschäften gleich zu Anfang überladen, mußte er doch Zeit für seine lutherischen Unterthanen zu finden, und die erste Frucht seiner darauf bezüglichen Thätigkeit war die von Erdmannsdorf aus erlassene Kabinetsordre vom 19. August 1840, welche den in Marienwerder eingeschlossenen Pastoren die Freiheit wiedergab, ihnen den Verkehr mit ihren Gemeinden freistellte und nur die einzige Bedingung setzte, daß dieselben sich aller Proselytenmacherei enthielten, eine Bedingung, deren es freilich nicht bedurft hätte. Wurde auch von Seiten der Lutheraner nicht übersehen, daß die Fassung dieser Ordre sehr herbe sei, so durften sie dieselbe doch als das erste Friedenszeichen begrüßen.

Um dieselbe Zeit hatte der König auch schon dafür gesorgt, daß die aus der Verfolgungszeit her noch gültigen Bestimmungen über das Verfahren gegen die lutherischen Geistlichen und Gemeinden paralysirt würden. Eine Verfügung des Justizministers vom 17. August, welche aber nicht durch die Amtsblätter bekannt gemacht wurde und daher erst später zu allgemeiner Kenntniß kam, bestimmte, daß nur in den Fällen Verurtheilung und Strafe eintreten solle, wenn ein Nichtordinirter geistliche Amtshandlungen verrichtet habe, wogegen in allen übrigen Fällen zur allerhöchsten Beschlußnahme zu berichten sei. Damit schienen denn die Geistlichen in ihrer Amtsführung unter den Schutz des Königs gestellt.

Daneben erfolgten auf privaten Wegen die beruhigendsten Zusicherungen. Der Oberpräsident von Sachsen, Graf zu Stolberg,

einer der nächsten Vertrauten des Königs, konnte Herrn v. Haugwitz mittheilen, daß alle Geistliche, die gehörig ordinirt wären, auf
Schutz zu rechnen hätten, auch die, welche von der verfolgten Kirche
die Ordination empfangen hätten, worüber die Belege herbeizu-
schaffen wären. Die letzteren nahm Graf Stolberg, soweit sie im
Augenblick vorhanden waren, entgegen, damit der König sähe, daß
hiebei alles ordentlich zugegangen wäre.

Durch alle diese Maßnahmen war nun die Stellung der lutherischen Pastoren eine ganz andere geworden. Sie hielten es nicht
mehr für nöthig, sich bei Ausrichtung des Amts verborgen zu halten. Es wurden die Namen der Täufer nicht mehr verschwiegen,
auch auf Verlangen Taufscheine ausgestellt. Da ihnen zur Pflicht
gemacht war, jeden Wechsel ihres Aufenthalts anzuzeigen, so machten sie diese Anzeige auch in den Fällen, wenn sie andere Gemeinden amtlich zu besuchen hatten, trugen auch kein Bedenken, diesen
Zweck ausdrücklich anzugeben. Nicht minder wurden die Predigt-
gottesdienste öffentlich in eigens dazu gemietheten Localitäten gehalten. An manchen Orten lief das auch alles ganz gut ab, wie in
Berlin, Magdeburg, anderwärts aber nicht.

Es war kein geringer Schrecken für die Gemeinde Breslau,
als plötzlich einem Kaufmann, welcher im Begriff stand, einen
Saal zum Gottesdienst zu vermiethen, dies vom Polizeipräsidium
untersagt wurde, mit dem Hinzufügen, daß kein Gottesdienst, der
mehr als eine Familie umfasse, gestattet werden könne. Und nicht
geringer war der Schrecken, als Pastor Senckel bei einer Predigt
in der Ohlauer Gegend verhaftet wurde.

Das geschah im September 1840. Zwar erfolgten privatim
wieder beruhigende Mittheilungen über die fortdauernd wohlwollenden Absichten des Königs; indessen schien es doch gerathen, eine
authentische Erklärung darüber zu erbitten, was unter dem „Verkehr mit Gleichgesinnten", welcher den Geistlichen durch die Ordre
vom 19. August gestattet war, verstanden werden sollte. Daher
wendete sich im Oktober die Breslauer Gemeinde direct an den
König, machte darauf aufmerksam, daß unter dem verstatteten
„Verkehr" doch nur geistliche Amtsverrichtungen hätten gemeint sein

können, da ja ein privater persönlicher Verkehr nie verboten gewesen wäre, erwähnte, daß man im Vertrauen auf das königliche Wort dem kirchlichen Leben alle Oeffentlichkeit gegeben hätte, und bat endlich, alle Behörden in dem Sinne anzuweisen, daß die lutherischen Gottesdienste und Amtshandlungen auf obrigkeitlichen Schutz rechnen könnten.

Die Antwort, ausgefertigt unterm 29. November, lautete dahin, daß in dieser Angelegenheit zur Zeit noch nicht entschieden werden könne, vielmehr weitere Bestimmungen, welche aber bald erfolgen sollten, vorbehalten bleiben müßten. „Bis dahin haben sich die sogenannten altlutherischen Geistlichen der Verrichtung geistlicher Amtshandlungen durchaus zu enthalten." Aehnliche Bescheide wurden an andere Gemeinden erlassen.

Diese Antwort war nun nicht geeignet, das Vertrauen zu mehren. Indessen wenn man genauer zusah, mußte man sich sagen, daß officiell zunächst noch kein andrer Bescheid hatte erfolgen können. Denn bevor überhaupt die Verhältnisse der lutherischen Kirche gesetzlich geregelt waren, konnte nicht eine allgemein gültige Erlaubniß zu Amtsverrichtungen gegeben werden. Gleichwohl blieb der König dabei, sowie auch der Minister Eichhorn, daß dieselben nicht gehindert werden dürften. Beide sprachen sich sehr unzufrieden mit dem Benehmen der Polizei aus. In einem Gespräch mit Geh. Rath Steffens erkannte Eichhorn auch ausdrücklich an, daß die lutherischen Pastoren nicht anders könnten, als ihres Amtes warten; nur müsse das, wie früher, so auch jetzt möglichst im Geheimen geschehen, da ein öffentliches Auftreten beständig zu Conflicten führen werde.

In Summa wollte man also die Lutheraner ignoriren. In diesem Sinn wurde an alle Regierungen im Stillen verfügt und dieselben namentlich angewiesen, in keiner Art gegen die von lutherischen Geistlichen geleiteten Gottesdienste und verrichteten Amtshandlungen polizeilich einzuschreiten. So war die Ausübung der kirchlichen Rechte zwar formell verboten, wurde aber stillschweigend gestattet, — in der That wohl auch der einzig mögliche Weg, so lange eine gesetzlich gültige Ordnung noch nicht erlangt war.

Daß dabei die Lage der lutherischen Kirche eine besonders angenehme gewesen wäre, kann man nicht sagen. Gepredigt, getauft konnte wohl ohne Störung werden, und auch die Abendmahlsfeier machte keine Schwierigkeit. Die Confirmation aber wurde fortdauernd nicht anerkannt. Hier forderten meist die Geistlichen den fortgesetzten Schulbesuch der Kinder; mit Geldstrafen suchte man ihn auch jetzt noch zu erzwingen. Und wenn die lutherischen confirmirten Kinder sich vor den Schulinspectoren zu einer Prüfung über ihre Kenntnisse gestellten, so wurden sie sehr häufig für unfähig erklärt. In Pommern machten die an landeskirchliche Pastoren zu zahlenden Stolgebühren viele Noth. Obwohl Eichhorn den Geistlichen in Eintreibung derselben ein schonendes Verhalten empfohlen hatte, kamen doch viele Klagen deswegen vor, ohne daß kraft des Ignorirsystems Abhülfe geschafft werden konnte. Der schlimmste Uebelstand aber war, daß die von lutherischen Geistlichen eingesegneten Ehen nicht gültig befunden und mit gewaltsamer Trennung bedroht wurden. Ein Vorschlag von Huschke, hierüber doch sofort provisorische Bestimmungen zu erlassen, wurde, wenn auch in freundlichster Form, von Eichhorn ablehnend beantwortet.

So war die Lage nach allen Seiten hin eine verdrießliche. Die Behörden geriethen in beständige Verlegenheit; sie mußten öffentlich und amtlich überall der lutherischen Kirche entgegen treten, heimlich und privatim sie in Frieden lassen. Die Gemeinden wurden durch die Masse von Widersprüchen, welche in den verschiedenen Verfügungen zu Tage traten, von Mißtrauen erfüllt und mußten gar nicht, woran sie waren. Daneben kam die eigentliche Hauptsache, in welcher Form und unter welchen Bedingungen die lutherische Kirche Anerkennung finden sollte, nicht vom Fleck.

Als nun trotz der entgegenstehenden Ministerialverfügung die Gottesdienste selbst noch an verschiedenen Orten gestört wurden, entschloß man sich in Breslau noch ein Mal, eine Petition an den König abgehen zu lassen mit der Bitte, den Schutz der lutherischen Gottesdienste ausdrücklich und öffentlich aussprechen und verfügen zu lassen. Das geschah im Mai 1841 unter dem Eindruck eines Erlasses der Breslauer Regierung, wonach in der früheren Kabinets-

ordre hinsichtlich der Marienwerderschen Pastoren nichts gefunden
werden könne, was die die Grenzen des häuslichen Gottesdienstes
überschreitenden kirchlichen Versammlungen gestattete. Eine Antwort
auf diese Petition scheint nicht erfolgt zu sein. In einzelnen Fällen erfolgte auf Beschwerde wohl Abhülfe; aber im Ganzen blieb
alles, wie es war, und die förmliche Anerkennung der Kirche zog
sich noch Jahre lang hin, so sehr der König selbst darauf bedacht
war, dieselbe möglichst bald eintreten zu lassen.

3. Die Gerechtigkeit des Königs.

*Der König versucht einen Zustand herzustellen, der nicht nur den Bestand der
lutherischen Kirche als solcher, sondern auch deren Verbindung mit der
Landeskirche sicher stellt. Seine Vorschläge werden angenommen, gelangen
aber nicht zur Verwirklichung.*

Die ersten Verhandlungen, welche behufs gesetzlicher Wiederherstellung der lutherischen Kirche geführt wurden, waren privater
Art. Der Vermittler war dabei Geh. Rath Steffens in Berlin.
Dieser hatte noch kurz vor der letzten Krankheit des Königs Friedrich Wilhelm's III. ein langes Gespräch mit dem Kronprinzen, in
dem sich der letztere mit sehr harten Worten über die „Knechtung
der Kirche" und die „Anmaßung des Staates" ausließ. Als er
nun König geworden war, arbeitete Steffens in Beziehung auf dies
Gespräch einen Aufsatz aus und sandte ihn mit einem Begleit-
schreiben ein. Zum 4. Oktober wurde er nach Sanssouci zur Tafel
befohlen. Der König hoffte Gelegenheit zu finden, um über den
Aufsatz, der seinen vollen Beifall hatte, zu sprechen. Es war nicht
möglich. Am 10. Oktober aber erhielt Steffens in den Frühstun-
den Audienz, und es wurde ihm der Auftrag, des Königs Absichten den Lutheranern mitzutheilen.

Er schrieb darüber noch denselben Tag an Huschke folgendes:
„Es ist den während der Verfolgung ordinirten Predigern erlaubt,
nach ihrer Ueberzeugung gottesdienstliche Versammlungen zu veran-
lassen, den Gottesdienst einzurichten, die Sacramente zu verwalten

unb zu predigen ohne Hinderniß. Dieses gilt nun zwar proviso-
risch bis zu einer geordneten Kirchenverfassung. Diese aber wird
die gegebene Freiheit nicht beschränken, vielleicht noch erweitern,
wenigstens völlig sicher stellen. Die während der Verfolgung durch
die Gemeinden ordinirten Prediger werden in ihrem Amt bestätigt.
Der König hat den Wunsch geäußert, daß die Lutheraner, wenn
ihnen die völlige Eigenthümlichkeit ihrer Kirche in Lehre, Sacrament, gottesdienstlicher Einrichtung (Ritual) und Religionsunterricht
durch den Staat sicher gestellt wird, so daß sie als solche sich fest
garantirt finden, ein mit den Reformirten gemeinschaftliches Consistorium, welches sich in eigentlich kirchliche Interessen nicht mischt,
in welchem sie hinlänglich repräsentirt werden, anerkennen möchten.
Ich theile den Wunsch des Königs mit. — Sie wissen, lieber
Freund, daß ich dadurch nur meine frühere Ueberzeugung ausspreche.

„Dagegen fordert der König, 1) daß man besonders jetzt und
bis zu endlicher geordneter Einrichtung der kirchlichen Angelegenheiten keine Propaganda einrichtet, durch welche die schon stattfin-
dende Verwirrung sich nur steigern würde. — 2) fordert er, daß
Laien als solche nicht fungiren. — Dahingegen werden die Laien,
die während der Verfolgung ordinirt sind, bestätigt.

„Ich muß noch ausdrücklich bemerken, daß der König wünscht,
man möge unter dem gemachten Vorbehalt das Consistorium anerkennen. Es ist ein Wunsch, kein Befehl. Daß die Stellung
der Kirche zum Staat durch die Erfüllung oder Nichterfüllung dieses Wunsches bestimmt wird, folgt von selbst.“

Endlich theilte Steffens mit, daß der Rückkehr Scheibels nichts
im Wege stehe.

Man muß sagen, daß der König mit großer Klarheit die
Sachlage beurtheilte und mit Gerechtigkeit gut zu machen suchte,
was noch gut zu machen war. Seine Vorschläge entsprachen genau dem, was von Anfang an begehrt worden
war; sie enthielten eine Wiederherstellung der Kirche in voller
Selbständigkeit. Auch die Unterstellung unter das unirte Consistorium konnte keinen Anstoß erregen, da ausdrücklich hinzugefügt

wurde, es solle sich dasselbe in die inneren kirchlichen Angelegenheiten gar nicht mischen. Unbedenklich ging daher Huschke, dem Steffens zunächst geschrieben hatte, auf sämmtliche Vorschläge ein; Scheibel, bei dem er damals gerade zum Besuch war, stimmte zu, und auch die übrigen Vertreter der lutherischen Kirche erklärten sich mit allem einverstanden. Doch setzten sie dabei voraus, daß das unirte Consistorium nicht die einzige kirchenregimentliche Behörde sein, sondern daneben noch eine besondere für die interna gebildet werden sollte.

Es heißt in Huschke's Antwortschreiben an Steffens, datirt vom 21. Oktober 1840 folgendermaßen: „Hinsichtlich des königlichen Wunsches schreibt mir Platz bei Mittheilung Ihres Briefes, daß nach v. Haugwitz und seiner Meinung hierauf wohl schwerlich eingegangen werden könne. Ich würde derselben Ansicht sein, wenn die Meinung des Königs, wie jene Freunde anzunehmen scheinen, dahin ginge, die Lutheraner sollten außer dem Consistorium, in welchem sie durch einen Rath repräsentirt würden, keine Oberbehörde haben, welche die eigentlichen Spiritualia (das jus in sacra) verwaltete; denn dann erhielten sie in Spiritualibus independentistische Verfassung, bei der es an allem Zusammenhang der einzelnen Gemeinden unter einander, mithin an allem wahren Organismus fehlte, und die entweder zu anarchischem Verfalle oder zur Unterwerfung unter das durch Stimmenmehrheit unirte Consistorium auch für eigentlich kirchliche Interessen führen, mithin in beiden Fällen die Existenz der Kirche bedrohen würde. Aber wie Sie des Königs Ideen wiedergegeben haben, scheint er diese Bedeutung des Consistoriums und diese Verfassung nicht zu wollen. Wie ich mir seine Ansicht denke, glaube ich, und Scheibel stimmt mir darin bei, daß wir auf seine Ansicht wohl eingehen können, ja dasselbe ebenfalls wünschen müssen.

„Die lutherische Kirche in Preußen erhält eine dauernde, aber rein kirchliche Oberbehörde, etwa unter dem Namen eines allgemeinen Kirchen-Collegii, welche das jus in sacra im organischen Zusammenhange mit den Pastoren der einzelnen Gemeinden (durch Synoden) und für Angelegenheiten der einzelnen Gemeinden mit

12

diesen selbst ausübt. Die Mitglieder derselben werden von der Kirche erwählt. Daneben wird im Consistorium für Schlesien die Stelle eines lutherischen Consistorialraths creirt und vom Könige besetzt; dieses Consistorium erkennt die lutherische Kirche in ganz Preußen als das Organ an, durch welches der König das ihm in der lutherischen Kirche in seinem Lande zustehende jus circa sacra ausübt. Der lutherische Consistorialrath bearbeitet alle die lutherische Kirche angehende Sachen und vertritt im Consistorium deren Gerechtsame; er steht daher mit dem allgemeinen Kirchencollegio in stetem Verkehr und wird am besten zugleich Mitglied desselben sein. Dieses die Grundzüge.

„Zur Rechtfertigung bemerke ich noch Folgendes. 1) Auf diese Weise erhält die lutherische Kirche wahre innere Selbständigkeit und einen inneren Organismus, der ihrer älteren Verfassung genau entspricht. Das Kirchen-Collegium ist quoad spiritualia, was früher das Consistorium nach der einen Seite seiner Befugnisse. 2) Eine solche Oberbehörde hat sich factisch schon jetzt in der preußisch-lutherischen Kirche gebildet, indem die Synode von 1835 eine Commission zur Verwaltung der gemeinsamen Kirchenangelegenheiten niedergesetzt hat. Diese erste Wurzel einer neuen Ordnung wieder abzuschneiden, würde höchst gefährlich sein. 3) Die lutherische Kirche in Preußen bedarf einer solchen spirituellen Oberbehörde dringend. Sie ist zu einem neuen geistlichen Leben erwacht, eine Menge von Fragen in Lehre und Leben drängen sich auf, die durch ein anerkanntes Organ zur Erledigung gebracht werden müssen, wenn nicht die Gemeinden sich in lauter Secten auflösen sollen. 4) Durch einen Consistorialrath erhält die Kirche theils einen bestimmten Canal, durch welchen die Communicationen mit dem Staat gehen, theils lehnt sie sich dadurch fortdauernd soweit an den Staat an und coordinirt sich den andern Kirchenparteien, als es mit der Hauptrücksicht auf gesicherte Existenz vereinbar ist. Niemals hat unsere Kirche sich vom Staat losreißen wollen. Sie will auch jetzt mit ihm soweit in inniger Verbindung bleiben, als dieser sich nicht von ihr losgesagt hat, indem er ein anderes Bekenntniß (die Union) zu seiner Richtschnur nahm. Durch

dieses Princip eröffnet sich aber dem Staat zugleich die Möglichkeit, sie als privilegirte Kirche (wie die katholische, die Brüderkirche)
anzuerkennen, und sie vermeidet nach außen hin den Schein einer
bloß geduldeten Secte, beides zu ihrem und des Staates Wohl."

Im weiteren Verlauf des Schreibens spricht dann Huschke
noch den Wunsch aus, daß man Scheibel (welchem die Gemeinde
Breslau fortwährend die Stellung ihres pastor primarius reservirt
hatte) die beabsichtigte Stelle im Consistorium geben möge, erklärt,
daß die vom Könige gestellten Bedingungen ohne weiteres erfüllt
werden könnten, da von Propaganda überall nicht die Rede sein
könnte und Ordinationen von Laien gar nicht, Amtshandlungen
von solchen mit wenigen Ausnahmen nur in Nothfällen vorgekommen seien, und spricht sich in Worten inniger Dankbarkeit über das
entgegenkommende Wohlwollen des Königs aus.

In der That durfte man hoffen, daß nun alles in erwünsch-
ter Weise sich lösen würde. Die Ansichten des Königs schienen mit
denen der Lutheraner sich zusammenzufinden. Die Antwort Huschke's
ward ihm ihrem Inhalt nach mitgetheilt; gegen die darin enthaltene Auffassung seiner Vorschläge fand er nichts zu erinnern. So
muß man billig fragen: warum wurde nun doch nichts daraus?
Warum blieb dieser ganze Plan liegen? Die Antwort lesen wir
in einem späteren Briefe von Steffens in den kurzen treffenden
Worten: „Wenn man einen König über Gegenstände spricht, die
ihm am Herzen liegen, so erscheint alles leicht, und als müßte
es ohne Hindernisse fortschreiten. Anders wird alles, wenn es in
die Hände der Behörden kommt."¹)

Zwar zeigte sich auch der Minister Eichhorn anfangs geneigt,
die Intentionen des Königs auszuführen. Noch Anfang Dezember
1840 sprach er gegen Steffens diese Absicht aus und fügte hinzu,

¹) „Die Absicht des Königs verlor sich auf dem Wege zur Ausführung,
gewiß nicht, weil sie nicht ernstlich gemeint gewesen wäre, sondern weil dabei
die Werkzeuge der Ausführung und die herrschende Stimmung der unirten
Staatskirche nicht hinreichend erwogen waren, die eine so weitgehende Zurück-
drängung des Unionsgedankens als unmöglich erscheinen ließen." Huschke in
Münkels Neuem Zeitbl. 1861. S. 60.

12*

daß des Königs Wille in allen Theilen der nämliche geblieben sei, den er anfänglich durch Steffens habe mittheilen lassen. Aber schon Ende desselben Monats äußerte er sich gegen Huschke bedenklich und zeigte sich im vollen Rückzug begriffen. Wie es scheint, hatte er sich durch allerlei Agitationen aus der Landeskirche umstimmen lassen. Er scheute sich wohl, gewisse Kreise innerhalb der Union durch unsere Anerkennung zu betrüben und zu beschädigen.

Es ist später von den Vorschlägen des Königs nicht wieder die Rede gewesen. Doch sind dieselben in mehrfacher Beziehung von Wichtigkeit. Theils stehen sie da als ein Zeugniß für die Gerechtigkeit, mit welcher der König persönlich seine lutherischen Unterthanen zu behandeln gedachte. Theils liefern sie den Beweis, daß die lutherische Kirche selbst unschuldig daran ist, wenn ihr später eine Stellung außerhalb alles Verbandes mit dem Staat und den übrigen Kirchen angewiesen worden ist. Theils endlich fordern sie heraus zu einem Rückblick auf die zwar nicht gleichen, aber doch ähnlichen Anerbietungen vom Jahr 1835. Wenn der König seine Vorschläge nicht durchsetzen konnte mit Eichhorn, — wer mag dann im Ernst glauben, daß es dem Kronprinzen gelungen wäre mit Altenstein? Es ging eben auch Eichhorn ganz ebenso wie Altenstein, wenn auch aus sehr verschiedenen Gründen, das rechte Verständniß für die Angelegenheit der lutherischen Kirche ab.

4. Die Stellung des Ministeriums Eichhorn.

Die an die Lutheraner gerichtete Forderung des Ministers, ihre Wünsche einzureichen und dabei von der Lage der lutherischen Kirche vor der Union
auszugehen, wird erfüllt. Nachdem im Staatsrath die Sache unerledigt
geblieben, kommt sie wieder an Eichhorn, der aber seiner ganzen Unions-
stellung nach wenig zu ihrer Erledigung geeignet war.

Der dringende Wunsch des Königs, die lutherische Angelegen-
heit zum baldmöglichsten Abschluß zu bringen, hatte Anfangs auch den Minister mit fortgerissen. Er entband einen Rath seines Ministeriums von allen andern Geschäften mit dem Auftrage, über

diese Sache einen möglichst genauen Bericht herzustellen. Indessen bald kühlte sich sein Eifer ab. Wenn er auf die kleine Zahl der Lutheraner sah, wenn er auf viele warnende Stimmen hörte, welche ihm aus der Landeskirche entgegen schallten, so fühlte er sich gelockt, langsam und vorsichtig zu verfahren. Ein immer länger ausgedehntes Provisorium schien ihm schließlich der beste Weg, um entweder die Sache sich verlaufen zu lassen, oder auch um die Lutheraner, „die irrenden Brüder", „durch vernünftige Vorstellungen" zu gewinnen, und er machte aus dieser seiner Ueberzeugung durchaus kein Hehl. Demgemäß schlug er einen Weg ein, der allerdings das Verschleppen sehr begünstigte. Er ließ unterm 1. Juni 1841 durch Steffens die Vertreter der lutherischen Kirche auffordern, ihre Wünsche einzureichen.

Die von der 1835 gehaltenen Synode berufenen Bevollmächtigten entsprachen diesem Verlangen in einem „Promemoria, die Bedingungen betreffend, unter denen der evangelisch-lutherischen Kirche im preußischen Staat gesetzliche Anerkennung zu Theil werden soll."[1] Nachdem sie den Minister darauf aufmerksam gemacht haben, daß sie nur früher Erbetenes wiederholen könnten, sofern ja die Wünsche der Lutheraner bereits in zahlreichen Dokumenten der Regierung vorlägen, fassen sie alles zu Verlangende zunächst dahin zusammen: „Anerkennung der evangelisch-lutherischen Kirche in den königl. preußischen Staaten auf Grund ihrer bekannten Confessionsschriften als einer in Gottesdienst und Verfassung selbständigen und eigenthümlichen Kirche."

Im einzelnen wird darnach verlangt auf Grund der Concordienformel und des allgemeinen Landrechts die Berechtigung, daß die lutherischen Gemeinden ihren Gottesdienst selbst ordnen und daß sie Glieder anderer Confessionen aufnehmen dürfen, daß kein Lutheraner zur Theilnahme am fremden Gottesdienst genöthigt werde, daß die lutherische Kirche gänzlich vom unirten Kirchenregiment, sowie auch von allen Abgaben an die Landeskirche entbunden werde,

---

[1] Vollständig in „Beschlüsse der von der ev. luth. Kirche in Preußen im September und Oktober 1841 zu Breslau gehaltenen Generalsynode". S. 97 ff.

daß sie auch eigene Schulen errichten dürfe. Weiter werden die Grundzüge der Verfassung angegeben, wie man sie für die luthe= rische Kirche beabsichtigte, wobei dem Staat das jus circa sacra bleibt. Für die lutherischen Geistlichen wird gleiche Berechtigung mit den Geistlichen der Landeskirche, namentlich also die Anerken= nung der Gültigkeit aller von ihnen verrichteten Amtshandlungen gefordert.

Zuletzt werden noch drei Bitten ausgesprochen, aber in einer Form, welche zeigt, daß darauf kein Hauptgewicht gelegt werden solle. Es wird nämlich eine pecuniäre, in jedem Fall besonders zu erbittende Beihülfe aus Staatsmitteln gewünscht; es wird das Recht, auch Ausländer zu Pastoren zu berufen, und die Errichtung einer lutherischen Professur an einer inländischen Universität erbeten, zu deren Besetzung Scheibel vorgeschlagen wird.

Der Inhalt dieses Promemoria wird von Wangemann hart getadelt[1]) und als ein Zeichen der Bitterkeit und des Eigensinnes dargestellt, sofern die Lutheraner die eben erlangte Freiheit nicht mit der gehörigen Mäßigung zu gebrauchen gewußt hätten. Man weiß nur nicht, was diese Vorwürfe an dieser Stelle zu bedeuten haben, da ja Wangemann selbst berichtet, daß in dem Prome= moria nur der Inhalt der früheren Petitionen wiederholt wor= den sei.

Ferner tadelt er die Verfasser des Promemoria (und nachher auch die erste Generalsynode), daß sie die Gelegenheit zu einer „Wiederver= einigung" mit der Landeskirche nicht benutzt haben. Nun ist es schon bemerkt, daß eine solche Wiedervereinigung, soweit sie überhaupt wünschenswerth schien, doch immer erst der zweite Zweck ihres Han= delns sein durfte, und daß überhaupt von einer Wiedervereinigung nur sehr uneigentlich die Rede sein konnte, da die lutherische Kirche mit der evangelischen noch nicht vereinigt gewesen war. Schien der Landeskirche aber solche Vereinigung heilsam, so war es ihre Sache, solche Vorschläge zu machen, die sowohl die Selbständigkeit der lutherischen Kirche ermöglichten, als auch die Verbindung mit ihr

---

[1]) a. a. O. II. S. 388 ff.

selbst. Und als zwar nicht die Landeskirche, wohl aber der König solche Vorschläge gemacht hatte, da waren dieselben lutherischerseits sofort angenommen und also die „Wiedervereinigung" nicht abgelehnt worden.

Jetzt aber waren die Lutheraner nicht aufgefordert, sich über die Bedingungen einer Wiedervereinigung auszusprechen, sondern über ihre Wünsche. Und damit Wangemanns Dichtungen sich gänzlich in Nebel auflösen, braucht nur hinzugefügt zu werden, daß der Minister ausdrücklich hinzugefügt hatte, es solle bei Formulirung der Wünsche „von der Lage der lutherischen Kirche vor der Union ausgegangen werden".

Sollen also die Forderungen des Promemoria getadelt werden, so wird sie der Tadel treffen, daß sie viel zu wenig begehrt haben. Denn die äußerliche Lage der lutherischen Kirche (und nur von dieser konnte ja die Rede sein) war vor der Union eine ungleich günstigere, als sie in dem Promemoria begehrt wurde. Aber Huschke und seine Freunde sagten sich jetzt ebenso wie früher, daß man zwar nichts Wesentliches zu fordern unterlassen, aber auch nichts Unmögliches fordern dürfe. Unmöglich aber war es, von dem Könige eine Wiederherstellung der lutherischen Kirche in ihrer früheren Gestalt zu verlangen, was einer Auflösung der Union gleichgekommen wäre. Unmöglich war es aber auch, sich zu irgend einem Eintritt in die Landeskirche zu erbieten, nachdem der Weg, der bisher als der einzig mögliche erkannt war, an höchster Stelle nicht gegangen wurde. Vielmehr wird man sagen müssen, daß auf diesen ausdrücklichen Auftrag des Ministers gar nichts anderes gebeten werden konnte, als was gebeten worden ist: nämlich Rückgabe der kirchlichen Rechte an diejenigen Gemeinden, welche sich in treuem Festhalten an der geschichtlichen lutherischen Kirche von der evangelischen Kirche fern gehalten hatten.

Es ist möglich, daß auch solche, die im Uebrigen mit dem Begehren des Promemoria einverstanden sind, bei dieser Gelegenheit die Bereitwilligkeit gern ausgesprochen gewünscht hätten, dem Könige das jus in sacra, wie er es vor der Union besessen, auch über die lutherische Kirche unter den nothwendigen Beschränkungen wieder einzuräumen. Indessen ein Mal wird sich nicht leugnen lassen, daß die Erfüllung dieses Wunsches auch zu den unmöglichen Dingen gehörte. Zum andern aber war dies jedenfalls nicht danach angethan, daß man darum hätte bitten können. Der Staat hatte die lutherische Kirche fast vernichtet; sollten die wenigen, die der Vernichtung entronnen waren, nun auch noch denselben Staat bitten, über sie das Regiment zu führen und sich so abermaliger Gefahr aussetzen? Und wenn auch vor der Union der andersgläubige Landesherr das jus in sacra in der lutherischen Kirche geübt hatte, so war doch die Art, in der er glaubte es üben zu dürfen, damals schon gegen das Recht, — sollte man um die Wiederherstellung dieses Unrechts auch noch petitioniren? Falls der König selbst dies angeboten hätte, so wäre ja darüber zu verhandeln gewesen, und vielleicht hätte sich eine Form finden lassen, in welcher die lutherische Kirche diese Bedingung hätte annehmen können; aber darum bitten ging nicht an.

Aber nun findet Wangemann noch ein anderes an den Verfassern des Promemoria auszusetzen.[1]) Sie hätten mit der Absendung desselben warten sollen bis zur Generalsynode, und daran, daß sie es nicht gethan, sehe man, daß sie einer etwa günstigeren Stimmung der Generalsynode gleich hätten vorbeugen wollen. Und dann noch die Unbescheidenheit, von dem Minister schon in vier Wochen Antwort zu erbitten! Es sind sehr charakteristische Partieen in Wangemanns Buch, wo er sich zum Herzenskündiger setzt und den Gedanken anderer auf die Spur kommt, indem er ihnen seine Gedanken leiht. Das Promemoria mußte eiligst abgesandt werden ebenfalls auf Eichhorns dringendes Mahnen; hatte er's auch nicht so eilig, so drängte ihn doch der König. Die Synode aber ward nur erwähnt, um dem Minister auf eine nicht provocirende Weise von dem Zusammentritt derselben und ihrer Stellung zu den Verhandlungen Kenntniß zu geben. Und nun genug von Wangemann.

Das Promemoria wurde mit einem längeren Aufsatz von Steffens, welcher die Einzelheiten desselben erläuterte und begründete,

---

[1]) a. a. O. II. 389.

dem Minister eingereicht. Auch Steffens ging aus von dem Zustand der lutherischen Kirche vor der Union und hob besonders hervor, daß der Staat doch offenbar verpflichtet sei, eine Kirche anzuerkennen, die er selbst während so langer Zeit geschützt und gepflegt
habe, die also alle gesetzlichen Ansprüche auf Anerkennung habe.
Er wies nach, wie die lutherische Kirche auch bei Einführung der
Union fortbestanden habe und dadurch, daß sie so sehr in der
Minorität geblieben sei, doch ihre Rechte, vor allem ihr Existenz-
recht nicht verwirkt haben könne, und schloß sich im Allgemeinen
den Wünschen des Promemoria an.

In einem sehr freundlichen Schreiben dankte ihm der Minister
für seine Bemühungen und bemerkte zu dem Promemoria: „In
der vorgeschlagenen Form wird die Sache nicht gehen. Ich hoffe
jedoch von Seiner Majestät dem Könige bald in den Stand gesetzt
zu werden, solche Anordnungen treffen zu können, die wenigstens
jeden Grund zu der Beschwerde entziehen sollen, als würden die
lutherischen Gemeinden, von denen es sich handelt, durch den Staat
gehindert, ihrem kirchlichen Leben eine Einrichtung zu geben, wie
sie solche mit ihrem Gewissen vereinbar halten und sie auch die
Mittel dazu aufzubringen vermögen.“

Von dem, was an höchster Stelle verhandelt wurde, verlautete
zunächst, daß man Bedenken trüge, die Ausbildung und Prüfung
der lutherischen Candidaten gänzlich unbeaufsichtigt zu lassen, und
daß daher das Bestehen der ersten theologischen Prüfung vor den
landeskirchlichen Consistorien gefordert werden würde. Das inzwischen von der im Herbst 1841 gehaltenen Generalsynode einge-
setzte „Ober-Kirchen-Collegium der evangelisch-lutherischen Kirche in
Preußen“ protestirte dagegen und schlug als Ersatzmittel vor, entweder von Staatswegen eine philosophische Vorprüfung oder die
Absendung eines Königlichen Commissarius zu den theologischen
Prüfungen anzuordnen.

Dann blieb längere Zeit alles still. Im Sommer 1842 kam
die Sache vor den Staatsrath, aber in so wenig vorbereiteter
Form, daß sie wieder zurück gewiesen werden mußte. Ueber den
Gesichtspunkt, unter welchem da die Sache angesehen worden war,

ging auf Privatwegen nicht ungünstige Nachricht ein. Man wollte
eine auf objectivem Glaubensgrunde ruhende, auf ernstes Christen=
thum bringende Richtung durchaus nicht unterdrücken; man hätte
sie gern befördert, um sie als ein Salz gegen den in der Landes=
kirche herrschenden Unglauben zu gebrauchen. Aber andrerseits wollte
man auch die Einheit der evangelischen Landeskirche, besonders der
katholischen gegenüber nicht gefährden, was geschehen sein würde,
wenn man die Lutheraner als eine selbständige Kirche anerkannt
hätte, und was um so gefährlicher erschien, als die Landeskirche
eigentlich noch keine selbständige Verfassung hatte, während die der
Lutheraner in den Synodalbeschlüssen vollständig ausgebildet vorlag.

Diese Beschlüsse waren nämlich grade um die Zeit der Staats=
rathssitzung in Berlin angekommen und hatten einen theils günsti=
gen, theils ungünstigen Eindruck gemacht. Den letzteren, weil sie
die Voraussetzung störten, daß man es noch mit ungeordneten, bieg=
samen Verhältnissen zu thun habe, den ersteren, sofern sich die
lutherische Kirche darin deutlich als die alte zu erkennen gab, in
ihrer Einheit mit der ganzen lutherischen Kirche an allen Orten.
Unter dem Eindruck dieser Beschlüsse sprach sich im Staatsrath
ganz allgemein die Ueberzeugung aus, daß die Lutheraner nicht als
eine Secte behandelt werden dürften. Da indessen eine Anerken=
nung auch nicht gerathen erschien, so wurde Eichhorn beauftragt,
ein Arrangement zu versuchen, welches in irgend einer Form
eine Verbindung mit der Landeskirche möglich mache. Bis da=
hin sollte das Ignorirsystem fortgesetzt und sollten die Schwierig=
keiten, welche dasselbe mit sich brachte, im Einzelnen überwunden
werden.

Unterdessen traten die kirchlichen Ziele, welche Eichhorn ver=
folgte, immer deutlicher heraus. „Organische Union" war die Pa=
role, welche er ausgab. Eine in den höheren Organen der Ver=
fassung festzuhaltende, von einem wohlwollenden allgemein christlich
evangelischen Geist getragene Einheit der evangelischen Kirche, inner=
halb deren aber wieder die einzelnen Gemeinden nach ihren ver=
schiedenen Glaubensbekenntnissen oder Glaubensrichtungen ihre Eigen=
thümlichkeiten sollten bewahren dürfen — das war sein Gedanke.

Auf diese Weise glaubte er nicht nur die evangelische Kirche als eine imposante Macht der katholischen Kirche gegenüber behaupten zu können, sondern auch innerhalb der ersteren einestheils die Gewissen der einzelnen zu schonen, da die Landeskirche als solche kein festes Glaubensbekenntniß als Norm hinstellte, und jeder sich eine Gemeinde suchen konnte, die seiner Glaubensrichtung entsprach, andrerseits auch den irreligiösen Richtungen des Rationalismus u. s. w., die sich mit einem Machtgebot nicht ausrotten ließen, am besten entgegen wirken zu können, indem die kirchliche Verwaltung, wenn sie selbst vom evangelischen Geist durchdrungen wäre, Mittel genug in den Händen hätte, um auf dem Katheder, der Kanzel und in der Schule das gläubige Element zu dem herrschenden zu machen.

Man mag über diese Absichten urtheilen, was man will. So viel ist auf den ersten Blick klar, daß wenn sie und ihre Durchführung auch für die Sache der lutherischen Kirche maßgebend sein sollten, diese auf wenig oder nichts zu rechnen hatte. Denn was sie begehrte, war nach Eichhorns Stellung etwas höchst überflüssiges, ja für die Entwicklung der ganzen Kirche schädliches.

Leider ließ es sich immer deutlicher erkennen, daß der Minister in seinen kirchlichen Unionsplänen eine entscheidende Instanz erblickte, gegen welche mit seinem Willen nichts aufkommen dürfe. Und daher konnte er um so weniger daran denken, den Lutheranern ihr Recht widerfahren zu lassen, als ihm immer mehr klar wurde, daß er sich damit der besten Bundesgenossen für seine Pläne, der eben damals wieder erwachenden lutherischen Richtung in der Landeskirche, berauben würde. Denn diese stellte seine Gedanken gleichsam in einem lebenden Bilde dar: eine streng lutherische Richtung in der Gemeinschaft der allgemeinen evangelisch christlichen Kirche.

So sehr daher die Lutheraner von der persönlichen Aufrichtigkeit und dem gutem Willen Eichhorns überzeugt waren, so konnten sie sich doch nicht freuen, als endlich im November 1842 die Nachricht einging, daß er seine Instruction erhalten habe. Denn zugleich wurde gemeldet, daß diese Instruction nach des Ministers, aber nicht nach des Königs Sinn abgefaßt sei.

5. Ein Verständigungsversuch von unirt-theologischem Standpunct aus.

Im Auftrag des geistlichen Ministeriums versucht Dr. Hahn in Breslau durch den Nachweis der Schriftmäßigkeit von Union und Agende und der Zulässigkeit fremdgläubigen Kirchenregiments die Lutheraner zum Anschlusse an die Landeskirche zu bewegen. Diese erklären sich zum Anschlusse bereit, wenn die Landeskirche ein einheitlich lutherisches Bekenntniß und lutherisches Kirchenregiment erlangt haben würde.

Ehe Eichhorn den Entwurf seiner Instruction abschloß, forderte er alle Provinzial-Consistorien auf, ihr Gutachten über die Behandlung der Lutheraner abzugeben. In großer Einmüthigkeit sprachen sich alle dahin aus, daß die Zugehörigkeit zur landeskirchlichen Parochialverbindung jedenfalls nicht aufgehoben werden dürfe, daß aber sonst alle möglichen Freiheiten bewilligt werden möchten. Dies Resultat stimmte ganz mit Eichhorns Absichten überein, wenn freilich auch aus andern Gründen, als welche die Consistorien geleitet hatten. Und so hielt er denn das als ersten Zweck fest: die lutherischen Gemeinden müssen in irgend einer Form der Landeskirche gliedlich verbunden und dürfen auf keine Weise eine selbständige Corporation werden. Am willkommensten wäre es gewesen, wenn die Gemeinden ohne weiteres der Landeskirche sich angeschlossen hätten, und dafür suchte er sie zuerst zu gewinnen. Wollten sie, wie zu vermuthen stand, darauf nicht eingehen, so dachte er ihnen eine Stellung anzuweisen, innerhalb deren sie zwar ihre kirchlichen Bedürfnisse selbst sollten befriedigen können, aber doch in rechtlicher Beziehung der Landeskirche zugehörig blieben.

Um nun dies ins Werk zu setzen, ernannte er für jede Provinz, in welcher lutherische Gemeinden sich befanden, Commissarien, welche die nöthigen Verhandlungen führen sollten. Gründlich und eingehend scheinen sich nur die schlesischen Commissarien Consistorialrath Dr. Hahn und Stadtgerichtsrath Wentzel ihres Auftrags entledigt zu haben. Es lag dies auch in der Natur der Sache, da in Breslau das Ober-Kirchen-Collegium sich befand, die einzige Behörde, welche im Stande und befugt war, im Namen der ganzen Kirche in Verhandlungen einzutreten.

Am 3. Januar 1843 wurde in Breslau die erste Besprechung gehalten, bei welcher als Vertreter des Ober-Kirchen-Collegiums der Director Dr. Huschke, die Kirchenräthe v. Haugwitz und Wedemann und der Rendant Grempler sich betheiligten. In welchem Sinn diese Verhandlungen geführt wurden, und welches Auftrags sich die Ministerialcommissarien zu entledigen hatten, wird sich am deutlichsten aus dem Protokoll der ersten Sitzung ergeben, welches, mit Weglassung nur der Eingangsformalitäten, hier vollständig folgt: [1]

Dr. Hahn leitete die Besprechung durch die Bemerkungen ein: Es sei durch die christliche Weisheit der geistlichen Obern der evangelischen Kirche im preußischen Staate jetzt ein Weg eröffnet worden, auf dem es den getrennten Gliedern derselben mehr als je erleichtert werde, ohne alle Verleugnung ihrer Glaubensüberzeugung mit der Mutterkirche sich wieder zu vereinigen. Wenn dieselben der Stimme der Wahrheit und Liebe Gehör geben wollten, so würden sie in ihren Bestrebungen, insofern diese den ursprünglichen Grundsätzen der evangelischen Kirche entsprächen, von dem Staate geschützt und von den geistlichen Behörden unterstützt und gefördert werden. Nur dann würde dies nicht geschehen können, wenn in nicht gerechtfertigter, beharrlicher Trennung von der allgemeinen evangelischen Kirche des Landes das Heil der Kirche und die Heiligung, wie der Segen des Gottesdienstes gesucht würde.

Die Ursache der Spaltung sei bekanntlich

1) die verschiedene Auffassung der kirchlichen Union und

---

[1] Es darf nicht unerwähnt bleiben, daß dieses Protocoll, sowie alle späteren, von den Commissarien redigirt worden ist, und daß die Glieder des O.K.C. sich schon damals über die höchst ungenaue und unvollständige Wiedergabe ihrer Meinung beschwerten, ohne indeß mehr als einzelne Veränderungen erreichen zu können. Indessen die Hauptsache sind hier nicht die lutherischen Gegenreden, sondern die Aeußerungen der Commissarien, welche als officielle Erklärungen der evangelischen Kirchenbehörden sich selbst kund gaben.

2) die faſt gleichzeitig mit dieſer eingetretene Veränderung gottes=
dienſtlicher Formen durch Einführung der erneuerten Agende
für die evangeliſche Kirche.

Aufgehoben, in vollem Sinne aufgehoben könne demnach dieſe
Spaltung nur dann werden, wenn ſowohl über den Sinn und die
Bedeutung der Union, als auch über den Zweck und Inhalt der er=
neuerten Agende eine Verſtändigung und Einigung ſtattfinden könne.
Es ſolle heute zunächſt von der Union die Rede ſein, und die Herren
Comparenten würden aufgefordert, ſich über ihre und ihrer Glaubens=
brüder Anſichten über die Union zu erklären.

Die Herren Comparenten erklärten hierauf: Sie müßten zu=
vörderſt die bereits früher ſowohl in Bittſchriften und Vorſtellungen
an die Landesbehörden, als auch in Druckſchriften ausgeſprochene Be=
merkung wiederholen, daß von Anfang an von ihren Glaubensbrüdern
keine Trennung von der Kirche beabſichtigt worden ſei. Nur das
Verbleiben bei der durch drei Jahrhunderte nicht bloß factiſch, ſondern
auch rechtlich beſtandenen lutheriſchen Kirche, ſowie das Stehenbleiben
bei deren von den Vätern überkommenen Symbolen in ihrer theolo=
giſchen, kirchlichen und kirchenſtaatsrechtlichen Bedeutung, und in ihrem
vollen, ſowohl thetiſchen, als antithetiſchen Sinne, hätten ſie für Ge=
wiſſensſache gehalten, und hielten ſie noch jetzt dafür. Die Aufhebung
der antithetiſchen Geltung der Symbole der lutheriſchen Kirche folge
aber aus der Union nicht nur der Natur der Sache nach, ſondern
ſei auch durch den Allerhöchſten Erlaß vom 28. Februar 1834 indi=
ſtincte ausgeſprochen. Durch dieſe Aufhebung habe ſich die unirte
Kirche von der lutheriſchen Kirche getrennt, und wenn ſie ihrerſeits
dieſer letztern Kirche treu geblieben, ſo könne mit Recht nicht behauptet
werden, daß durch ſie eine Spaltung herbeigeführt worden ſei.

Dr. Hahn entgegnete: Es müſſe zuvörderſt beſtritten werden,
daß durch die Union alle Symbole hätten aufgehoben werden ſollen
und aufgehoben worden ſeien. Die unirte Kirche beruhe vielmehr
1) auf dem Worte Gottes oder der heiligen Schrift nach ihren
   kanoniſchen Büchern,
2) auf dem ſchriftgemäßen Bekenntniſſe
   a) in den drei alten katholiſchen Symbolen, dem Apoſtoliſchen,
      Nicäniſchen und Athanaſianiſchen,
   b) in der Augsburg'ſchen Confeſſion, als der gemeinſamen
      Grundlage der deutſch=evangeliſchen Kirche.

Seitens der Dissidenten, — um dies bezeichnende Eine Wort der Kürze halber statt des officiellen Ausbrucks „sich getrennt haltende lutherische Confessions-Verwandten" zu gebrauchen, — wurde mit besonderer Rücksicht auf frühere Erlasse der geistlichen Landesbehörden, sowie auf den in neuester Zeit angeregten Streit über die Geltung und Bedeutung der symbolischen Bücher in der unirten Kirche zunächst gefragt:

> ob die Annahme, daß die Augsburg'sche Confession Symbol der unirten Kirche sei, nur auf der subjectiven persönlichen Ansicht des geistlichen Commissarius beruhe, oder aber, worauf sie sich sonst stütze?

Auf die Entgegnung beider Commissarien, daß sie als Organe der obersten geistlichen Landesbehörde nach den ihnen ertheilten, von des Königs Majestät genehmigten Instructionen sich für ermächtigt hielten, zu erklären, daß die unirte Kirche auf der Augsburg'schen Confession, als der gemeinsamen Grundlage der gesammten deutsch-evangelischen Kirche, diese im Gegensatze zur römisch-katholischen Kirche genommen, beruhe; wurde andern Theils bemerkt, daß diese Erklärung

1) mit dem allerhöchsten Erlasse vom 28. Februar 1834 im Widerspruche stehe, wonach alle Bekenntnißschriften der lutherischen und reformirten Kirche in Autorität bleiben sollten, woraus folge, daß keine derselben, also auch nicht die Augsburg'sche Confession, kirchliche normative Geltung habe, sondern daß die Geltung nur von der willkürlichen Annahme des Einzelnen abhängig gemacht sei; sowie

2) daß diese Erklärung auch insofern noch nicht bestimmt und erschöpfend genug sei, als es sich noch frage:

> ob die Confessio Augustana vom Jahre 1530, oder die variata vom Jahre 1540 als Symbol der unirten Kirche angesehen werde?

Nachdem Dr. Hahn erwidert hatte, darüber fehle zwar eine authentische Erklärung der kirchlichen Landesbehörde, es dürfte jedoch anzunehmen sein, daß die Confessio Augustana variata sich vorzugsweise zum Symbol der unirten Kirche eigne, insofern ihr von der einen der früher getrennten Kirchengemeinschaften der Vorzug gegeben worden sei, der Unterschied beider Ausgaben aber nicht für wesentlich gehalten werde, erklärten die Herren Comparenten weiter:

zunächst wollten und müßten sie sich gegen den Vorwurf der Eigenwilligkeit verwahren, und beriefen sich auf das Beispiel der märkischen Landstände, welche vom Kurfürsten Johann Sigismund für die lutherische Kirche die Geltung der unveränderten Augsburg'schen Confession anerkannt begehrt und erhalten hätten, — eine Geltung, die vom Jahre 1615—1830 rechtlich fortbestanden hätte. Sie könnten es, laut ihres Gewissens, nicht verstehen, wie eine kirchliche Gemeinschaft zwischen Solchen, die für die unveränderte, und Solchen, die für die veränderte Augsburg'sche Confession symbolische Geltung in Anspruch nähmen, möglich sei, da insbesondere im zehnten Artikel in letzterer die Antithese: et improbant secus docentes weggelassen, der Unterschied zwischen beiden mithin nicht zu leugnen sei.

Dr. Hahn erwiederte: „Dieser Unterschied sei allerdings vorhanden, jedoch bei der übrigen Uebereinstimmung der confessio Augustana variata mit der Invariata nicht von der Art, daß darin ein Hinderungsgrund für die Gemeinschaft des Gottesdienstes und der Sacramente gefunden werden könne. Es könne sich doch nur darum fragen, um insbesondere beim 10. Artikel stehen zu bleiben:

Was sagt das Wort Gottes, die heilige Schrift, vom heiligen Abendmahle?

und:

ist der Ausdruck der Variata hiervon schriftgemäß?

Es könne vollkommen zugegeben werden, daß der lutherische Lehrbegriff der wahre, schriftgemäße sei und daß die Invariata den Ausdruck dieser schriftgemäßen Wahrheit enthalte, aber es lasse sich nicht behaupten, daß der Ausdruck der Variata nicht schriftgemäß sei, und daß in diesem Ausdruck für den lutherischen Lehrbegriff etwas Verfängliches zum Aufgeben eines Glaubenssatzes Nöthigendes, oder eine Mißdeutung an sich oder gar nothwendig Veranlassendes liege. Dies lehre auch die Geschichte. In den ersten Decennien nach der eingetretenen Veränderung — im Sinne Melanchthons Verbesserung — habe man in dieser Ausgabe (der Variata) keinen verschiedenen Sinn gefunden, daher sie auch in Kirchen und Schulen gebraucht und auf dem Naumburger Convente als das Bekenntniß der evan-

gelischen Kirche anerkannt worden sei. Ein Verdacht gegen sie sei
vielmehr erst durch die in jener Zeit entstandenen Abendmahlsstreitig=
keiten rege geworden.

Hierauf erklärten die Herren Comparenten: Es werde zwar
anerkannt, daß der Ausdruck der Variata schriftgemäß sei, aber es sei
auch gewiß, daß er einer anderen Deutung, als der, welche der lu=
therische Lehrbegriff damit verbinde, zugänglich sei, und daß daher, da
dieser Lehrbegriff von der lutherischen Kirche stets als der vollkommen
schriftgemäße und also allein wahre anerkannt worden sei, die Variata
den Irrthum begünstige. Es gehe dies geradezu daraus hervor, daß
der von der lutherischen Kirche als irrthümlich erachtete, in der Invariata ausdrücklich verworfene, reformirte Lehrbegriff vom heiligen
Abendmahle sich mit den Worten vereinigen lasse. Wenn die Invariata nicht eben andere Ausdrücke gebraucht und insbesondere die
Antithese nicht enthalten hätte, so würde sich jetzt gegen den Ausdruck
der Variata, als einen schriftgemäßen, nichts sagen lassen. Da aber
in der Invariata andere, die Wahrheit präciser ausdrückende und die
Antithese enthaltende Worte gebraucht worden seien, so müsse es für
Sünde geachtet werden, sie wegzulassen. Denn was damals 1530
wahr gewesen, müsse auch jetzt noch wahr sein, und die heilige Schrift
lehre und gebiete: in der Wahrheit zu bleiben und allen Irrthum
zu meiden.

Dr. Hahn entgegnete: Es könne, wie bereits bemerkt, immer
zugegeben werden, daß die Invariata den lutherischen Lehrbegriff in
seiner schriftgemäßen Wahrheit bestimmter als die Variata enthalte;
allein es müsse ebenso wiederholt werden, daß deßhalb die Gemein=
schaft des Gottesdienstes und der Sacramente zwischen den Gliedern
der zwei evangelischen Schwesterkirchen, von denen die eine die Invariata, die andere die Variata zur Grundlage habe, nicht aufgehoben
oder gehindert zu werden brauche. Es lasse sich füglich auf das
Beispiel und Verhältniß Luthers und Melanchthons Bezug nehmen,
welche Beide in ungetrennter kirchlicher Gemeinschaft geblieben seien.
Letzterer habe auch gewiß durch die Fassung der Variata den luthe=
rischen Lehrbegriff nicht fälschen oder verleugnen wollen, sondern nur
aus Liebe zum Frieden und behufs Vereinigung und Consolidirung
aller evangelischen Glaubensgenossen unter Einem Bekenntnisse, der
römisch=catholischen Kirche gegenüber, in der Variata die Worte so
gewählt, daß darin der gemeinsame, der Schrift vollkommen gemäße

Ausbruck des Bekenntnisses der Evangelischen vom heiligen Abend=
mahle gefunden werden möchte. Und gerade das sei auch der Zweck
und das Wesen der Union. Es solle dadurch die lebendige glaubens=
treue Anhänglichkeit an die unterscheidenden Lehren der lutherischen
und reformirten Kirche in Preußen nicht gestört, vielmehr solle nur,
soweit für beide eine schriftgemäße gemeinsame Basis gegeben sei,
die kirchliche Ueberzeugung ausgedrückt worden, daß um der, un=
geachtet dieser gemeinsamen Basis stattfindenden Ver=
schiedenheiten willen der Begriff und das Bewußtsein
einer gemeinsamen evangelischen Kirche nicht aufgegeben
zu werden brauche. So stehe denn auch zu erwarten, daß da=
durch das Bewußtsein des gemeinsamen evangelischen Christenthums
unter dem Beistande des Herrn der Kirche immer lebendiger werde,
sowie zu hoffen, daß im Inneren der unirten Kirche das in den con=
fessionellen Unterscheidungslehren der heiligen Schrift minder Ent=
sprechende durch die Macht biblischer Wahrheit werde überwunden
werden.

Hierauf wurde anderen Theils erwidert: Luther habe die Variata
nie gebilligt, ja das eigenmächtige Verfahren Melanchthons ausdrück=
lich getadelt; zu einer Lossagung von letzterem sei aber noch keine
Veranlassung gewesen, weil sich vor Luthers Tode der nicht schrift=
gemäße reformirte Lehrbegriff noch nicht unter den schriftgemäßen
Ausbruck der Variata geflüchtet habe. Die Kirchengeschichte könne
aber nicht ignorirt und es dürfe nicht vergessen werden, daß die
Variata in der lutherischen Kirche nie allgemeine Geltung erlangt
habe, dagegen aber in dem reformirten Bekenntnisse der Confessio
Sigismundi (Marchica) als Symbol angenommen, und daß in letz=
terem aus Artikel 10 der Variata die Lehre vom heiligen Abend=
mahle nicht schriftgemäß construirt worden sei. Der Unterschied des
lutherischen und reformirten Lehrbegriffs vom heiligen Abendmahle
und was damit im Zusammenhang stehe, von der Person Christi,
sei bekannt und trete auch in der Confessio Marchica, wo nach cal=
vinistischer Lehre der Genuß des wahren Leibes und Blutes des
HErrn im heiligen Abendmahle an den Glauben des Empfangenden
als Bedingung geknüpft werde, klar genug hervor. Die Annahme
der Variata begreife daher ein Aufgeben der in der lutherischen
Kirche geltenden Invariata in sich. Der Union möge ein guter Zweck
zum Grunde liegen, das Mittel zu diesem Zwecke sei aber verwerf=

lich, weil es Verleugnen oder Aufgeben erkannter Wahrheiten voraussetze. Die damit verknüpfte Hoffnung: daß durch das Eingehen
der kirchlichen Gemeinschaft mit solchen, die die Wahrheit des lutherischen Lehrbegriffs nicht anerkennen, oder geradezu leugnen, der Sieg
der Wahrheit unter dem Beistande des HErrn vermittelt und gefördert werden könne, involvire ein Versuchen des HErrn, der geboten habe, in der Wahrheit zu bleiben, und ein Vertrauen auf
eigene Kraft, die es unternähme, Andere zu der Wahrheit
herüberzuziehen, die als solche von der Kirche nicht mehr
bekannt werden. Die Bemerkung, daß auch in der lutherischen
Kirche vor 1817 von den Theologen und Geistlichen nicht immer
und nicht überall deren Symbolen gemäß gelehrt und gepredigt worden sei, könne als richtig zugegeben werden, sei aber deßhalb nicht
erheblich, weil es sich nur darum handle, was in der lutherischen
Kirche, ihrem Bekenntnisse nach, de jure gelehrt werden solle und
müsse, der Unglaube und die Willkür des Einzelnen aber den rechtlichen Zustand nicht verrücken oder aufheben könne und dürfe.

Dr. Hahn bemerkte: Zunächst müsse kirchengeschichtlich entgegnet
werden, daß die Confessio Marchica nicht einen Gegensatz zur Invariata habe enthalten sollen, sondern nur in Folge der kryptokalvi-
nistischen Streitigkeiten am Ende des 16. Jahrhunderts einen Gegensatz zur Formula Concordiae, — einer Bekenntnißschrift, die von der
lutherischen Kirche nicht überall und nicht gleichmäßig symbolische
Geltung erlangt habe. Sodann aber werde von den Dissidenten das
Wesen der Union nicht so verstanden als es aufgefaßt werden müsse.
Schon in der alten apostolisch-katholischen Kirche sei der Wunsch nach
Einer Kirche lebendig gewesen, wie das alte Taufbekenntniß in den
Worten: ecclesiam unam catholicam bezeuge. In dem Bestreben,
im Namen des HErrn zu wirken, daß eine gemeinsame Basis in
der Kirche gewonnen werde, von der aus das Nichtgemeinsame oder
Differente in Lehre und Bekenntniß durch die Macht der biblischen
Wahrheit überwunden oder zur allgemeinen Anerkennung gebracht
werden könne, sei der Standpunct gegeben, auf den, durch die ganze
Geschichte der christlichen Kirche hindurch, sich alle Die gestellt hätten,
die das Verlangen nach einer allgemeinen heiligen Kirche in dem
Apostolischen Bekenntnisse unter des HErrn Beistande hätten zur
Verwirklichung führen wollen. Es lasse sich eben deßhalb auch von
denen, die sich auf diesen Standpunct gestellt, nicht, wie andern Theils

13*

angenommen werbe, behaupten, baß sie indifferentistisch gesinnt wären
unb sich versünbigten, weil sie ben HErrn ber Kirche versuchten unb
eigener Kraft vertrauten. Jener Stanbpunct sei auch ber ber Union.
Ein wahres gläubiges Mitglieb ber unirten Kirche finbe solchen
Stanbpunct in ber Confessio Augustana variata, in ber es ben we=
sentlichen schriftgemäßen Ausbruck ber einfachen biblischen Wahrheit
erkenne, unb bie es baher als Basis ber kirchlichen Gemeinschaft an=
nehme. Der bewußte Zutritt zur Union setze nur bie Ueberzeugung
voraus, baß bie unterscheibenben Lehren ber beiben evangelischen
Schwesterkirchen zwar nicht unwesentliche seien, — benn wie es nur
Eine Wahrheit gebe, so könne auch nur Eine Auffassungs= unb Aus=
brucksweise bie vollkommen schriftgemäße, also wahre sein, — baß
biese unterscheibenben Lehren aber auch nicht von ber Art seien, baß
sie eine Gemeinschaft bes Gottesbienstes unb ber Sacramente noth=
wenbig hinbern müßten. Es sollten barum auch in ber unirten
Kirche bie Confessionsunterschiebe ebenso wenig, als in ber alten
Kirche bie verschiebenen Lehrformen, welche gleichfalls neben einanber
bestanben, indifferentistisch übersehen, sonbern es solle bas ber Schrift
minber Entsprechenbe burch bie biblische Wahrheit überwunben wer=
ben, bamit enblich bie Kirche in einem vollkommeneren Sinne eine
Einige werbe, als sie es jetzt sei. Die Union enthalte nur ben Aus=
bruck ber kirchlichen Ueberzeugung, baß für beibe Confessionen, ihrer
Verschiebenheiten unbeschabet, in ber gemeinsamen evangelischen Kirche
Raum sei, unb baß bieser Verschiebenheit wegen ber Begriff unb bas
Bewußtsein einer gemeinsamen Kirche, — jeber anbern, auf gleicher
gemeinsamer Basis nicht stehenben Kirche gegenüber — nicht auf=
gegeben zu werben brauche. Deshalb könne auch ein gläubiges Mit=
glieb ber unirten Kirche ber strengste Lutheraner sein unb als seine
Aufgabe erkennen, ben eigenthümlichen lutherischen Lehrbegriff burch
grünbliche Belehrung über bas, was nach seiner Ueberzeugung in ber
reformirten Auffassung unb Lehrform nicht schriftgemäß sei, zur all=
gemeinen Anerkennung zu bringen. Ja gerabe nur burch seine kirch=
liche Gemeinschaft mit Solchen, bie aus ber Variata ben reformir=
ten Lehrbegriff construirten, unb burch bie Möglichkeit einer Einwir=
kung auf sie in Lehre unb Prebigt lasse sich in Aussicht stellen, baß
von ber unirten Kirche selbst mit ber Zeit bie Confessio Augustana
invariata zur allgemeinen symbolischen Anerkennung würbe gebracht
werben können.

Die Herren Comparenten entgegneten: Sie könnten sich laut ihres Gewissens auf einen solchen Standpunct nicht stellen. Jedes bewußte Aufgeben einer erkannten Wahrheit sei Unredlichkeit oder Lüge. Ein Annehmen der Variata würde nur zulässig erscheinen, wenn die geschichtliche Entwicklung der lutherischen und reformirten Kirche und deren genaue Beziehung zur Invariata und Variata ignorirt werden könnte und dürfte. Ueberdies sei die Richtung der Jetztzeit der Geltung symbolischer Bekenntnißschriften überhaupt entschieden entgegen, es lasse sich daher auch nicht in Aussicht stellen, daß in der unirten Kirche die Invariata die Variata verdrängen und sich allgemeine Anerkennung verschaffen werde, sondern es müsse von und in der unirten Kirche, wo Alles von der subjectiven Glaubensansicht der einzelnen Personen abhängig sei, vielmehr gerade das Gegentheil erwartet werden. Die Union führe zu einem Einzelwesen, aber zu keiner Gemeinschaft, zu keiner Kirche, die rund und klar in ihrem Bekenntnisse aussprechen müsse, was von ihr als schriftgemäße Wahrheit und als Basis der Gemeinschaft anerkannt werde. Wäre der Standpunct der Union der richtige, dann müßte man es auch für ungerechtfertigt erklären, daß die Reformatoren nicht die ökumenischen Concilienbeschlüsse, welche auch in der römisch-katholischen Kirche geltend gewesen, als gemeinsame Basis angenommen hätten, und mit dieser in kirchlicher Gemeinschaft geblieben wären. Ja consequent müßte dann das von Bretschneider aufgestellte Symbol:

„es ist ein Gott und Christus sein Prophet",

als das allerbeste und resp. für die Eine allgemeine christliche Kirche einzig mögliche anerkannt werden, weil darin für den Glauben wie für den Unglauben und für alle confessionellen Unterschiede Raum gegeben sei.

Dr. Hahn erwiderte: Die Richtigkeit dieser Behauptungen und Schlußfolgerungen müsse durchaus in Abrede gestellt und es dürfe deshalb nur daran erinnert werden, daß zur Zeit der Reformatoren nicht bloß die schriftgemäßen und darum auch von ihnen anerkannten ökumenischen Concilienbeschlüsse, sondern auch schriftwidrige Lehren, z. B. von der Rechtfertigung durch Werke, vom Fegefeuer u. a. m. durch Synodalbeschlüsse, z. B. auf der lateranischen Synode vom Jahre 1215 angenommen und deshalb von der römisch-katholischen Kirche zu allgemeiner symbolischer Geltung gebracht gewesen wären, und daß gerade dieser nicht schriftgemäßen, also Irrlehren wegen die

Trennung der evangelischen Kirche von der römisch-katholischen ge=
rechtfertigt, ja nothwendig gewesen und geblieben sei. Ganz anders
verhalte es sich mit der Union, die als Basis der Gemeinschaft all=
gemein die Confessio Augustana hinstelle, da sowohl in der Invariata
als in der Variata für die schriftgemäße Wahrheit der schriftgemäße
Ausdruck enthalten sei. Hier lasse sich höchstens zugeben, daß der
Ausdruck der Invariata dem lutherischen Lehrbegriff noch mehr als
der der Variata entspreche, es lasse sich aber nicht behaupten, daß der
Ausdruck der Variata von der Art sei, daß durch deren Annahme
als Symbol der evangelischen Kirche eine Verleugnung des lutherischen
Lehrbegriffs irgendwie herbeigeführt werden könnte. Es handle sich
nicht darum, die Invariata aufzugeben, sondern nur darum, die
Variata nicht zu verwerfen, und zwar deshalb nicht zu verwerfen,
weil darin der Ausdruck der schriftgemäßen Wahrheit auch enthalten
sei. Es müsse, um den Standpunct der Union richtig aufzufassen,
nochmals auf die Geschichte der alten apostolisch-katholischen Kirche
zurückgewiesen werden, wo laut der Schriften von Augustinus und
Gregor von Nyssa verschiedene Lehrformen und Lehrweisen gerade
auch hinsichtlich des heiligen Abendmahls neben einander, und keines=
wegs indifferentistisch bestanden hätten, ohne daß darin ein Grund zu
einer Trennung in einzelne Confessionen und zu einer Aufhebung
der Kirchengemeinschaft gesucht und gefunden worden wäre. Und
ebenso freimüthig und bestimmt könne auch in der unirten Kirche,
wie es denn auch in manchen Gegenden wirklich der Fall sei, die
vollkommenste Freiheit in Lehre und Predigt sich geltend machen,
ohne daß das Bewußtsein einer gemeinsamen evangelischen Kirche —
jeder, auf gleicher gemeinsamer Basis nicht beruhenden andern, und
namentlich der römisch-katholischen Kirche gegenüber, — aufgegeben
zu werden brauche.

Hiergegen wurde von den Herren Comparenten erklärt: Sie
müßten dabei bleiben, daß die Berufung auf den Zustand der alten
apostolisch-katholischen Kirche nicht Platz greifen könne, weil damals
der Unterschied in den Lehren von Augustinus und Gregor weder
wissenschaftlich noch kirchlich hervor getreten, oder schon von Bedeu=
tung gewesen sei, und der Zustand der evangelischen Kirche sich erst
seit der Reformation entwickelt und festgestellt habe, diese historische
Entwicklung der lutherischen Kirche aber nicht ignorirt werden könne,
ohne an der Wahrheit zu sündigen. Der Ausdruck der unveränderten

Augsburg'schen Confession im zehnten Artikel sei vollkommen schrift=
gemäß, der der veränderten sei zwar auch schriftgemäß, aber unvoll=
kommener, weil sich darunter der Irrthum flüchten könne und ge=
flüchtet habe. Es handle sich daher um ein Aufgeben des vollkom=
meneren Ausbrucks gegen den unvollkommeneren, der Wahrheit zu
Schaden und dem Irrthum zu Liebe, und das sei Sünde. Sie er=
klärten deshalb für sich und ihre Glaubensbrüder: daß ihrerseits von
einem Anschlusse an eine Kirchengemeinschaft auf keinen Fall die Rede
sein könne, insofern darin die veränderte Augsburg'sche Confession
überhaupt oder auch nur von einem Theile der Gemeinde als Sym=
bol anerkannt oder gebilligt werde.

Nach dieser Erklärung kam die Frage zur Erörterung:

ob ein Anschluß der Dissidenten an die unirte Kirche in Aus=
sicht zu stellen sei, wenn diese die unveränderte Augsburg'sche
Confession als geltendes Symbol anerkenne?

Die Herren Comparenten erwiderten: Diese Frage lasse sich
nicht einfach mit Ja oder Nein beantworten. Sie müsse jedoch un=
bedingt verneint werden, wenn außer und neben der Invariata auch
die Symbole der reformirten Kirche in Preußen, die Confessio Marchica. die Declarationen zu Thorn und Leipzig und der Heidelberger
Katechismus als Bekenntnißschriften der unirten Kirche fortbestehen
und geltend bleiben sollten, weil dadurch der antithetische Sinn der
Invariata aufgehoben werde, weil sich Wahrheit und Irrthum mit
und neben einander nicht vertrügen und weil die Kirche qua talis ein
de jure geltendes Symbol haben müsse und daher die Geltung der
Symbole für die Kirche selbst in Anspruch zu nehmen, nicht aber in
die Willkür der einzelnen Mitglieder zu stellen sei. Bejaht aber
könne jene Frage außerdem auch nur insofern werden, als außer der
Invariata auch noch deren Apologie, die Schmalkalbischen Artikel, die
beiden Katechismen Luthers und die Concordienformel als geltende
Symbole für sie und ihre lutherischen Glaubensgenossen anerkannt
würden. Sie müßten sich übrigens weitere Erklärungen über die
Möglichkeit eines Anschlusses unter der obigen Voraussetzung bis da=
hin vorbehalten, wo die Invariata zum Bekenntnißbuche der unirten
Kirche erklärt sein werde.

Dr. Hahn bemerkte hierauf: daß die Formula Concordiae nicht
von der ganzen lutherischen Kirche in Deutschland, und insbesondere

nicht in Dänemark, Schweden und Norwegen angenommen wor=
ben sei, daß ferner in den sächsischen Landen außer den genannten
Bekenntnißschriften auch noch die Visitationsartikel von 1592 symbo=
lische Geltung erlangt hätten, daß aber dieser symbolischen Verschie=
benheiten wegen die Gemeinschaft mit der gesammten lutherischen
Kirche nicht aufgehoben, vielmehr angenommen worden sei, daß deren
Grundlage die unveränderte Augsburg'sche Confession sei.

Seitens der Dissidenten wurde entgegnet: Dies habe allerdings
seine Richtigkeit und sie hätten auch selbst für ihre Erfurter Glaubens=
brüder neben den oben gedachten Symbolen auch die Visitationsartikel
vom Jahre 1592 als Bekenntnißschrift — anerkannt. Für sich aber
müßten sie die Anerkennung jener fünf Bekenntnißschriften in ihrer
symbolischen Geltung, als Explicationen des in der unveränderten
Augsburg'schen Confession ausgedrückten lutherischen Lehrbegriffs for=
bern und könnte nur unter der Voraussetzung der Gewährung dieser
Forderung die Gemeinschaft des Gottesdienstes und der Sacramente
mit allen Denen, die auch, oder auch nur, d. h. mit Ausschluß der
andern lutherischen Bekenntnißschriften, die unveränderte Augsburg'sche
Confession als Grundsymbol der evangelischen Kirche gelten ließen, in
Aussicht gestellt werden.

In Folge Berührung der Frage über die Competenz der Herren
Comparenten, im Namen der sich getrennt haltenden lutherischen Con=
fessionsverwandten mit den Commissarien zu verhandeln, erklärten
dieselben:

> daß sie sich im Sinne der von ihren lutherischen Glaubens=
> brüdern gehaltenen Synode für befugt betrachten dürften, mit
> den geistlichen Landesbehörden im Namen ihrer Glaubens=
> brüder zu verhandeln, vorausgesetzt, daß mit den Verhand=
> lungen den auf der Generalsynode vom Jahre 1841 gefaßten
> Beschlüssen gemäß verfahren, resp. eine Beschlußnahme über
> diese Verhandlungen durch gestattete Berathung ihrer Prediger
> mit den Synodaldeputirten möglich gemacht werde. Eine
> weitere Erklärung hinsichtlich ihrer Legitimation und Compe=
> tenz ihren Glaubensbrüdern gegenüber behielten sie sich übri=
> gens noch ausdrücklich vor.

Damit wurde für heute geschlossen, dabei aber zugleich die nächste

Conferenz, in der zunächst der Zweck und Inhalt der erneuerten Agende besprochen werden soll,

auf Dienstag den 17. Januar, Nachmittags 4 Uhr, in der Wohnung des Dr. Hahn
verabredet.

Herr Professor Dr. Huschke beantragt schließlich, ihm eine Abschrift dieser Verhandlung mitzutheilen.

Vorgelesen. Genehmigt. Vollzogen.

(gez.) E. Huschke. v. Haugwitz. J. H. C. Webemann.
A. Grempler.

Verhandelt wie oben.

(gez.) Hahn. Wentzel.

Es ist sehr lehrreich, diese amtlichen Erklärungen Dr. Hahn's mit den beiden früheren Kabinetsordres von 1817 und von 1834 zu vergleichen und ihre wesentliche Uebereinstimmung zu beobachten. Wir heben folgendes als beachtenswerth heraus.

1) Hahn stellte die „evangelische Kirche" als eine unirte Kirche hin, sagte also auch nichts — und wußte also wahrscheinlich auch nichts — davon, daß die evangelische Kirche nur ein „formaler Begriff", ein Nichts sei. Alle seine Auslassungen reden von der neubelebten evangelisch-christlichen Kirche, welche die Ordre von 1817 gewünscht hatte, als von der gegenwärtig in Preußen existirenden, und laden die Lutheraner ein, dieser Kirche beizutreten. Jedenfalls also konnte man lutherischer Seits auf die Wangemann'sche Behauptung, daß die frühere lutherische Kirche noch bestehe, während es eine unirte Kirche nicht gebe, keine Rücksicht nehmen, da sie in jenen Verhandlungen keinen amtlichen Ausdruck fand, vielmehr das Gegentheil versichert wurde.

2. Nicht minder stimmen Hahns Erklärungen damit in den Tenor der früheren Erlasse ein, daß er das völlige und unveränderte Festhalten des lutherischen Glaubens und Bekenntnisses auch innerhalb der unirten Kirche für statthaft erklärt.

3. Dagegen war es etwas neues, wenn er im Namen des geistlichen Ministeriums jetzt der evangelischen Kirche ein gemeinsames, in gültiger Form vorhandenes Bekenntniß vindicirte, nämlich die drei ökumenischen Symbole und die veränderte Augsburgische Confession. Diese Behauptung war schon damals nicht mehr, als ein Wunsch — und ist es geblieben bis auf diesen Tag.

4. Nicht minder war es etwas neues, wenn er als einen Zweck der Kirchengemeinschaft zwischen Lutheranern und Reformirten auch den angab, daß das der heiligen Schrift minder entsprechende nach und nach durch die Macht der biblischen Wahrheit überwunden werden solle, d. h. also, daß die reformirten Irrthümer in der Lehre nach und nach beseitigt und die lutherische Lehre die allein gültige werden sollte. Ob man damals diese Hoffnung wirklich gehabt habe, ist zu bezweifeln. Jedenfalls hatten aber offenbar die Reformirten in der Union das gleiche Recht zu der Hoffnung, daß ihre Lehre allmählig den Sieg über die lutherische davon tragen würde. Davon sagte freilich Hahn nichts, weil er persönlich lutherisch gesinnt war; ein reformirter Commissarius hätte so zu reformirten „Dissidenten" reden mögen.

Daß nun alle diese Erklärungen wohl geeignet waren, die Lutheraner vom Eintritt in die evangelische Kirche abzuschrecken, aber sehr wenig geeignet, sie dazu einzuladen, bedarf wohl eines weiteren Nachweises nicht. Wurde ja doch ganz offenbar und unverhüllt ein wirklicher Zutritt zu der „unirten Kirche" von ihnen verlangt, innerhalb deren ihnen das Recht, ihre Ueberzeugung zu bekennen und zu verbreiten, gelassen werden sollte, in der sie aber sonst mit den Reformirten in vollständigster äußerer und innerer Kirchengemeinschaft ständen. Ob die Ablehnung dieses Begehrs Treue oder Eigensinn gewesen ist, wird nun dem Urtheil aller derer anheim gegeben werden können, welche wissen, was lutherisch ist, und auch Wangemann wird darüber nicht mehr im Zweifel sein. [1])

Die nächstfolgenden Besprechungen zwischen dem Ober-Kirchen-Collegium und den Commissarien hatten die neue Agende und

---

[1]) Wangem II. S. 406.

das Kirchenregiment zum Gegenstande. Sie bieten viel weniger Interessantes dar. Einzelnes werde aus ihnen mitgetheilt.

In dem Protokoll über die Agende heißt es: „Allgemein wurde anerkannt, daß zum Wesen der wahren Kirche außer dem schriftgemäßen Bekenntniß ferner noch eine schriftgemäße Form des Gottesdienstes und aller kirchlichen Handlungen gehöre. Es kam daher auf Erörterung der Frage an: in welchem Verhältnisse die erneuerte Agende zu dieser Forderung stehe.

„Dr. Hahn bemerkte zunächst, als Zweck der Agende sei in deren Publications-Patente ausdrücklich ausgesprochen, daß sie dieser Forderung entsprechen solle. Ihr deutlich erklärter Zweck sei nämlich der: die früher aus unkirchlichen und dem Glaubensgebiet fremden Motiven hervorgegangene Willkür in der Feier des Gottesdienstes zu beseitigen, den Gebrauch echter Erzeugnisse des ursprünglichen Geistes der evangelischen Kirche wieder herzustellen und mit ihnen zugleich das christliche Bewußtsein der Gemeinden gegen auffallende Abweichungen in der Lehre zu sichern.

„Eine pflichtmäßig ruhige, unparteiische und vorurtheilsfreie Untersuchung der erneuerten Agende ergäbe nun auch, daß ihr Inhalt diesem ausgesprochenem Zweck gemäß sei, indem ihre Formulare derjenigen christlichen Auffassung entsprächen, welche die gemeinsame Grundlage der besonderen Zweige der evangelischen Kirche bilde, ohne den eigenthümlichen Bekenntnißschriften der einen oder der andern Eintrag zu thun."

„Dagegen wurde von den Herren Comparenten im Allgemeinen die Behauptung aufgestellt, daß eine jede Agende außer dem schriftgemäßen Ausdruck auch noch einen bestimmten kirchlichen Charakter haben müsse, ein solcher kirchlicher Charakter für die lutherische Kirche aber der erneuerten Agende fehle. „Die Annahme der erneuerten Agende müsse von ihnen verweigert werden, nicht blos, weil darin das Eigenthümliche des lutherischen kirchlichen Lehrbekenntnisses vermißt werde ihres Inhalts wegen, sondern auch ihres Zweckes, ihres Ursprungs und ihres Namens wegen.

„Und zwar ihres Zweckes wegen, weil der in der erneuerten

Agende ausgesprochene Zweck: eine schriftgemäße Form des Gottesdienstes einzuführen und wieder herzustellen, nicht ihr einziger, vielmehr nach der Geschichte der letzten fünfzig Jahre ihr anderweiter
Hauptzweck d e r: die Union zwischen der reformirten und lutherischen Kirche zu vermitteln und zu begründen, sei. ¹) — —

„Ihres Ursprungs wegen, weil die erneuerte Agende nicht von
lutherischen, sondern von theils ursprünglich reformirten, theils
unirten geistlichen Räthen entworfen, abgefaßt und beglaubigt worden sei, und sie — — sich nicht für verpflichtet hielten (nach Artikel VII des westfälischen Friedens) eine Agende von Leuten anzunehmen, die nicht ihrer, der lutherischen Kirche, angehörten.

„Endlich ihres N a m e n s wegen, weil sie für die evangelische
Kirche in den Königlich Preußischen Landen, worunter nach authentischer Erklärung in der Kabinetsordre des hochseligen Königs Majestät vom 27. September 1817 die unirte Kirche zu verstehen sei,
gegeben worden, also für eine besondre, einen Gegensatz zur lutherischen bildende Kirche bestimmt sei.“ ²)

„Dr. H a h n wurde dadurch noch veranlaßt, zu bemerken:

der Ursprung der erneuerten Agende sei nicht verschieden von
dem anderer und insbesondere früherer lutherischer Agenden, welche
in Landen, wo der Fürst der reformirten Confession, oder, wie
z. B. in Sachsen, der katholischen Kirche zugethan gewesen, auf
Veranlassung und Befehl des Landesherrn von evangelischen Geistlichen abgefaßt und unter landesherrlicher Auctorität publicirt, ja
sogar zwangsweise eingeführt worden seien;

auf den Namen „Agende für die evangelische Kirche in den
Königlich Preußischen Landen“ könne ein solches Gewicht, wie andererseits geschehen, aber deßhalb nicht gelegt werden, weil auch
andere, entschieden lutherische Agenden, z. B. die Oelsner vom

---

¹) Es verdient hervorgehoben zu werden, daß Dr. Hahn, der sonst nicht
leicht etwas unwidersprochen ließ, diesen Hauptzweck der Agende, die Anbah-
nung der Union, mit Stillschweigen überging.

²) Auch gegen diese Interpretation, welche die „evangelische Kirche“ durch
„unirte Kirche“ erklärte, fand Hahn nichts zu erinnern.

Jahr 1664 dem Titel nach für die evangelischen Gemeinden (des Fürstenthum's Oels u. s. w.) gegeben und publicirt worden seien."

Die Glieder des Ober-Kirchen-Collegiums erwiderten darauf:

„in ersterer Hinsicht, daß z. B. in Sachsen durch eine besondere Convention das materielle Kirchenregiment in die Hände besonderer geistlicher Räthe lutherischer Confession gelegt sei;

„in zweiter Hinsicht, daß es auf den Namen „evangelisch" auf dem Titel der Oelsner Agende deshalb nicht ankomme, weil abgesehen davon, daß sie von einem lutherischen Theologen abgefaßt und von einem lutherischen Landesherrn publicirt worden, damals der Ausdruck „evangelisch" mit „lutherisch" identisch genommen worden sei,"

worauf „von Dr. Hahn aber gegenseits auf das beide (die lutherische und die reformirte) Confessionen vertretende Corpus Evangelicorum hingewiesen wurde."

Das Endergebniß dieser Besprechung über die Agende war

„die Erklärung der Herren Comparenten, daß seitens ihrer und ihrer Glaubensbrüder ein Anschluß auch an Gemeinden, welche die unveränderte Augsburgische Confession als kirchliches Grundsymbol anerkennen, niemals ohne die Voraussetzung, daß ihnen die Beibehaltung ihrer lutherischen Agenden gestattet werde, in Aussicht gestellt werden könne." [1]

Die dritte Besprechung, welche das Kirchenregiment zum Gegenstand hatte, eröffnete Dr. Hahn mit folgenden Bemerkungen:

„Es könne und dürfe vorausgesetzt werden, daß die von der evangelischen Landeskirche sich getrennt haltenden lutherischen Glaubensbrüder nichts anderes wollten, als die altlutherische Lehre festhalten und treu bewahren. Niemand wollte ihnen aber diese ent-

---

[1] Wenn Wangemann II. S. 367 nach Eilers von einer „äußersten Nachgiebigkeit in Bezug auf den Gebrauch der Agende" berichtet, welche damals bewiesen worden sei, so kann sich das auf diese Verhandlungen nicht beziehen, in denen von solcher Nachgiebigkeit nicht die Rede war. Außer in diesen Besprechungen war aber seit 1840 nach den mir vorliegenden Acten von der Agende überhaupt nicht die Rede.

ziehen, Niemand verlangen, daß sie ihre gewissenhafte Glaubens=
überzeugung aufgeben sollten. Die evangelische Kirche der Preußi=
schen Lande stehe mit ihnen auf gemeinsamem Grunde des Glau=
bens, und dieses gemeinsamen Glaubensgrundes wegen biete sie
ihnen mit Liebe die gleiche kirchliche Gemeinschaft. Auch insofern
sie unirt sei, ehre sie ihre besonderen Unterscheidungslehren, fordre
in keiner Art eine Verleugnung ihrer Glaubensüberzeugung, und
beabsichtige nichts weniger, als sie der Treue für die lutherische
Confession irgend zu entfremden. Unter diesen Umständen sei es
für die Dissidenten, wenn ihre Grundsätze die ursprünglich lutheri=
schen seien, sogar Pflicht, den Anschluß an die Gemeinschaft der
evangelischen Landeskirche nicht zu verweigern.

„Es müsse dabei auf das Beispiel der Reformatoren hinge=
wiesen und an den Inhalt der von ihnen selbst verfaßten Bekennt=
nißschriften erinnert werden. Die Reformatoren hätten darin vor
allem auf Schriftgemäßheit oder Reinheit der Predigt und Sacra=
mente gedrungen (Confess. Aug. Art. 7 und 8), und wenn diese
zugelassen und ihnen nicht die Theilnahme an abergläubischen und
unchristlichen Gebräuchen zugemuthet würde, sich bereit erklärt, selbst
den Bischöfen der damals bestehenden römischen Kirche sich unterzu=
ordnen, namentlich von diesen ihre Geistlichen ordiniren und confir=
miren zu lassen.

„Insbesondere seien in den symbolischen Büchern drei Fälle
angegeben, in denen es Pflicht sei, den bestehenden geistlichen Be=
hörden sich nicht unterzuordnen, ihnen vielmehr den Gehorsam auf=
zukündigen, nämlich:

a. wenn sie Menschensatzungen als nothwendig zum Heil der
   Seele gegen das Evangelium geltend machten, so daß das
   Verdienst Christi geschmälert werde;

b. wenn sie die reine Lehre unterdrückten und sich gegen die
   treuen Bekenner und Verkündiger des göttlichen Wortes feind=
   selig zeigten;

c. wenn sie die Ordination verweigerten.

„Was von den damaligen Bischöfen als römischen Kirchen=
oberen der Mehrzahl nach gegolten habe, lasse sich aber auf die

Geistlichen der evangelischen Kirche in Preußen nicht anwenden. Wenn daher die Dissidenten auch unter Umständen, unter denen nicht nur keine Verleugnung ihrer lutherischen Glaubensüberzeugung gefordert werde, sondern vielmehr ihre treue Anhänglichkeit an das lutherische Bekenntniß geschützt und gesichert werden solle, in der Absonderung von der evangelischen Landeskirche beharren und sich weigern wollten, gleich andern nicht unirten lutherischen Gemeinden, welche ihren früheren Zustand unverändert beibehalten haben, ihre Beziehungen zum Staat und zur evangelischen Landeskirche anzuerkennen und sich den bestehenden geistlichen Behörden unterzuordnen, so würde dies eine Verleugnung der wahrhaft lutherischen Grundsätze, folglich in keiner Weise gerechtfertigt, ja sogar pflichtwidrig sein.

„Hierüber entspann sich eine längere Debatte.

„Da Dr. Hahn in der Ausführung seiner vorstehend aufgezeichneten Gedanken einige Male von der Pflicht der sich getrennt haltenden Glaubensbrüder gesprochen hatte, unter den gegebenen Umständen zu der Gemeinschaft mit der Mutterkirche zurückzukehren, wenn ihre Grundsätze die in den Symbolen anerkannten, ursprünglich lutherischen seien, wurde von den Herren Comparenten zunächst dagegen protestirt, daß der evangelischen Landeskirche in Preußen das Prädicat „Mutterkirche" beigelegt und vindicirt werde, da diese als „neubelebte evangelische Kirche" eine erst seit 1817 resp. 1830 entstandene, aus drei Parteien, den unirten, den nicht unirten lutherischen und den nicht unirten reformirten Gemeinden bestehende Kirche sei. Mit größerem Recht würde sich in gewissem Sinne die römisch-katholische Kirche als Mutterkirche bezeichnen lassen; jedenfalls könnten sie nur die lutherische Kirche, welche seit drei Jahrhunderten factisch und rechtlich als eine selbständige Kirche der reformirten gegenüber bestanden habe, und der sie und ihre Glaubensbrüder treu geblieben seien, im wahren Sinne als die Mutterkirche anerkennen. — Es handle sich daher ihrerseits nicht um eine Wiedervereinigung und eine Rückkehr zu der Mutterkirche, die sie in der evangelischen Landeskirche nicht wieder erkennen könnten, sondern um ein Aufgeben von Rechten der lutherischen Kirche dieser neu gebildeten evangelischen Landeskirche gegenüber, und darum, ob und inwieweit ein Anschluß an diese unbeschadet ihres Glaubens und ohne Verletzung ihres Gewissens geschehen könne. — Sie müßten auf Grund der Bekenntnißschriften ihrer Kirche gegen jegliche Art von Beaufsichtigung rücksichtlich des geistlichen und Schulwesens, wodurch eine Gefahr für die Bewahrung ihres reinen lutherischen Glaubens entstehen könnte, protestiren, und sprächen in Uebereinstimmung mit Gottes Wort und mit den Symbolen, sowie gestützt auf die frühere rechtmäßige Praxis der lutherischen Kirche und vorzugsweise auf die derselben im Westfälischen Frieden, insbesondere Artikel VII §. 1 gesicherten Rechte ihre Ueberzeugung aus, einem Kirchenregiment sich nicht unterwerfen zu können und zu dürfen, welches nicht öffentlich ihres (lutherischen) Glaubens sei d. h. von Leuten ausgeübt werde, welche sich nicht zum Bekenntniß der lutherischen Kirche hielten. Und da es für das Formelle des Kirchenregiments keine übereinstimmende feste Norm gebe, so lasse sich die Frage: ob sie sich einem Kirchenregiment unter gegebenen Verhältnissen unterwerfen könnten, auch erst dann beantworten, wenn diese Verhältnisse nicht blos künftig in Aussicht gestellt, sondern in concreto bereits vorliegend seien." [1]

Das Endergebniß nun aller dieser Verhandlungen war die Erklärung des Ober-Kirchen-Collegiums: „Es könne seitens ihrer und ihrer Glaubensbrüder ein Anschluß resp. eine Gemeinschaft des Gottesdienstes und der Sacramente an solche und resp. mit solchen Gemeinden, welche auch nur die unveränderte Augsburgische Confession als kirchliches Grundsymbol anerkennen, selbst unter der Voraussetzung, daß für sie außerdem die symbolische Geltung der übrigen lutherischen Bekenntnißschriften, der Apologie, der Schmalkaldischen Artikel, der beiden

---

[1] Ueber die theologische Seite dieser Frage nach dem Kirchenregiment, von der erst im zweiten Theil die Rede sein kann, ist zu vergleichen das Promemoria, welches damals die Glieder des O.K.C. den Commissarien einreichten, mitgetheilt bei Oster, Deutschlands Zion und die Halblutheraner. Berlin 1846. S. 93 ff.

Katechismen Luthers und der Concordienformel anerkannt, und daß ihnen die Beibehaltung ihrer lutherischen
Agenden gestattet werde, nicht in Aussicht gestellt werden,
wenn nicht zugleich die Ausübung des Kirchenregiments
Leuten ihres lutherischen Glaubens übertragen werde."

So hatten also die Vertreter der lutherischen Kirche eine sehr
klare und bestimmte Stellung eingenommen. Sie hatten einerseits
principiell sich zu einem Anschluß an die evangelische Kirche bereit
erklärt, sobald diese Kirche im Bekenntniß (unveränderte Augsb.
Conf.) und in ihrem Regiment wirklich als eine lutherische sich darstellen und ihnen demgemäß auch den Gebrauch der echt lutherischen
Agenden nicht mehr versagen würde. Sie hatten also aufs neue
gezeigt, daß es nicht die Form der Landeskirche wäre, welche
sie als einen Grund zur Trennung ansehen zu müssen glaubten.
Andererseits hatten sie bewiesen, daß ihnen die Form der Landeskirche keineswegs soviel werth sei, daß sie um ihr einverleibt zu
werden von den Gütern der lutherischen Kirche irgend etwas hätten
opfern mögen.

Wenn man aber fragt, was ihnen eigentlich in diesen Verhandlungen angeboten worden ist, welche Rechte der lutherischen
Kirche hier zugesprochen wurden, so muß man sagen: nichts ist angeboten, kein Recht ist zugestanden worden. Sondern Dr. Hahn hat
ihnen nachzuweisen versucht, daß die Union etwas gutes und schriftge-
mäßes sei, daß die neue Agende ebenfalls der heiligen Schrift und
dem Bekenntniß entspreche, und daß ein lutherisches Regiment für die
lutherische Kirche etwas ganz unnöthiges sei. Darauf hin hat er
sie eingeladen, sich der unirten Kirche anzuschließen. Denn, daß er
die ausschließliche Geltung der unveränderten Augsburgischen Confession für die ganze Landeskirche in Aussicht stellte, geschah nur
fragweise, und er wie jedermann mußte sich sagen, daß dies zu den
unmöglichen Dingen gehörte.

Daß nun die lutherische Kirche unter solchen Bedingungen
sich der Landeskirche nicht anschließen konnte, wird jetzt allen Lutheranern klar sein. Die Verhandlungen über die „Wiedervereinigung
der Dissidenten mit der evangelischen Mutterkirche" mußten abge-

14

brochen werden, weil sich die Lutheraner nicht auf den unirt=theo=
logischen Standpunkt stellen konnten.

6. Ein Versuch, die lutherische Kirche als einen Privat= verein in der Landeskirche zu gestalten.

Im Auftrag des Ministers Eichhorn wird den Lutheranern eröffnet, daß sie
nicht als eine lutherische Kirche, sondern nur als eine Privatvereinigung
lutherischer, aber der Landeskirche zugehöriger, Glaubensverwandter an=
gesehen und behandelt werden sollen. Das Ober=Kirchen=Collegium und
viele einzelne Gemeinden lehnen diese Existenzform ab.

Nach alle diesem fühlte sich das Ober=Kirchen=Collegium nicht
wenig überrascht, als ihm Dr. Hahn die Aufforderung zugehen ließ,
es möchten Vorschläge eingereicht werden über die Modalitäten,
unter welchen ein Anschluß an die Landeskirche statt finden könne.
Die Zumuthung wurde abgelehnt, da es rein unmöglich war, auf
einen Anschluß Aussicht zu machen, solange das Bekenntniß der
Landeskirche eben nicht das lutherische war. In ausführlichem
Schreiben wurde noch ein Mal die lutherische Stellung zur Union
auseinander gesetzt, hauptsächlich zur Ergänzung dessen, was schon
bei den Conferenzen gesagt, aber nur unvollständig und einseitig in
die Protokolle gekommen war. Da jedoch die Commissarien über=
haupt zur Regulirung der lutherischen Kirchenangelegenheit berufen
waren, so überreichte ihnen das Ober=Kirchen=Collegium eine kurze
Zusammenstellung der Wünsche, welche sie für die Anerkennung der
lutherischen Kirche hegten. Es waren dieselben, welche in dem für
den Minister ausgearbeiteten Promemoria schon entwickelt waren.

Damit war denn die Frage nach der „Wiedervereinigung"
abgebrochen. Dr. Hahn erklärte noch, um der über den Bekennt=
nißstand der Landeskirche herrschenden Ungewißheit ein Ende zu
machen, daß über die fortdauernd normative Geltung der Augs=
burgischen Confession kein Zweifel sein könne. [1]) Freilich sagte er

---

[1]) S. den Wortlaut dieser Erklärung in m. „Errettung" S. 193.

auch jetzt nicht, welche Augsburgische Confession gemeint sei; er sagte auch nicht, ob denn nun alle andern lutherischen und reformirten Symbole aufgehoben oder in Geltung seien, so daß die Ungewißheit wenigstens nicht geringer wurde.

Nun endlich — es war am 22. Mai 1843 — eröffneten die Commissarien die Grundsätze, nach welchen die lutherischen Gemeinden hinfort behandelt werden sollten. Das Resultat dieser sogenannten „Ministerialbeschlüsse" war nicht minder merkwürdig, als die Begründung; es mag daher einzelnes aus dem langen Protokoll mitgetheilt werden.

Auf die Bitte um Anerkennung einer besonderen lutherischen Kirche wurde bemerkt: „Da die normative Geltung der symbolischen Bücher der lutherischen Kirche im preußischen Staat niemals aufgehoben, vielmehr ausdrücklich anerkannt worden ist, und diese nächst dem Worte Gottes und neben den drei ökumenischen Symbolen den Grund des Glaubens aller nicht unirten und unirten lutherischen Gemeinden im preußischen Staat bilden, da diese demnach sich zur ununterbrochenen Gemeinschaft mit der ursprünglichen lutherischen Kirche bekennen, so würde die Anerkennung der sich getrennt haltenden Lutheraner und lutherischen Gemeinschaften als einer selbständigen Kirche den officiellen Ausspruch enthalten, daß die evangelisch-lutherischen Gemeinden im Lande sich von den Grundlagen der ursprünglich lutherischen Kirche entfernt und eine davon verschiedene Kirche begründet hätten, — einen Ausspruch, wodurch dem offenen Bekenntniß und dem Gewissen der evangelisch-lutherischen Gemeinden zu nahe getreten würde. Da sich jedoch die Dissidenten in ihrem Gewissen verbunden achten, die Gemeinschaft des Gottesdienstes und der Sakramente mit den bestehenden evangelischen Kirchengemeinden ohne Unterschied und schlechthin zu meiden, so soll ihnen hierin kein Zwang widerfahren, vielmehr gestattet sein, sich untereinander auf der Grundlage der symbolischen Schriften der lutherischen Kirche zu gemeinsamen Religionsübungen zu vereinigen, und die von der Kirche gebotenen gottesdienstlichen und pfarramtlichen Handlungen durch einen ihrer besonderen Ueberzeugung zugethanen Geistlichen verrichten zu lassen. Diese religiösen Vereini-

14*

gungen können aber aus dem angegebenen Grunde vom Staate nicht als „die lutherische Kirche" oder sonst als „eine Kirchengesellschaft mit korporativen Rechten" anerkannt, sondern nur in der Eigenschaft einer nicht verbotenen Privatvereinigung lutherischer Glaubensverwandter geduldet werden."

Demgemäß theilten dann die Ministerialcommissarien genauer mit, wie sich im einzelnen das Verhältniß der Lutheraner gestalten sollte. Die Grundlage aller Bestimmungen bildeten die Aussagen des Allgemeinen Landrechts über Privatgesellschaften.

„Der Privatverein der Lutheraner sollte neue Mitglieder nur mit Vorwissen und Beistimmung des Staates aufnehmen, auch nur unter Aufsicht des Staates die Disciplinargewalt über die Mitglieder ausüben und unwürdige Mitglieder ausschließen dürfen."

In kirchlicher Beziehung sollten die Glieder des lutherischen „Privatvereins" fortdauernd den Parochieen der evangelischen Kirche zugezählt werden. Die Begründung dieser Bestimmung ist so seltsam, daß sie hier auch noch folgen möge:

„Die lutherischen Landesgemeinden, welche entweder der Union beigetreten oder ohne einen solchen Beitritt doch in einer gemeinsamen kirchlichen Verfassung mit den unirten Gemeinden geblieben sind (!), haben weder in der Union, noch sonst durch irgend einen Act sich von den Grundlagen der ursprünglichen lutherischen Kirche losgesagt (!), und bekennen sich zu der ununterbrochenen Gemeinschaft mit derselben. Auch wird von ihnen selbst kein Unterscheidungsmerkmal aufgestellt, welches die sich getrennt haltenden lutherischen Confessionsverwandten als außerhalb der kirchlichen Gemeinschaft der lutherischen Landesgemeinden stehend bezeichnete. Da diese einseitig ein solches Unterscheidungsmerkmal setzen und sich selbst als eine gesonderte Glaubensgemeinschaft erkennen zu müssen glauben, so soll ihnen zwar in dieser selbstgewählten Absonderung Duldung und Schonung gewährt und die freie Uebung ihrer besonderen Andacht gestattet werden. Allein diese selbsterwählte, von der evangelischen Landeskirche nicht anerkannte Absonderung kann den bestehenden evangelischen Gemeinden in ihren begründeten Gerechtsamen und Einkünften nicht nachtheilig werden und zwar um so weniger, als

diese Absonderung durch die in den symbolischen Büchern ausgesprochenen Grundsätze der Reformatoren nicht gerechtfertigt ist. Die
sich getrennt haltenden lutherischen Confessionsverwandten können
daher (!) aus ihren gesetzlichen (!) Verpflichtungen gegen die bestehenden evangelischen Kirchensysteme nicht einseitig ausscheiden (!). Sie
verbleiben vielmehr in dem ordentlichen Parochialverband, welchem
sie als Augsburgische Confessionsverwandte nach Gesetz und Herkommen (!) angehören und haben alle hergebrachten Leistungen an
Kirche und Pfarre nach wie vor zu erfüllen, insbesondere die Beiträge zu Kirchen- und Pfarrbauten, sowie die Stolgebühren an den
ordentlichen Pfarrer der Parochie gleich den übrigen Eingepfarrten
zu entrichten. Doch soll dafür gesorgt werden, daß das Recht der
berechtigten evangelischen Pfarrer oder Kirchgemeinden auf Stolgebühren zur Vermeidung jeder Härte gegen Unvermögende mit mög-
lichster Schonung ausgeübt werden wird."

In der That, man weiß nicht, worüber man erstaunter und
empörter sein soll, über die Verdrehung des Sachverhalts, welche
hier möglich gemacht wird, [1] oder über die zarte Sorge für die
Geldbeutel der Landeskirche, bei der man nicht umhin kann sich zu
erinnern, wie der lutherischen Kirche all ihr äußerlicher Besitz weg-
genommen worden war ohne Entschädigung. [2]

Weiter theilten dann die Commissarien mit:

Die Lutheraner sollten den bisherigen Schulverbänden einverleibt bleiben, doch auch das Recht haben, eigene Privatschulen zu
gründen;

daß sie „ihre inneren Angelegenheiten durch Berathschlagung
und Schlüsse ordnen" dürften;

---

[1] Aehnliche Geschichtschreibung findet man übrigens heut noch, wie im
zweiten Abschnitt gezeigt, bei Wangemann, ebenso in der „Neuen evangel.
Kirchenzeitung", S. 1869. Nr. 4.

[2] Man kann nur bedauern, daß der jetzige evangelische Oberkirchen-Rath
nicht 1830 in Preußen regiert hat; der würde nach seiner bekannten Denkschrift vom Jahr 1867 S. 13 dafür gesorgt haben, daß die dem bisherigen
Rechtszustand treu bleibenden, ob wenige oder viele, im Besitz und Gebrauch
ihrer Rechte geschützt worden wären.

daß sie keine Parochieen im gesetzlichen Sinne bilden, keine Kirchen bauen dürften;

daß ihren Geistlichen die Erlaubniß zur Ordination neuer Candidaten auf ein in jedem einzelnen Fall an das Ministerium der geistlichen Angelegenheiten zu richtendes Gesuch ertheilt werden sollte;

daß ihre Geistlichen in bestimmten Fristen Auszüge aus ihren Kirchenbüchern an die „ordentlichen Pfarrer" einzuschicken hätten, zur Aufbewahrung bei den Kirchenbüchern und zur Ertheilung von Zeugnissen;

daß. die lutherischen Brautpaare „in der betreffenden Pfarr- kirche des Wohnorts beider Verlobten" aufgeboten werden müßten; u. s. w.

Wenn man zurück denkt an die Vorschläge, welche der König beim Anfang seiner Regierung gemacht hatte, und damit diese Er- öffnungen vergleicht, so weiß man in der That nicht, was man dazu sagen soll. Einen solchen Mangel an Verständniß sowohl wie an Gerechtigkeit bei dem Ministerium zu finden, — darauf hatte man denn doch nicht gerechnet. Ob die Behörde wirklich gemeint hatte, daß man mit einer solchen Stellung, als eines gedul- deten Privatvereins, sich zufrieden geben würde, wäre wohl zu bezweifeln, wenn nicht das erzürnte Schreiben Dr. Hahns nach erfolgter Ablehnung das Gegentheil bewiese.

In sehr ernster Weise antwortete das Ober-Kirchen-Collegium, nachdem es in einer Plenarsitzung das nöthige berathen hatte, unterm 23. Juni 1843. In dem Schreiben heißt es: „wie wir seit drei- zehn Jahren vor aller Welt bekannt und insbesondere auch den hochverehrten Herren Commissarien mehrfach erklärt haben, ist es uns Gewissenssache, die evangelisch-lutherische Kirche, zu der wir uns bekennen, in ihrer vollen bis zu den Unionsunternehmungen unbestritten organischen Selbständigkeit nach Bekenntniß, Gottes- dienst und Kirchenregiment als ein theures unserer Disposition nicht unterworfenes Heiligthum Gottes und Erbe unserer Väter uns zu erhalten, und wir müssen schon dagegen protestiren, daß in den uns gemachten „Eröffnungen" uns nur beigemessen wird: „die Ge-

meinschaft des Gottesdienstes und der Sakramente mit den bestehen=
den evangelischen Kirchengemeinden aus Gewissensgründen meiden
zu müssen." Zu der offenbarsten Verleugnung dieses unseres Hei=
ligthums würden wir aber genöthigt, wenn wir darein willigen
wollten, nicht mehr als die lutherische Kirche zu gelten, sondern nur
in der Eigenschaft einer nicht verbotenen Privatvereinigung lutheri=
scher Glaubensverwandter geduldet und dagegen in kirchlicher Hinsicht
als Mitglieder der evangelischen Landeskirche betrachtet zu werden."
— „Wir müssen uns erlauben, es aufs entschiedenste in Abrede
zu stellen, daß wir im Glauben und Bekenntniß mit der evange=
lischen Landeskirche eins seien. An sich unleugbar und auch nach
ihrem eigenen Bekenntniß (Cab.O. vom 27. Sept. 1817) bildet
diese Eine Gesammtkirche, die als solche durch Einen Namen, Ein
in sich einheitliches Kirchenregiment, Eine als Norm geltende Agende
und gewisse confessionelle jedenfalls über den confessionellen Ver=
schiedenheiten der lutherischen und reformirten Kirche stehende,
aber auch diese regirende oder auf deren Regirung abzweckende,
Principien sich darstellt. Daß nun diese Kirche nicht die evange=
lisch=lutherische sei. leuchtet von selbst ein, da sie den für die luthe=
rische Confession und Kirche charakteristischen Gegensatz gegen die
reformirte als vom Sectengeist erzeugt und festgehalten verabscheut
(C.O. vom 27. September 1817) und in ihrer Einheit aufhebt;
auch nennt sie sich niemals die evangelisch=lutherische Kirche, son=
dern diese ist im Verhältniß zu ihr eine bisherige (dies. C.O.).
Zwar sagt der Allerhöchste Erlaß vom 28. Februar 1834, der
als von der höchsten kirchlichen Obrigkeit ausgegangen und darum
kirchlich officiell betrachtet wird, daß durch die Union die Auctorität,
welche die Bekenntnißschriften der beiden evangelischen Confessionen
bisher gehabt, nicht aufgehoben sei. Es kann dieses aber offenbar nicht
von ihrer Auctorität für die evangelische Landeskirche als Gesammt=
kirche gelten, da Widersprechendes als Norm einer Kirche sich nicht
denken läßt und somit jedenfalls die antithetische Geltung der lu=
therischen Symbole gegen die reformirte Kirche, d. h. das Charak=
tergebende der lutherischen Confession und Kirche in dieser Richtung
aufgehoben ist. Auch kann die in der Conferenz vom 22. d. M.

von den Herren Commissarien abgegebene officielle Erklärung, daß
die Union auf der Augsburgischen Confession beruhe, hierin nichts
ändern. Denn abgesehen davon, daß eine confessionelle Erklärung
nur als öffentliche und kirchliche auf volle Anerkennung Anspruch
hat, setzt sie in ihrem die geänderte und ungeänderte Augsburgische
Confession zusammenfassenden Ausdruck immer noch ein Zwiespäl-
tiges und vermag diesen und den weiteren Zwiespalt zwischen den
übrigen lutherischen und reformirten Symbolen noch viel weniger
anders, als mittelst Aufhebung ihres antithetischen und dadurch eben
kirchlich confessionellen Sinnes zu lösen, wie dieses soeben auch von
dem Allerhöchsten Erlaß gezeigt wurde. Derselbe Erlaß fügt aber
außerdem noch den den bisherigen Confessionen fremden und feind-
seligen Satz hinzu, daß es am wenigsten zu gestatten, weil am
unchristlichsten sei, daß die Feinde der (vorhin beschriebenen über
die differenten Lehrpuncte der beiden Confessionen kirchlich hinweg-
sehenden) Union, d. h. die an der geschichtlichen lutherischen Kirche
festhaltenden Lutheraner, als eine besondere Religionsgesellschaft sich
constituiren, — ein Satz, welcher geradezu die Fortdauer der lutherischen Kirche als einer wie früher, in Bekenntniß, Gottesdienst
und Kirchenregiment selbständigen Kirche negirt, und wenn man
ihn nimmt, wie er lautet und bisher auch geltend gemacht worden
ist, das strenge Festhalten an der geschichtlichen lutherischen Kirche
sogar für die größte aller Häresieen erklärt. Kann uns nun wohl
bei unserer kirchlich-lutherischen Ueberzeugung zugemuthet werden,
eine Gesammtkirche, deren Glauben, Confession, Kirchenregiment
und Parochieen thatsächlich als die unseren anzuerkennen, die hienach unsere Ueberzeugung verdammt, und würden wir nicht den
größten Selbstwiderspruch und eine vor dem Gewissen und Gottes
Richterstuhl nimmer zu bemäntelnde innere Lüge begehen, wenn
wir es thäten? Von der Gesammtkirche aber ist hier die
Rede und muß vor allem die Rede sein, da einzelne
Gemeinden nur in einer solchen, wie die Zweige nur
am Baum gedacht werden und gegen die Gesammtkirche
sich ebenso wenig gleichgültig verhalten können, wie die
Zweige gegen den Baum und gegen die Wurzel, viel-

mehr auch von ihnen gilt, daß die Zweige nicht den Baum und die Wurzel machen, sondern diese jene hervorbringen."

Zum Schluße heißt es in dem Schreiben: „Wir können aber die bisherigen Verhandlungen nicht ohne den Ausdruck tiefer Bekümmerniß beschließen, welche wir darüber billig empfinden, daß, nachdem wir dreizehn Jahre hindurch unseren Glauben bekannt, dessen heiligen Ernst durch Leiden besiegelt, den früher erfahrenen Machtsprüchen und Verfolgungen nur das öffentliche Zeugniß des Wortes und des Duldens entgegen gesetzt, und seitdem der Regierungsantritt des jetzt regierenden Königs Majestät mit Milderung der bisherigen Maßregeln auch eine die Gewissen beruhigende schließliche Regulirung verhieß, diese auf jede Art zu erleichtern gesucht — — — haben: daß ungeachtet alles dessen uns von Seiten der hohen Staatsbehörden nur eine unsre kirchlichen Gewissensrechte so völlig verkennende Maßnahme geboten worden ist. Wir wünschen sehnlich, nicht wieder zu dem früheren Zeugniß, welches der Herr seinen Jüngern in solcher Lage geboten hat, gedrungen zu werden. Eben deshalb aber wünschen wir auch, daß die Stimme unsers Schmerzes nicht ungehört verhalle."

Dr. Hahn antwortete hierauf sehr unwillig und erklärte auch seinerseits die Verhandlungen für geschlossen. Bemerkenswerth war in diesem Schreiben, daß die Ministerialbeschlüsse wiederholt als für jetzt ergriffene Maßregeln bezeichnet wurden. Das deutete auf einen Rückzug hin.

In Berlin war inzwischen der Geh. Ober-Justizrath Göschel vom Minister beauftragt, in Verhandlungen mit den dortigen Lutheranern (Lasius, Barschall, Ehlers, Wermelskirch) getreten. Eigentlich lautete sein Antrag dahin, selbständige Verhandlungen über die Regulirung der Verhältnisse zu führen. Er lehnte dies aber ab, weil er richtig erkannte, daß dazu das Ober-Kirchen-Collegium da wäre, und daß er die Berliner nicht in Conflict mit ihrer Behörde bringen dürfe. Daher beschränkte er sich denn darauf, nur allerlei Erkundigungen einzuziehen, Beschwerden in Empfang zu nehmen und ihnen abzuhelfen, wobei die allgemeinen Fragen

ebenfalls besprochen wurden. Sein Auftreten war durchaus ent=
gegen kommend und Vertrauen erweckend. Eine Störung des Ver=
hältnisses trat ein, als von Seiten der Lutheraner die Aufstellung
und Einreichung von Seelenlisten über ihre Gemeinden verweigert
wurde. Die Verweigerung geschah deshalb, weil man die Listen
zu dem Zweck verlangte, um mit ihrer Hülfe die Ministerialbe=
schlüsse auszuführen, und also die lutherischen Gemeinden der Lan=
deskirche wieder einzuverleiben. Göschel war aber mit der Ver=
weigerung unzufrieden, und ließ sich von seinem Commissorium ent=
binden. Das Ober=Kirchen=Collegium sandte ihm ein Dankschreiben
für die christliche Liebe, in der er seinen Auftrag ausgeführt habe.

Auch in dem Schreiben, mit welchem Göschel die Verhand=
lungen abbrach, sind dieselben Grundsätze enthalten, welche die
Breslauer Commissarien über die Union entwickelt hatten. Er schreibt:
„Es kann Ihnen nicht unbekannt sein, daß noch dermalen viele
lutherische und viele reformirte Gemeinden in vielen Landestheilen
existiren, welche der Union nicht beigetreten sind und ungestört in
denselben Verhältnissen fortleben (!), in welchen sie sich vor der
Union befanden. — Daß sich die separirten Lutheraner auch diesen
außerhalb der Union in den preußischen Landen bestehenden Kirchen=
gemeinden dennoch nicht anschließen wollen, — ist ein Verhalten,
von welchem der Vorwurf des Separatismus nicht wohl abzulehnen
sein wird. Dieser Vorwurf gewinnt um so mehr an Gewicht, als
Sie nicht werden leugnen können, daß in den nicht unirten luthe=
rischen Kirchen das Evangelium nach der Augsburgischen Confession (!)
gepredigt wird, daher Sie sich, wenn Sie einmal an der Union
so großen Anstoß nehmen, an jene Gemeinden hätten anschließen
und nach deren Weise richten können." [1]

Dem Einwurf, daß eine Summe von Gemeinden innerhalb
einer evangelischen Landeskirche doch nimmermehr eine lutherische
Kirche ausmache, begegnet Göschel mit der Bemerkung, daß die
lutherische Kirche Selbständigkeit unter eigenem Regiment gar nicht

---

[1] vgl. zur Widerlegung dieser Behauptungen außer anderem besonders
das von S. 222 an mitgetheilte Promemoria.

zu verlangen berechtigt sei, — eine Behauptung, welche an der Geschichte und den garantirten Rechten gemessen, offenbar unrichtig ist.

Es ist nur hinzuzufügen, daß die schlesischen Commissarien in der Provinz herumreisten, den Gemeinden die Ministerialbeschlüsse publicirten und allgemein abgewiesen wurden. Die Commissarien der übrigen Provinzen scheinen sich ihrer Aufgabe nur sehr unvollkommen entledigt zu haben.

7. Ein Appell an die Gerechtigkeit des Königs.

Das O.K.C. bittet in zwei Eingaben an den König, die Angelegenheit der lutherischen Kirche nach Grundsätzen des Rechts und der Gerechtigkeit (von Rechtsgelehrten) prüfen zu lassen.

Abermals war nur ein Weg noch offen, nämlich sich an den König selbst bittend zu wenden. Es geschah unterm 4. Juli 1843. Rückhaltlos wurde dargelegt, daß der gemachte Verständigungsversuch habe mißlingen müssen, und daß jeder neue mißlingen werde, der von unirt-theologischem Standpunkt aus die Angelegenheit reguliren wolle. Nicht um irgend welche theologische Ueberzeugung handle es sich zunächst, sondern um Recht und Gerechtigkeit, und so wurde gebeten:

„Se. Majestät wollten geruhen, vom Standpunkt des Rechts und der Gerechtigkeit aus prüfen zu lassen, ob denjenigen preußischen Lutheranern, welche ihre besondere Kirche um der evangelischen Union willen Gewissens halber nicht haben aufgeben können, das Recht zustehe, die seit 300 Jahren anerkannte, in Bekenntniß, Gottesdienst und Verfassung selbständige Kirchengemeinschaft außer der unirt evangelischen Landeskirche fortsetzen zu dürfen."

Durch den Minister v. Thiele wurde die Petition übergeben.

Schon im August antwortete Eichhorn, daß ihm die Bittschrift zur Entscheidung übergeben worden sei, und stellte ausführlichere Antwort in Aussicht. Dieselbe erfolgte im Oktober, war in wohlwollendem Sinne abgefaßt und versicherte sowohl des Königs fortdauernde Theilnahme für die Lage der Lutheraner, als auch des Ministers fortdauernde Bereitwilligkeit zur Hülfe. In der Hauptsache aber wurde abschläglich beschieden, weil eben die durch die Commissarien mitgetheilten Beschlüsse das Resultat einer Prüfung nach Grundsätzen des Rechts und der Gerechtigkeit seien. Zur Begründung dieser Behauptung bemerkte der Minister unter anderm:

„Wie die seit der beklagenswerthen Spaltung in der evangelischen Kirche stets angestrebte Union in neuerer Zeit zu Stande gekommen ist, und auf welcher Grundlage sie in dem gegenwärtigen Stadium der allgemeinen kirchlichen Entwicklung beruht, ist Ihnen wiederholt vorgestellt worden. Ich will daher hier nur darauf hinweisen, daß der Beitritt zur Union als ein auf dem natürlichen Entwicklungswege herbeigeführter, freiwilliger kirchlicher Act zu betrachten ist. Die große Mehrzahl der evangelisch-lutherischen Gemeinden in den königlichen Staaten erklärte ihren Beitritt, ohne dem hergebrachten Lehrbegriff der lutherischen Kirche zu entsagen. Einige Gemeinden lehnten zwar ihren Beitritt ab, waren aber weit entfernt, die bestehende kirchliche Verfassungs-Ordnung zu stören. Wenn dagegen einzelne Glieder lutherischer, der Union aus freiem Entschluß beigetretener Gemeinden es ihrem Gewissen schuldig zu sein glaubten, sich nicht allein von ihren Gemeindeverbänden, sondern auch von dem gemeinsamen Kirchenregiment loszusagen, so traten diese nicht nur mit bestehenden Rechten des Staates, sondern auch mit Rechten der anerkannten evangelischen Landeskirche, welche der Staat zu schützen hat, in Conflict.

„Ew. Hochwohlgeboren ist genugsam bekannt, wie lebhaft des Königs Majestät wünschten, der Bedrängniß abzuhelfen, in welche diese Ihre treue Unterthanen durch den Conflict dieser ihrer abgesonderten Stellung mit der öffentlichen, kirchlichen und bürgerlichen Ordnung gerathen waren. Nachdem alle Versuche, durch Belehrung auf sie einzuwirken, ohne Erfolg geblieben waren, unterwarfen Allerhöchstdieselben die Frage, in wieweit jener kirchlichen Absonderung ohne Beeinträchtigung der Rechte des Staats und der evangelischen Landeskirche Duldung gewährt werden könne, einer allseitigen Prüfung durch die geordneten Behörden. Se. Majestät wollten dabei ausdrücklich den Standpunkt des Rechts und der Gerechtigkeit, zugleich aber auch den der möglichsten Schonung und Milde gegen die Separirten gewahrt wissen. Die Grundsätze, nach welchen in den Angelegenheiten der von der evangelischen Landeskirche sich abgesondert haltenden Lutheraner in Zukunft verfahren werden soll, stellten Se. Majestät erst dann fest, nachdem das Staatsministerium zu Rathe gezogen, die Provincial=Consistorien vernommen und endlich auch noch das Gutachten des Staatsrathes eingeholt worden war. In der That sind die nun erfolgten Bestimmungen von der Beschaffenheit, daß die den Separirten zu Theil gewordenen Zugeständnisse ihre Grenzen nur in den Rücksichten gefunden haben, welche die Aufrechterhaltung der Rechte der evangelischen Kirche, der Schutz einzelner evangelischer Kirchengemeinden in wohlbegründeten Gerechtsamen und der Bestand der bürgerlichen Ordnung gebieterisch fordern."

Dann beruft sich der Minister auf die commissarischen Verhandlungen, in welchen die Separirten trotz des Nachweises, daß die Gültigkeit der symbolischen Bücher durch die Union nicht geändert worden sei, doch ein eigenes lutherisches Kirchenregiment verlangt hätten. Dann heißt's weiter:

„Sie erklären demnach, daß Sie und Ihre Glaubensbrüder mit Kirchendienern, welche das Evangelium vermöge Augsburgischer Confession predigen, nichts zu schaffen haben wollen, es sei denn, daß Leuten Ihrer abgesonderten (!) Stellung das Kirchenregiment übertragen werde.

„Dies sind offenbar und unstreitig neue, von der Lehre der Reformatoren in Absicht auf kirchliche Verfassung und Ordnung ganz abweichende und selbst durch die Concordienformel nicht zu begründende Ansichten, denen der Staat um so weniger diejenige praktische Folge, welche Sie in Anspruch nehmen, zu geben vermag, als er dadurch zugleich den Rechten nicht nur der evangelischen Landeskirche überhaupt, sondern auch den Gerechtsamen einzelner lutherischer Gemeinden, welche der Union beigetreten sind, oder ohne die Erklärung eines solchen Beitritts in ihrem früheren kirchlichen Verhältniß sich befinden, zu nahe treten und ihnen den Schutz, welchen sie erwarten, entziehen würde."

Es war also in Wirklichkeit nur ein einziger Grund,

welcher die Gewährung der lutherischen Bitten hinderte, nämlich die Rücksicht auf die evangelische Landeskirche. Damit ihre vermeintlichen Rechte nicht gekränkt würden, sollten die Rechte der lutherischen Kirche nicht anerkannt werden.

Indessen es war bekannt genug, und kamen auch gerade jetzt neue Bestätigungen, daß der König selbst keineswegs auf dem von Eichhorn gewählten Standpunct sich befände. Das Ober-Kirchen-Collegium wendete sich daher unterm 24. März 1844 nochmals an den König. In einer kurzen Bittschrift wurde ihm wieder die Sache ans Herz gelegt, zugleich aber ein ausführliches Pro memoria beigefügt, das den Nachweis führte, wie wenig bisher Grundsätze des Rechts und der Gerechtigkeit bei der Behandlung der Lutheraner zur Anwendung gekommen seien. Da dies Promemoria die einschlagenden Rechtsfragen wie in einer Summa klar und kurz auseinandersetzt, so mag es hier seinem ganzen Umfang nach mitgetheilt werden: —

„Wie viel daran fehlt, daß der Ministerialerlaß vom 24. October v. J. die beruhigende Ueberzeugung gewähre, es seien bei der bisherigen Behandlung der lutherischen Kirchenangelegenheit die Grundsätze des Rechts und der Gerechtigkeit zur Anwendung gekommen, wird aus der nachstehenden Beleuchtung der wichtigsten Thesen, welche in ihm aufgestellt sind, erhellen.

Der Erlaß erinnert

1) an die beklagenswerthe Spaltung in der evangelischen Kirche vor der Union,

setzt also voraus, daß vor der Union eine evangelische Kirche im rechtlichen Sinne des Wortes bestanden habe und in dieser nur eine Spaltung (Schisma) vorgekommen sei, worunter man bekanntlich im kirchlichen Sinne die Trennung in Religionssachen, die aber nicht den Glauben betreffen, versteht. Beides aber ist unrichtig, in beidem die subjective dogmatische Ansicht über das Verhältniß der lutherischen und reformirten Kirche, von welcher die heutigen Unirtgesinnten zum Behuf der Empfehlung und Rechtfertigung der Union ausgehen, derjenigen substituirt, welche Geschichte und Kirchenrecht bezeugen. Hienach entstanden sogleich mit der Reformation zwei im Glauben von einander abweichende Religionsparteien, die sich beide evangelische nannten, die aber eben vermöge ihrer Differenz im Glauben bis auf die Union herab zwei in Bekenntniß und Verfassung so völlig von einander geschiedene selbständige Kirchen bildeten, daß die kirchliche Sonderung von den reformirten Glaubensgenossen mit zu den Grundsätzen der lutherischen Kirche gehörte. Zwar spricht man wohl im Gegensatz zum Katholicismus von einer evangelischen Kirche, aber nur ebenso, wie auch im Gegensatz zum Muhamedanismus, Juden= und Heidenthum von einer christlichen Kirche, d. h. nicht im kirchenrechtlichen Sinn. Und wenn zur Zeit des Reichs die Angelegenheiten der lutherischen und reformirten Reichsstände den katholischen gegenüber von dem einen corpus Evangelicorum vertreten wurden — worauf die Ministerialcommission, welche mit uns verhandelte, sich zur Rechtfertigung desselben von uns bestrittenen Begriffs der evangelischen Kirche sich berief — so folgt daraus ebenso wenig die kirchliche Einheit der Lutheraner und Reformirten in den einzelnen Reichs= territorien, wie aus den Curiatstimmen der gleichartigen Reichsstände auf dem Reichstage, oder daraus, daß noch jetzt manche kleinere Staaten sich durch einen Gesandten vertreten lassen, gefolgert werden kann, daß sie unter einander nicht verschiedene politische Körper mit völlig gesonderten Rechten bildeten.

Wird nun bei Beurtheilung unserer Angelegenheit, wie solches geschehen, vorausgesetzt, daß schon vor der Union nur eine evangelische Kirche mit der Berechtigung zu gesonderter kirchlicher Existenz bestanden habe, so kann freilich unser Festhalten an einer gesonderten evangelisch=lutherischen Kirche, welche jene nicht ist, nicht für ein rechtlich begründetes erkannt werden. Jener Satz ist aber, wie nachgewiesen, unrichtig; mithin ist unsere Angelegenheit nicht nach dem Recht und der Gerechtigkeit beurtheilt worden.

2) Der Erlaß hält uns vor, daß die große Mehrzahl der evangelisch=lutherischen Gemeinden in den Königlichen Staaten ihren Beitritt zur Union erklärt haben, ohne dem hergebrachten Lehrbegriff entsagt zu haben.

Er deutet damit zwei Grundsätze an:

a. daß es einer evangelisch-lutherischen Gemeinde möglich sei, mit einer Kirche anderer Confession sich zu vereinigen, ohne die eigene aufzugeben;

b. daß das Aufgeben der Confession nur durch ausdrückliche Entsagung geschehen könne.

Beide laufen aber den anerkannten Grundsätzen des Kirchen= rechts zuwider.

ad a. Die lutherische Confession enthält unter den Sätzen, die zusammen genommen in unauflöslicher Einheit sie constituiren, auch den, daß eine kirchliche Vereinigung, geschehe sie ausdrücklich oder mit der That, ohne vorherige Einigung in der Lehre wider Gottes Gebot sei (Artic. Schmalc. tractat. de potestate et prim. p. S. 348 Hase. Form. Conc. Art. X. besonders S. 790, 796). Die in Preußen vollzogene Union ist eine solche Ver= einigung ohne vorherige Einigung in der Lehre. Also enthielt der Beitritt der früher lutherischen Gemeinden zu derselben ein Auf= geben des lutherischen Glaubensbekenntnisses.

ad b. Dieser zweite Satz widerspricht nicht weniger den Grundsätzen des historischen Kirchenrechts. Die Confession ist nicht ein Vermögensrecht, so daß es nur vermöge einer ausdrücklichen Entsagung aufgegeben werden könnte. Aber auch davon abgesehen — da die Confession nur ein Theil des kirchlichen Gesammtlebens ist und von der Kirche, welche vor allem Einhelligkeit in den con= fessionellen Lehren verlangt, Niemand nach lutherischem Lehrbegriff zugleich Mitglied einer anderen Kirche sein kann, so schließt der Beitritt zu einer anderen, der unirten Kirche, das Aufgeben der bisherigen lutherischen Confession als bloße Rechtsfolge ebenso noth= wendig in sich, wie in jedem anderen Fall die nothwendigen Rechtsfolgen einer Handlung auch ohne ausdrückliche Erwähnung eintreten und selbst durch eine Reservation nicht abgewandt werden können.

Von den irrigen Grundsätzen ausgehend, daß ein Lutheraner seiner Confession noch treu bleibe, wenn er sie auch in einem der sie constituirenden Glaubenssätze verlasse, und daß ein Lutheraner im kirchenrechtlichen Sinn auch einer andern als der lutherischen

Kirche angehören, lutherische Gemeinden und die lutherische Kirche im kirchenrechtlichen Sinn zugleich in einer andern Kirche bestehen könne, hat man nun aber bisher von uns verlangen zu können geglaubt, daß wir uns der unirten Kirche zurechnen lassen und somit nicht nach Grundsätzen des Rechts und der Gerechtigkeit mit uns gehandelt.

3) Der Erlaß erwähnt ferner solche Gemeinden, die die Union abgelehnt hätten, ohne die bestehende Kirchenverfassung zu stören.

Allein wenn Gemeinden ohne ausdrücklichen Beitritt zur Union eine in der Vorrede von unirtgläubigen Theologen als rechtgläubig autorisirte Agende, welche anerkannt nach ihrem Titel und Inhalt für die Eine evangelische Landeskirche gegeben, daher gottesdienstlicher Ausdruck der Union und zu ihr hinzuführen bestimmt ist, und unirtes Kirchenregiment, welches ebenso bekannt für alle Gemeinden der Landeskirche eingetreten ist, sich haben gefallen lassen, so muß man entweder sagen, daß sie eben hiemit thatsächlich zur Union sich bekannt und folglich die lutherische Confession aufgegeben haben, oder daß sie wenigstens etwas mit dieser Confession im Widerspruch Stehendes gethan oder sich gefallen lassen haben, und im einen wie im andern Falle kann ihr Benehmen für uns kirchenrechtlich nicht zur Richtschnur genommen werden, wie hier doch geschieht.

4) Der Erlaß bezeichnet uns darauf als einzelne Glieder lutherischer, der Union aus freiem Entschluß beigetretener Gemeinden, welche es ihrem Gewissen schuldig zu sein geglaubt, sich nicht allein von ihren Gemeindeverbänden, sondern auch von dem gemeinsamen Kirchenregiment loszusagen.

Hiemit wird das Factum zum Grunde der Beurtheilung unsrer Angelegenheit gelegt, daß, nachdem die Gemeinden der Union sich freiwillig angeschlossen hätten, einzelne Glieder aus denselben ausgetreten und auf diese Weise die Kirchengesellschaft, welche wir vertreten, entstanden sei. Wäre dieses der Fall, so könnte mit einigem, wenn auch nur geringem Schein behauptet werden, daß durch jenen Beitritt zur Union die lutherische Kirche untergegangen sei,

15

und wir Neues in dem dermaligen anerkannten Rechtsstande nicht mehr Begründetes verlangten, wenn wir auf Wiederanerkennung der lutherischen Kirche für uns anträgen. Jene factische Behauptung ist aber in doppelter Beziehung unrichtig, indem theils einzelne Mitglieder solcher Gemeinden, von denen der größere Theil der Mitglieder der Union beitrat, von vorn herein Protest gegen diesen Schritt einlegten, der ohnehin auch nicht auf corporations-verfassungsmäßige Weise gethan wurde, theils ganze Gemeinden, wie die zu Hermannsdorf und Hönigern in corporativ-verfassungsmäßiger Weise von vorn herein sowohl die ausdrückliche Union, als auch die neue Agende und das unirte Kirchenregiment mit Wort und That ablehnten und auf diese Weise die lutherische Kirche in geschichtlicher und rechtlicher Continuität erhielten, worauf erst aus andern Gemeinden der Landeskirche einzelne an diesen Stamm sich anschlossen.

5) Der Erlaß behauptet ferner, daß, indem wir uns nicht nur von den Gemeindeverbänden, welche der Union beigetreten, sondern auch von dem gemeinsamen Kirchenregiment losgesagt hätten, wir nicht nur mit bestehenden Rechten des Staats, sondern auch mit Rechten der anerkannten evangelischen Landeskirche in Conflict getreten seien.

Hiergegen ist zu bemerken:

a) Gesetzt auch, die Prämisse — Austritt einzelner aus den unirten Gemeindeverbänden erst nach vollzogener Union — wäre richtig, so enthält doch schon nach weltlichem Corporationsrecht der Austritt eines Mitgliedes weder eine Rechtsverletzung gegen die Corporation, noch einen Ungehorsam gegen deren Obere, auch ganz abgesehen davon, daß es keinen gerechteren Grund des Austritts giebt, als das Aufgeben des Grundgesetzes Seitens der Corporation. Kirchenrechtlich aber ist jedem Glaubensverwandten das Recht des Austritts aus einer Religionspartei und des Uebertritts in eine andere ausdrücklich garantirt (A. L. II. Titel 11, §. 40—42).

b) In der That aber ist die unter a gesetzte Prämisse, wie unter 4 gezeigt worden, unrichtig; wir hielten von Anfang an an der lutherischen Kirche fest, als die Mehrzahl der Gemeinden und

Einzelnen und das gesammte höhere Kirchenregiment zur Union überging, und nun stellt sich die Sache für die kirchenrechtliche Betrachtung vielmehr so:

Nach protestantischem Kirchenrecht begründet nicht das äußere Kirchenregiment die rechtliche Existenz der Kirche, sondern die Confession, d. h. die Gleichheit der öffentlich bekannten Lehre (Aug. Conf. Art. VII.), der auch das Kirchenregiment als ein integrirender Theil der Kirche zugethan sein muß. Mithin traten nicht wir durch unser Festhalten an der lutherischen Confession und Errichtung eines neuen ihr zugethanen Kirchenregiments, wozu uns diese selbst berechtigte (Art. Schm.-Form. Conc.), sondern das sich zur Union bekennende Kirchenregiment durch Abtreten von der lutherischen Confession in einen Conflict mit bestehenden Rechten, als es ungeachtet dieses Abtretens seine Fortdauer über uns behauptete. Indem also der Erlaß das Kirchenregiment ohne Rücksicht auf die Confession als dasjenige hinstellt, was die Kirche macht, indem er ihm als einem solchen confessionslosen Kirchenregiment ein jus quaesitum auf die irgend ein Mal ihm untergeben gewesenen Personen zuschreibt, indem er endlich dieses Kirchenregiment, wie es scheint, geradezu mit dem Staat identificirt, lauter Sätze, welche in dieser Weise und in dieser Ausdehnung selbst vom entschiedensten Territorialisten nicht behauptet worden sind, — kommt er freilich auf das Resultat, daß, als das Kirchenregiment aufhörte, ein lutherisches zu sein, diejenigen ihm bisher untergebenen Lutheraner, welche es bleiben und als solche es nicht mehr anerkennen konnten, mit den Rechten des Staats und der Landeskirche in Conflict getreten seien.

Soll aber die im Erlaß ausgesprochene Behauptung nicht auf jenen Sätzen beruhen, so würde kein andrer denkbarer Grund derselben übrig bleiben, als ein der evangelischen Landeskirche zugeschriebenes Recht, kraft dessen keine selbständige lutherische Kirche neben ihr bestehen dürfte. Dieses Recht ist jedoch nicht nachweisbar. Entstanden könnte es nicht eher sein, als die Landeskirche als unirte selbst entstand. Behauptete sie nun bei ihrem Entstehen eine ausschließliche Berechtigung, so würde zwar in dieser Behauptung

ein Factum liegen, aber doch nicht der Rechtserwerb selbst. Vielmehr war diese Behauptung, soweit sie sich äußerlich durchzusetzen
suchte, nur eine Rechtsverletzung gegen die ihre Rechte sofort wahr-
nehmende lutherische Kirche, und eine Rechtsverletzung kann auch in
noch so langer Fortdauer bei dem ebenso fortdauernden Widerspruch
des verletzten nicht zum Rechte werden.

Es entgeht uns nicht, daß die lutherische Kirche hinsichtlich
des Kirchenregiments schon vor dem Zustandekommen der Union
im Oktober 1817 und im Juni 1830 in eine beklagenswerthe
Lage versetzt worden war. Die Verordnungen vom 16. und
26. December 1808 hatten die Kirchenangelegenheiten bei den
evangelischen Confessionen dem Ministerium des Innern und in
unterer Instanz den damals eingerichteten Regierungen überwiesen,
und in Folge davon gingen in den nächsten Jahren die eignen
Consistorien und das Generaldirectorium der Reformirten ein.
Durch das Gesetz vom 30. April 1815 wurden zwar wieder
Provinzialconsistorien eingeführt, aber nach der ihnen gegebenen
Instruction vom 23. Oktober 1817 auch nur für die evangelischen
Confessionen zusammen genommen, so daß factisch schon früher ein
weltliches — im schneidendsten Widerspruch mit den Rechten der
Kirche — und dann ein wenigstens dem Namen nach geistliches
Kirchenregiment für die beiden evangelischen Kirchenparteien bestand.

Allein Rechte können aus diesem mißbräuchlichen Zustande nicht
hergeleitet werden. Abgesehen davon, daß alle diese Maßregeln
Theile eines und desselben nur allmählig ausgeführten Planes
waren, eine Union der beiden evangelischen Confessionen von außen
her zu Stande zu bringen, wie dies hinsichtlich der Aufhebung des
reformirten Generaldirectoriums im Jahre 1810 der Bischof Eylert
im Leben König Friedrich Wilhelms III. aus amtlicher Erfahrung,
hinsichtlich der Consistorialinstruction vom Oktober 1817 aber dieses
Datum selbst bezeugt, so kann daraus, daß die Kirche in ihrer damaligen äußersten, wenn auch von ihr selbst verschuldeten, Schwäche
nicht die innere und äußere Macht besaß, gegen das ihr angethane
Unrecht zu protestiren, ebenso wenig eine ihren Rechten nachtheilige
Folgerung gezogen werden, als man die einem Geistesschwachen

durch unrechtmäßige Besetzung der Vormundschaft zugefügte Unbill aus eben diesem Grunde gerechtfertigt finden wird. Will man aber in höherem Sinn sagen, der Kirche sei eben, weil sie selbst in dieser Geistesschwachheit das Bild des Weltlichen getragen habe, auch mit dieser vom Glauben absehenden Vormundschaft ihr Recht geschehen, so muß aus demselben Gesichtspunkte hinzugefügt werden, daß dieses Recht nur so lange daure, als der Zustand der Geistesschwachheit selbst. Doch war auch zwischen dem von 1808 bis 1817 (in der Mark Brandenburg) und bis 1830 (in Schlesien und den meisten übrigen Provinzen) und dem Zustande seitdem noch der große Unterschied im äußeren Rechte, namentlich für die lutherische Kirche, daß früher die beiden Confessionen in allen übrigen Richtungen des kirchlichen Lebens noch gesondert bestanden und bei Weitem die Mehrzahl der Räthe in den Consistorien der lutherischen Confession angehörte, so daß dem äußeren Recht nach noch mehr die reformirte, als die lutherische Kirche sich für beschwert erachten konnte, seit 1830 aber das ganze Kirchenregiment sich zur Union bekannte und damit auch formell von der lutherischen Kirche abtrat.

Wir würden also auch dann nicht nach Grundsätzen des Rechts und der Gerechtigkeit beurtheilt worden sein, wenn man aus den ersten Schritten zur allmähligen Vollziehung der äußeren Kirchenunion und dem dadurch der Kirche zugefügten Unrecht einen Normalzustand gemacht und diesen bei Beurtheilung unsrer Angelegenheit zur Richtschnur genommen hätte.

Das Verlangen, uns einem mit der unirten Landeskirche gemeinsamen Kirchenregiment zu unterwerfen, entspricht keiner Bestimmung des anerkannten Kirchenrechts; dieses weiß von keinem Regiment der lutherischen Kirche, welches sie mit andern Kirchen gemeinsam hätte, sondern nur von einem solchen, das ihr in ihrem selbständigen Bestehen allein und eigenthümlich angehört: und die Geschichte von 1808 bis 1830 liefert den practischen Beweis dafür, daß, wer die Union der beiden Kirchen nicht will, auch ein gemischtes Kirchenregiment nicht anerkennen darf. Die Pflicht und das Recht aber auch, ein solches abzulehnen, liegt in den staatsrechtlich anerkannten symbolischen Büchern so unzweifelhaft, daß es der Westphälische Friede ungeachtet seiner sonstigen territorialen Principien in Artikel VII ausdrücklich ausgesprochen hat.

c) Wenn der Erlaß insbesondere von einem Conflict spricht, in den wir mit den Rechten des Staates unmittelbar getreten seien, so bemerken wir, daß das nach §. 13 II, Titel 13 des Allgemeinen Landrechts zu den Majestätsrechten gehörende jus circa sacra von uns auch hinsichtlich unsrer Kirchengesellschaft niemals in Zweifel gezogen worden ist. Ein anderes Recht steht aber dem Staat über die Kirche in Preußen nicht zu. Das preußische Landrecht verwirft das Territorialsystem entschieden, indem es überall die Territorial= gewalt von der Kirchengewalt streng scheidet, und die Unrichtigkeit dieses Systems in der christlichen Kirche überhaupt ist auch jetzt fast allgemein anerkannt.

6) Der Erlaß billigt ferner den Canon, auf dessen Grund mit uns von den Ministerialcommissarien verhandelt wurde, daß die Frage über die Bedeutung und Gültigkeit der symbo= lischen Bücher durch die Union unberührt geblieben sei.

Obgleich dieser Canon zunächst eine theologische Frage betrifft, so leuchtet doch ein, daß er auch auf das Rechtsgebiet den wich= tigsten Einfluß äußert. Denn wenn die Bedeutung und Gültigkeit der symbolischen Bücher durch die Union unberührt geblieben ist, so gelten dieselben noch ganz ebenso, wie sie vor der Union galten. Da aber zum Wesen der Kirche nach den symbolischen Büchern selbst Einheit in der Lehre und der Verwaltung der Sacramente hinreicht, so würde aus dem Satze, daß die Union das Bekenntniß unberührt gelassen habe, folgen, daß alle diejenigen, welche der unirten Kirche nicht beigetreten sind, als Schismatiker zu behandeln seien, wie wir denn auch stets bisher als solche behandelt worden sind.

· Es fragt sich aber, ob der Canon richtig ist. Diese Frage kann nicht etwa dadurch abgeschnitten werden, daß man sich auf den Allerhöchsten Erlaß vom 28. Februar 1834 beruft; denn nach dem Allg. Landrecht erstreckt sich die Staatsgesetzgebung nicht auch auf Feststellung von theologischen Dogmen. Hievon nun abgesehen, ist der Canon nicht bloß stets von uns, sondern auch von der gesammten theologischen Literatur der Gegenwart bestritten und als unrichtig dargethan worden. Wenn nämlich nicht in Abrede genommen werden kann, daß Union so viel heißt, als Vereinigung zweier bisher getrennter Kirchen zu einer einzigen, und die bisherige Bedeutung der Symbole der lutherischen Kirche ebenso unbestritten war, hinsichtlich ihrer Thesen als einzige aus der heiligen Schrift abgeleitete Norm des kirchlichen Lebens zu gelten, hinsichtlich ihrer Antithesen aber die in ihnen verworfenen Irrlehren und deren Anhänger, insbesondere auch die Reformirten von der Kirchengemeinschaft auszuschließen, so folgt mit Nothwendigkeit, daß durch die Aufnahme der Reformirten in dieselbe Kirchengemeinschaft, dergestalt, daß auch ihre Symbole nicht aufgehoben sein sollen (Allerh. Erlaß vom 28. Febr. 1834), die bisherige Bedeutung der Symbole wesentlich alterirt worden ist. Es folgt insbesondere, daß dadurch der Artikel des lutherischen Bekenntnisses von der Kirche, daß sie Einheit der symbolischen Lehre voraussetze, der Artikel von den Adiaphoris, daß man ohne Einigung in der Lehre sich nicht in Kirchengebräuchen und Verfassung vereinigen dürfe und außerdem alle diejenigen Artikel, welche die reformirte und lutherische Kirche von einander trennen, und welche in der genaueren Entwicklung fast alle Glaubenslehren berühren, ihre kirchliche Gültigkeit eingebüßt haben. In der That ist also durch die Union eine kirchlich sanctionirte Anarchie hinsichtlich des Bekenntnisses, wenigstens in Betreff aller seit dem sechszehnten Jahrhundert zum kirchlichen Bewußtsein gekommener Glaubenslehren eingetreten.

Auch kann man nicht behaupten, daß die Union ein bloßes Wort geblieben, daß sie mit ihren Folgen nicht wahrhaft ins kirchliche Leben übergegangen sei. Nicht nur ist das neue Dogma aufgestellt und mit Schärfe durchgeführt worden, daß es das unchristlichste sei, noch eine evangelische Kirchengesellschaft zu dulden, die dieser Union abgeneigt sei; auch im Innern der Landeskirche hat man das Princip der Union consequent durchgeführt. Bei Besetzung des geistlichen Ministeriums, der Consistorien, Superintendenturen, theologischen Facultäten u. s. w. wird der Unterschied der beiden evangelischen Confessionen ignorirt. Auch bei Anstellung von Pfarrern landesherrlichen Patronats darf außer dem Falle der erklärten Unzufriedenheit der Gemeinden auf die besondere evangelische Confession der Anzustellenden keine Rücksicht genommen, eine ausdrücklich unirte Pfarrei aber keinem andern, als einem ausdrücklich Unirten übertragen werden. Bei der Ordination fällt die Verpflichtung auf die Symbole der geschichtlichen evangelischen Confessionen weg oder ist dem Ermessen der Ordinatoren anheim gestellt, die dabei nach individueller Ansicht oder nach den Umständen verfahren. Allen Pfarrern ist die Beförderung der Union zur Pflicht gemacht, allen Gemeinden eine unirende Agende gegeben, deren Annahme auch für alle Candidaten eine conditio sine qua non ihrer Anstellung ist. Der Abendmahlsgenuß eines ausdrücklich Unirten in einer nicht ausdrücklich unirten Gemeinde wird nicht mehr als Uebertritt betrachtet; für die Erlangung von Stipendien und andern Beneficien fällt die stiftungsmäßige Rücksicht auf die specielle evangelische Confession weg u. s. w.

Aber auch den von der Ministerial-Commission behaupteten Satz, wir seien alsdann zum Anschluß an die unirte Landeskirche rechtlich verbunden, wenn diese — was hypothetisch in Aussicht gestellt wurde — wieder eins unserer Bekenntnisse, die Augsburgische Confession von 1530 annehmen würde, können wir als rechtlich begründet nicht anerkennen. Die Landeskirche würde, wenn sie dieses Bekenntniß wieder adoptirte, doch als eine neue Kirchengesellschaft auftreten, nun nicht bloß in sofern der geschichtliche Zusammenhang derselben mit den früher vorhandenen Kirchen des preußischen Staates durch das inmittelst kraft der Union geschehene Aufgeben der bisherigen Bekenntnisse unterbrochen gewesen wäre, sondern auch nach dem Inhalt dieses neu angenommenen Bekenntnisses, da früher keine Kirche in Preußen existirt hat, welche blos die Augsburgische Confession von 1530 zu ihrem Bekenntniß gehabt hätte. Eine rechtliche Pflicht zum Anschluß an eine solche neu entstandene Confession ist aber überhaupt nicht nachweisbar und dem kirchlichen Gewissen würde er selbst zuwiderlaufen, da dasselbe weder die Lehrentwicklungen, welche seit 1530 innerhalb der protestantischen Kirche stattgefunden haben und zum confessionellen Gegensatz gediehen sind, ignoriren, noch auch zu dem offenbaren Zweck einer solchen von reformirter Seite in den letzten drei Jahrhunderten schon oft zu ähnlichem Zweck versuchten Maßregel, diese Gegensätze nur unter dem Namen der Augsburgischen Confession, doch wieder zu gleicher Geltung in Einer Kirchengesellschaft zu berechtigen, conniviren kann.

7) Der Erlaß bezeichnet unsere Behauptung, daß das Kirchenregiment nur von Personen derselben Confession ausgeübt werden dürfe, als eine offenbar neue, mit der Lehre der Reformatoren in Widerspruch stehende Ansicht,

woraus denn gefolgert wird, daß unsre Ablehnung des unirten Kirchenregiments eine unberechtigte, willkürliche Neuerung sei. Wir haben nun schon gegen die Ministerial-Commission das Gegentheil, daß nach der Lehre der Reformatoren selbst das Kirchenregiment nur von Personen desselben Glaubensbekenntnisses geübt werden dürfe, in einer besonderen Denkschrift dargethan und dürfen uns hier um so mehr lediglich auf dieselbe beziehen, als eine Widerlegung derselben auch nicht ein Mal versucht worden ist.

Doch es bedarf hinsichtlich dieses Punctes nicht erst eines Zurückgehens auf die entferntere Quelle der symbolischen Schriften und der Lehre der Reformatoren. Nicht nur war es beständig Lehre der lutherischen Kirche, daß die die Kirchengewalt ausübenden Personen der Confession derselben öffentlich und aufrichtig zugethan sein müßten, und daß, wenn Andersgläubige ins Amt kämen, die Kirche ihnen keinen Gehorsam schuldig, sondern ihre Angelegenheiten durch ihre treuen Glieder besorgen zu lassen berechtigt und verpflichtet sei (Harleß, Zeitschrift für Prot. u. K. VI. S. 257); sondern dasselbe bestimmten auch der Religionsfriede von 1555 und der Westfälische Friede Art. V. §. 48 hinsichtlich der Jurisdiction der katholischen Bischöfe über die Protestanten, und der letztere stellte in Art. VII. nach Anerkennung der Reformirten noch die Vorschrift auf, daß das Kirchenregiment in der lutherischen Kirche nur von Gliedern derselben verwaltet werden dürfe. Daß aber diese Vorschrift auch jetzt noch gültiges Recht sei, wird von keinem Kirchenrechtslehrer bezweifelt.

Indem auch diese Rechtsvorschrift unbeachtet blieb, dürfen wir auch in dieser Beziehung mit Recht darüber klagen, daß nicht nach Grundsätzen des Rechts und der Gerechtigkeit mit uns verfahren worden sei.

8) Der Erlaß behauptet endlich, daß der Staat durch Anerkennung unserer Rechte den Rechten nicht nur der evangelischen Landeskirche, sondern auch einzelner lutherischer Gemeinden, welche der Union beigetreten, oder ohne die Erklärung eines solchen Beitritts in ihren früheren Verhältnissen geblieben seien, zu nahe treten und ihnen den Schutz, welchen sie erwarten, entziehen würde.

Abgesehen davon, daß wir in Abrede nehmen müssen, daß es innerhalb der Landeskirche lutherische Gemeinden gebe, welche in ihren früheren kirchlichen Verhältnissen geblieben seien — da sie ja jetzt jedenfalls einer andern Gesammtkirche, deren Kirchenordnungen und Kirchenregiment angehören —, und daß diese Behauptung hinsichtlich der ausdrücklich unirten ehemals lutherischen Gemeinden mit der Cab.O. vom 27. September 1817 und den Ministerialrescripten vom 17. December 1819 und vom 3. Oktober 1840 in directem Widerspruch steht, so ist hier wiederum der Satz ausgesprochen, daß außerhalb der Landeskirche eine selbständige lutherische Kirche rechtlich nicht bestehen dürfe, dessen Unrichtigkeit bereits nachgewiesen ist, und dieser Satz nur noch auf die einzelnen Gemeinden der Landeskirche ausgedehnt. Es leuchtet aber ein, daß, was von der Landeskirche insgesammt gilt, auch von deren einzelnen Theilen als den constitutiven Theilen derselben behauptet werden muß. Insbesondere könnte eine Erstreckung des Parochialzwanges der Landeskirchengemeinden auf die Lutheraner nur mit Hülfe des schon widerlegten Satzes behauptet werden, daß in der Union kein Aufgeben des lutherischen Glaubensbekenntnisses liege, da wie das Kirchenregiment, so auch die Parochialzugehörigkeit durch Gleichheit der Confession bedingt ist. Eine Rechtsverletzung der Landeskirche und ihrer Parochieen würde aber auch selbst dann, wenn man übersehen wollte, daß die Lutheraner nur ihre legitime Kirche behaupten und in der Anerkennung vorhandener Rechte niemals eine Rechtsverletzung liegen kann, nicht behauptet werden können, da der Landeskirche nirgends ein privilegium exclusivum in den preußischen Staaten zuerkannt worden ist und den Landesherren seit dem Reichs=deputationshauptschluß §. 63 das freie Recht zusteht, auch andere Kirchen mit dem Recht voller Gewissensfreiheit zu recipiren.

Uebrigens richten wir diejenigen Mitglieder der Landeskirche nicht, welche ungeachtet ihrer Zugehörigkeit zu derselben sich noch als Glieder der lutherischen Kirche betrachten zu dürfen glauben. Wir verwahren uns nur dagegen, daß ihre individuelle Ansicht zu einer, allen anerkannten Kirchenrechtsgrundsätzen widersprechenden Norm erhoben und danach unsre Rechte verkannt werden. Wir machen nur darauf Anspruch, daß die nach heutigem Kirchenrecht jeder Kirche obliegende Pflicht, neben sich die in den meisten und namentlich auch in den preußischen Staatsgesetzen gesicherte freie Entfaltung der übrigen Confessionen zu dulden, auch von Seiten der evangelischen Landeskirche gegen die unsre beobachtet werde.

Daß dieses aber geschehen werde, wenn unsre Angelegenheit einer unparteiischen Beurtheilung nach Grundsätzen des Rechts und der Gerechtigkeit unterworfen wird, dieses zu erwarten berechtigt uns die göttliche Verheißung: Recht muß doch Recht bleiben und dem werden alle frommen Herzen zufallen."

So das Promemoria. In dem begleitenden Bittschreiben wurde dazu noch bemerkt:

„Aber ein Rechten von Christen wegen historischen Rechts ruft, zumal einer Obrigkeit gegenüber, in deren Wohlmeinen sie keinen Zweifel setzen dürfen, die höhere Rechtsfrage hervor: warum laßt ihr euch nicht lieber Unrecht thun? Als christliche Unterthanen dürfen wir nicht anstehen, sie vor unserm christlichen Könige zu beantworten.

„Nicht darauf nun wollen wir uns berufen, daß, wenn das Festhalten an der objectiven Wahrheit in ihrer geschichtlich gegebenen kirchlichen Darstellung, der überspannten Subjectivität und allen den destructiven Tendenzen der Zeit gegenüber, welche an den Säulen der göttlichen Ordnung auf Erden — Staat und Kirche — rütteln, schon durch sein Dasein und Beispiel als ein Segen anerkannt werden muß, dieser Segen nicht durch rechtswidrige Beschränkungen verkümmert werden sollte, welche es in seiner freien Entwicklung hemmen, ja es zu einer krüppelhaften Gestalt herabwürdigen. Diese Erwägung, so wichtig sie ist, liegt doch denen näher, welche Gott dazu berufen hat, die Geschicke der Völker auf Erden zu leiten. In dem uns zugewiesenen Lebensberuf kann nur eine Rücksicht entscheidend sein, welche das Gewissen jedes einfältigen Christen bindet: eine solche aber ist für uns vorhanden.

„Geruhen Ew. Majestät einen Blick zu thun auf unsere ganze Stellung. Wir sind in dieselbe hineingekommen nicht durch einen eigenen Einfall oder Plan, sondern durch außer uns liegende Zeitereignisse, von denen unser kirchlicher Glaube sich plötzlich bedroht sah.

„Wir haben uns gesondert gehalten von denen, welche die Union eingingen, nicht nach unserm Gutdünken oder selbst geschaffenen Maximen, sondern auf Grund der symbolischen Bücher der lutherischen Kirche, der wir angehörten, welche eine kirchliche Vereinigung ohne Einigung in der Lehre verwerfen.

„Wir sind geblieben in der Verbindung des öffentlichen lutherischen Gottesdienstes mit Predigt und Sacramentsverwaltung durch ordentlich geprüfte, berufene und geordnete Diener des Wortes und bekennen uns zu dieser Vereinigung mit ihrer Kirchenzucht und ihrem Kirchenregiment nicht nach selbstgemachten Grundsätzen, sondern weil sie, auch abgesehen von ihrer historischen Berechtigung dem Begriff der Kirche entspricht und die Befugniß zu ihrem Bestehen und zu ihrer Fortbildung durch das lutherische Glaubensbekenntniß gegeben war.

„Wir halten an dieser Kirche fest als der allein lutherischen im Gegensatz zu den andern Kirchen in Ew. Majestät Landen nicht nach subjectivem Ermessen, sondern kraft des Rechts und der Pflicht, welche in der Individualität und Ausschließlichkeit des lutherischen Bekenntnisses liegen, und weil in ihr und nur in ihr das Bekenntniß in seinen Thesen und Antithesen allein berechtigt ist.

„So gewiß wir nun mit dem allen in der Wahrheit und im Rechte und von beidem überzeugt sind, so gewiß würden wir falsches Zeugniß ablegen gegen unsere Kirche und deren Recht durch alle solche Handlungen, welche größtentheils schon nach dem Sinn, den ihnen die bestehenden Gesetze beilegen, alle aber in dem Sinn, der uns als ihr Zweck ausdrücklich bekannt gemacht worden ist, die Erklärung und Zustimmung enthielten, daß wir als Lutheraner der Landeskirche angehörten, keine Kirche oder doch nicht die lutherische bildeten.

„Dieser Natur sind aber die uns gestellten Bedingungen. Wir sollen, um nur einiges zu erwähnen, Listen unseres Personalbestandes einreichen und fortführen zu dem uns bekannt gemachten Zweck, um als eine nicht verbotene Privatgesellschaft controlirt zu werden; wir sollen zu derselben Staatscontrole jede Aufnahme neuer Mitglieder und jeden Kirchenzuchtsfall anzeigen und damit bekunden, daß wir nicht einmal eine geduldete Kirchengesellschaft seien u. s. w. —

„Also der Kern des christlichen Lebens, Wahrhaftigkeit und Bekenntnißtreue würde angegriffen, wenn es bei der Verkennung des Rechts bliebe, über die wir klagen, und dazu können wir um des Gewissens willen nicht die Hand bieten.

„Doch es kann nicht dabei bleiben. Ew. Majestät haben es ausgesprochen und in vielen Maßregeln an den Tag gelegt, daß Allerhöchstdieselben es für die von Gott HöchstJhnen gestellte Aufgabe erkennen, in allen Gebieten des öffentlichen Lebens die Majestät des Rechts zur Erscheinung und Anerkennung zu bringen. Im vollen Vertrauen hierauf und in der zuversichtlichen Hoffnung, daß Ew. Majestät da, wo ein unmittelbar göttliches Recht in Frage gestellt ist, es um so mehr als Allerhöchst Jhren Beruf erkennen werden, rücksichtslos Recht und Gerechtigkeit zu gewähren, sprechen wir die allerunterthänigste Bitte aus:

„Ew. Majestät wollen allergnädigst geruhen, durch eine Allerhöchst zu ernennende Commission von Rechtsgelehrten prüfen zu lassen, ob die von uns in dem angebogenen allerunterthänigsten Promemoria hervorgehobenen Grundsätze, nach denen wir bisher behandelt worden sind, Grundsätze des Rechts und der Gerechtigkeit sind, und ob nicht denjenigen Lutheranern in Allerhöchstdero Staaten, welche ihre besondere Kirche um der evangelischen Union willen Gewissenshalber nicht haben aufgeben können, das Recht zustehe, die seit 300

Jahren anerkannte, in Bekenntniß, Gottesdienst und Kirchen=
regiment selbständige Kirchengemeinschaft außer der unirten
evangelischen Landeskirche fortsetzen zu dürfen."

So ging denn diese erneute Petition ab. Sie wurde gesendet
in der klaren Erkenntniß, daß damit zunächst alle menschlichen
Mittel erschöpft seien. Die bald darauf im Herbst 1844 gehaltene
Generalsynode hatte umsomehr Ursache, die Ermahnung an die
Gemeinden mitzunehmen, daß man es nirgend fehlen lasse an
Wachen und Beten. Und wagte man auch nicht viel zu hoffen,
so durfte man doch hoffen, nicht nur auf die Gesinnung des
Königs, sondern vielmehr auf die Barmherzigkeit des Herrn.

8. Die Generalconcession und ihre Annahme.

Die Generalconcession, welche ihrem Inhalt nach die Anschauungen des Königs
und des Ministers vermittelt, wird, weil sie die selbständige Existenz der
lutherischen Kirche, wenn auch in unvollkommener Weise, gewährt, unter
angemessener Rechtsverwahrung und mit der Bitte um Ergänzung des
mangelnden angenommen. Doch bleibt Verwahrung und Bitte un=
berücksichtigt.

Die Antwort auf diese Bittschrift war nun ohne weitere Pri=
vatverhandlungen die bekannte Allerhöchste „Generalconcession für
die von der Gemeinschaft der evangelischen Landeskirche sich ge=
trennt haltenden Lutheraner" vom 23. Juli 1845. Sie lautet
folgendermaßen:

Wir Friedrich Wilhelm, von Gottes Gnaden, König von
Preußen u. s. w.

Auf die Uns vorgetragenen Bitten und Wünsche derjenigen Un=
serer lutherischen Unterthanen, welche sich von der Gemeinschaft der
evangelischen Landeskirche getrennt halten, wollen wir in Anwendung
der in Unserer Monarchie bestehenden Grundsätze über Gewissensfrei=
heit und freie Religionsübung und im Interesse der öffentlichen bür=
gerlichen Ordnung zulassen und gestatten, daß von den gedachten
Lutheranern nachstehende Befugnisse unter den hinzugefügten,
maßgebenden Bestimmungen in Ausübung gebracht werden:

1) Den von der Gemeinschaft der evangelischen Landeskirche sich getrennt haltenden Lutheranern soll gestattet sein, zu besonderen Kirchengemeinden zusammenzutreten und einen Verein dieser Gemeinden unter einem gemeinsamen, dem Kirchenregiment der evangelischen Landeskirche nicht untergebenen Vorstande zu bilden.

2) Zur Bildung einer jeden einzelnen Gemeinde ist jedoch die besondere Genehmigung des Staates erforderlich. Die Ertheilung dieser Genehmigung steht gemeinschaftlich den Ministern der geistlichen Angelegenheiten, des Innern und der Justiz zu.

3) Eine solche Kirchengemeinde (Nr. 2) hat die Rechte einer moralischen Person. Sie kann daher auch Grundstücke auf ihren Namen mit Genehmigung des Staates erwerben, sowie eigene, dem Gottesdienste gewidmete Gebäude besitzen, welchen jedoch der Name und die Rechte der Kirchen (§. 18, Titel 11, Theil II des allgemeinen Landrechts) nicht beizulegen sind.

4) Als Geistliche der von der Gemeinschaft der evangelischen Landeskirche sich getrennt haltenden Lutheraner dürfen nur Männer von unbescholtenem Wandel angestellt werden, welche zu einer bestimmten Gemeinde berufen, von dem Vorstande (Nr. 1) bestätigt und von einem ordinirten Geistlichen ordinirt sind.

5) Nach eben dieser Vorschrift (Nr. 4) ist zu beurtheilen, ob und unter welchen Bedingungen die bisher schon als Geistliche dieser Religionspartei thätig gewesenen Personen in dieser Eigenschaft ferner zugelassen werden können.

6) Die von diesen Geistlichen (Nr. 4 und 5) vorgenommenen Taufen, Confirmationen, Aufgebote und Trauungen haben volle Gültigkeit, und werden die von ihnen und ihren Vorgängern bisher verrichteten Amtshandlungen mit rückwirkender Kraft hierdurch als gültig anerkannt.

7) Bei Führung der Geburts-, Trauungs- und Sterberegister haben die Geistlichen dieser Gemeinden die gesetzlichen Vorschriften genau zu befolgen, insbesondere auch Duplicate dieser Register bei dem Gerichte ihres Wohnorts niederzulegen. Die aus diesen Registern von ihnen ertheilten Auszüge sollen öffentlichen Glauben haben.

8) Aufgebote zu Trauungen können fortan mit rechtlicher Wirkung in den zum Gottesdienst bestimmten Localen derjenigen Gemeinden vorgenommen werden, zu denen die Verlobten gehören.

9) Wenn Mitglieder der gedachten Gemeinden die Verrichtung

einzelner geistlicher Amtshandlungen in der evangelischen Landeskirche nachsuchen, so soll daraus allein der Austritt aus ihrer Gemeinde nicht gefolgert werden.

10) In Ansehung der Verpflichtung zu den aus der Parochial= verbindung fließenden Lasten und Abgaben soll auch bei den sich von der evangelischen Landeskirche getrennt haltenden Lutheranern die Vorschrift des §. 261, Titel 11, Theil II des allgemeinen Landrechts zur Anwendung kommen, soweit nicht nach Provinzialgesetzen oder be= sonderem Herkommen dergleichen Abgaben auch von Nichtevangelischen an evangelische Kirchen und Pfarreien, und umgekehrt zu entrichten sind. Zur Entrichtung des Zehnten sollen die gedachten Lutheraner, wenn die zehntberechtigte Kirche oder Pfarrei eine evangelische ist, überall verpflichtet bleiben, wo die Zehntpflicht sich nach der Confession des Zehntpflichtigen bestimmt.

Unsere Minister der geistlichen Angelegenheiten, des Innern und der Justiz sind beauftragt, für die Ausführung dieser Bestimmung Sorge zu tragen.

Urkundlich haben Wir diese Generalconcession Allerhöchstselbst vollzogen.

Gegeben Sanssouci, den 23. Juli 1845.

(L. S.) Friedrich Wilhelm.

Eichhorn. v. Savigny. v. Bodelschwingh. Uhden.

Es ist unschwer zu erkennen, daß in diesem Actenstück eine zweifache Anschauungsweise sich geltend macht. Zum Theil lauten die Bestimmungen der Art, daß man glauben muß, es sollten die Lutheraner als eine öffentlich anerkannte Kirche wieder in ihr Recht eingesetzt werden. Zum andern Theil aber scheinen nicht nur ein= zelne Bestimmungen das Gegentheil zu verrathen, sondern es sind auch mit einer gewissen Aengstlichkeit die Ausdrücke so gewählt, daß die nun concessionirte Kirchengemeinschaft nicht als die alte frühere lutherische Kirche dargestellt werde. Warum dies so sein mußte, ist aus dem bisherigen Gang der Verhandlungen wohl klar geworden. Die Generalconcession war ein Compromiß zwischen dem Könige und zwischen Eichhorn. Des ersteren Princip für die Behandlung der Lutheraner war die Gerechtigkeit, des letzteren

Princip war die Rücksichtnahme auf die evangelische Kirche. Aus dem ersteren erklären sich die günstigen, aus dem andern die ungünstigen Bestimmungen der Concession. [1])

Die Frage war nun, wie sich die lutherische Kirche dazu stellen wollte. Wir erinnern uns, daß von Seiten der Lutheraner stets eins gefordert worden war: selbständige Existenz der lutherischen Kirche außerhalb der unirten Kirche. Daß diese nun wirklich und thatsächlich gewährt war, darüber konnte gar kein Zweifel sein. Wohl mußte man sich sagen, daß diese Existenz nicht in der Form gewährt sei, welche man rechtlich in Anspruch zu nehmen hatte. Theils wurde der Kirche ihr Name verweigert, sofern sie nur als eine Gemeinschaft gewisser Lutheraner charakterisirt wurde, theils wurden ihr gewisse Rechte geschmälert oder vorenthalten. Indessen das änderte nichts an der Thatsache, daß doch den Lutheranern das Recht selbständiger Existenz auf dem Grunde ihrer Bekenntnißschriften zurückgegeben worden war. Wollte man also jetzt nicht über das früher Geforderte hinausgehen, so mußte man die Generalconcession annehmen. Man konnte es um so eher, als zugleich aus Berlin die Nachricht einging: es möge doch nur für jetzt Annahme erfolgen, später solle mehr bewilligt werden.

Andrerseits konnte man sich auch nicht verbergen, daß nicht nur die einzelnen vorenthaltenen Rechte noch wichtig genug seien, um sich ihre Entziehung nicht ganz stillschweigend gefallen zu lassen, sondern daß auch die Concession im Ganzen einer Auslegung fähig sei, wonach die lutherische Kirche gar nicht einmal als eine öffentlich anerkannte betrachtet werden solle. Es wurden daher von dem Ober-Kirchen-Collegium folgende Beschlüsse vorgeschlagen und durch Abstimmung von sämmtlichen Gemeinden angenommen.

Es solle die Generalconcession im Allgemeinen angenommen werden. Doch wolle man zugleich erklären, wie man dieselbe dahin

---

[1]) Vgl. über das einzelne: E. Huschke, über den Sinn der Generalconcession für die von der Gemeinschaft der evangelischen Landeskirche sich getrennt haltenden Lutheraner vom 23. Juni 1845. Breslau 1846.

verstehe, daß sie den Lutheranern im Princip die Rechte einer öffentlich anerkannten Religionsgesellschaft gewähre. Außerdem sollte ein Protest ausgesprochen werden sowohl wegen Verweigerung der Rechte und des Namens „Kirche" für die gottesdienstlichen Locale, als auch wegen des Namens „sich von der Landeskirche getrennt haltende Lutheraner", statt dessen der Name „lutherische Kirche in Preußen" in Anspruch genommen werden müsse.

Nachdem die ungeheure Arbeit der Abstimmung sämmtlicher Gemeinden bewältigt war, traten im Mai 1846 ein Commissarius der Regierung mit einem solchen des Ober=Kirchen=Collegiums in Verhandlung, um zunächst dem Ministerium eine Vorlage über die Art und Weise, wie die Generalconcession ausgeführt werden könnte, und über die weitergehenden Wünsche der lutherischen Kirche zu machen. Am 31. Oktober 1844 wurden diese Verhandlungen dem Ministerium eingereicht; am 7. August 1847 erfolgte desselben Antwort.

Nach derselben (der sogenannten Specialconcession) wurde nun das Ober=Kirchen=Collegium als selbständiger dem landeskirchlichen Regiment nicht untergebener Vorstand der lutherischen Gemeinden anerkannt. Als Gemeinden mit den Rechten einer moralischen Person wurden zunächst nur die Kirchenverbände anerkannt, welche nicht nur ein eigenes Vorstehercollegium, sondern auch einen eigenen am Orte selbst wohnenden Pastor hätten. Doch wurde auch für die „Zweigverbände" die Anerkennung in Aussicht gestellt, wenn das Bedürfniß dazu sich zeigen würde. Den lutherischen Geistlichen wurde gleichfalls die Anerkennung ertheilt, so daß ihre Amtshandlungen (und zwar mit rückwirkender Kraft), sowie die von ihnen auszustellenden Scheine als staatlich gültige angesehen werden sollten. Die Bekanntmachung dieser Anerkennungen sollte durch die Amtsblätter der betreffenden Regierungen erfolgen. [1]

Abgeschlagen wurden dagegen die Anträge des Ober=Kirchen=

---

[1] Die Bestimmungen der Specialconcession vollständig bei Wangemann II. S. 411 ff.

Collegiums auf Porto= und Stempelfreiheit, sowie auf Befreiung der Geistlichen von den öffentlichen und Communalabgaben.

Ueber die Principienfrage, in welchem Sinn die Generalconcession als eine Anerkennung der lutherischen Kirche anzusehen sei, schwieg diese Ministerialverfügung, weil darüber schon kurz vorher eine amtliche Erklärung abgegeben worden war.

Einen selbständigen Theil der Verhandlungen zwischen dem Ober=Kirchen=Collegium und den Ministern bildete die Schulangelegenheit. Doch blieb es im Ganzen bei einer Ministerialverfügung vom 29. September 1845, die dem Ober=Kirchen=Collegium aber erst im Oktober 1847 bekannt wurde, in welcher folgendes bestimmt war:

Als Regel sei anzusehen, daß die Lutheraner ihre Kinder in die bestehenden Ortsschulen schickten. In diesem Fall könnten die Kinder von dem Religionsunterricht befreit werden, wenn der Besuch eines anderweitigen Religionsunterrichts bescheinigt würde. Wenn die Schule sich nicht an dem Wohnort eines lutherischen Geistlichen befände, so könnten die Kinder während der Dauer des Confirmandenunterrichts überhaupt von dem Schulbesuch entbunden werden, wenn der Geistliche bescheinige, daß die betreffenden Kinder von ihm Confirmandenunterricht erhalten und an seinem Wohnort eine öffentliche oder Privatschule besuchen. — Es könne aber den Lutheranern auch die Errichtung eigener Schulen zugestanden werden. Hierauf seien durchweg die bestehenden gesetzlichen Vorschriften anzuwenden. Nur solle das Oberaufsichtsrecht des Staates hinsichtlich des Religionsunterrichts in möglichst schonender Weise ausgeübt werden. Endlich sei den Lutheranern auch die Einrichtung von Privatschulen gestattet, mit der Maßgabe, daß zu Lehrern derselben auch diejenigen an öffentlichen Schulen angestellt gewesenen Lehrer qualificirt seien, welche nur um ihres lutherischen Bekenntnisses willen vom Amte entfernt worden seien.

Es entging dem Ober=Kirchen=Collegium natürlich nicht, daß nicht nur mit allen diesen Bestimmungen wesentliche Rechte der Kirche versagt blieben, sondern daß auch ihnen allen eine Auslegung der Generalconcession zu Grunde lag, welche die Kirche

16*

nicht als eine öffentlich aufgenommene anerkennen wollte. Indessen dagegen sich zu verwahren und das Recht der Kirche wahrzunehmen, hatte sich bereits eine andere Gelegenheit gefunden.

9. Weitere vergebliche Versuche, das volle Recht für die lutherische Kirche wieder zu erlangen.[1])

In verschiedenen Protesten und Petitionen, gerichtet an den König, die Minister und die Volksvertretung sucht das Ober-Kirchen-Collegium bis zum Jahre 1853 eine volle Anerkennung für das Recht der lutherischen Kirche, aber ohne Erfolg, zu erlangen.

Es war nämlich unterm 30. März 1847 ein Allerhöchstes Patent erschienen, die Bildung neuer Religionsgesellschaften betreffend. In diesem — ohne die verfassungsmäßige Zuziehung der Stände erlassenen — Patent wurden als öffentlich anerkannte Kirchengesell=schaften, denen staatlicher Schutz zugesagt und der Genuß ihrer Rechte verbürgt wurde, nur zwei, die evangelische und die römisch=katholische, genannt, während in früheren ähnlichen Kundgebungen, sowie in der ganzen Gesetzgebung stets drei, die reformirte, lutherische und römisch=katholische, genannt worden waren. Außerdem aber redet dieses Patent nicht, wie das Landrecht, von zwei verschiedenen Arten der Religionsgesellschaften, nämlich von öffentlich aufgenommenen und geduldeten, sondern von dreien, indem es auch solche Reli-gionsgesellschaften namhaft macht, die nicht nur geduldet, oder die aufgenommen, aber nicht öffentlich aufgenom-men seien. Daß diese Bestimmung sich auf die lutherische Kirche beziehen sollte, wurde nicht verhehlt.

In zwei Eingaben vom 5. August 1847 an den König und an die mit Ausführung der Generalconcession beauftragten Minister protestirte das Ober=Kirchen=Collegium gegen diese Neuerung der Gesetzgebung als gegen eine Kränkung der lutherischen Kirche.

---

[1]) Vgl. über diese Verhandlungen das „Kirchenblatt für die evangelisch=lutherischen Gemeinen in Preußen" 1867, Nr. 2, 5, 7, 8.

Diese Eingabe blieb ohne Antwort und ohne Berücksichtigung.

Mit der großen Erschütterung des Jahres 1848 wurde aber das Verhältniß von Kirche und Staat gänzlich in Frage gestellt. Neue Gewalten traten auf, eine neue Ordnung der Dinge in staatlicher wie in kirchlicher Beziehung schien kommen zu sollen. Da hielt es das Ober-Kirchen-Collegium für geboten, in der allgemeinen Verwirrung das Recht der lutherischen Kirche noch ein Mal wahrzunehmen. Da vom Staatsministerium der neu projectirte Verfassungsentwurf ausgehen mußte, so ward an dasselbe unterm 11. Mai 1848 eine ausführliche Eingabe gesandt, in welcher nach einer Recapitulation alles des Unrechts, das die lutherische Kirche erlitten und des halben Rechts, das ihr gewährt worden war, die volle Wiederherstellung gefordert wurde. Diese Bittschrift geht im Princip über die frühere nicht hinaus; in der Anwendung nimmt sie aber den Gesichtspunct ein, daß durch die neue Staatsordnung billiger Weise alles das wieder gut gemacht werden müsse, was die frühere gefehlt habe, und entwickelt daraus eine Reihe von Anträgen, die weit mehr ins einzelne gehen und das durch die neue Gesetzgebung zu Gewährende weit bestimmter vorzeichnen, als es früher geschehen war.

Es heißt davon in dieser Petition: „Für die nothwendig gewordene Reorganisation des Verhältnisses von Staat und Kirche verlangen wir nun als Basis der Beurtheilung unserer kirchlichen Verhältnisse:

> die Anerkennung des historischen Rechts unserer Kirche auf Grund ihrer Bekenntnisse, als einer schon seit der Reformationszeit öffentlich aufgenommenen, durch allbekannte Staatsverträge, Reverse und Gesetze berechtigten und garantirten Religionsgesellschaft,

mithin auch

> die Beseitigung des Princips, uns nur als uns selbst von der evangelischen Landeskirche getrennt haltende Lutheraner, die sich erst wieder zu einer neuen Religionsgesellschaft zusammengethan hätten, zu betrachten,

da nach unleugbarer geschichtlicher Wahrheit unser von der Landeskirche getrenntes Bestehen nicht unsre von der objectiven Grundlage unsrer Kirche in ihren Bekenntnissen sich losjagende That, sondern nur eine Folge davon ist, daß die Union als solche subjective That den bei weitem größten Theil der bisherigen beiden Landeskirchen Augsburgischer Confession zu einer neuen Landeskirche gestaltet hat.

Es folgt hieraus ferner

die Beseitigung der Generalconcession, nachdem das vom Ge= setzgeber ihr unterlegte Princip als ein mit den Rechten der lutherischen Kirche in Preußen unverträgliches durch die offi= cielle Interpretation derselben offenbar geworden ist.

Statt derselben ist in einem neuen Gesetz zu erklären,

daß der „evangelisch=lutherischen Kirche in Preußen" auf Grund ihrer historischen Berechtigung alle Rechte einer öffent= lich aufgenommenen Religionsgesellschaft zustehen, mithin

1) daß sie eine nach Bekenntniß, Gottesdienst und Verfassung selbständige Religionsgesellschaft ist, auf welche auch im Verhältniß zur evangelischen Landeskirche die von verschiedenen Religionsparteien geltenden Grundsätze anzuwenden sind: jedoch mit Ausnahme des § 39 Allgemeinen Landrechts, Theil II, Titel 11, der theils als Eingriff in das Gewissensrecht und die Autonomie der Kirchen, theils auch, weil er nach Vollziehung der Union seine Bedeutung verloren hat, außer Anwendung zu setzen ist;

2) daß ihre schon jetzt bestehenden oder noch zukünftig sich bildenden Kirchengemeinden das Recht der Parochieen, ihre gottes= dienstlichen Gebäude den Namen und die Rechte der Kirchen, ihre Geistlichen und Pastoren dieselben Vorrechte, wie die der evangelischen Landeskirche haben;

3) daß die corporativen Parochialrechte nicht bloß solchen Ge= meinden, in denen der bei ihnen angestellte Geistliche wohnt, son= dern auch allen, welche nach unserm amtlichen Zeugniß eine be= sondere öffentliche Gottesdienstfeier an ihrem Orte haben, und deren Kirchen=Collegium aus wenigstens vier Mitgliedern besteht, außer= dem aber auch, so oft für eine Gemeinde das Bedürfniß der cor= porativen Rechte wegen Erwerb eines Grundstücks oder aus andern Gründen eintritt, ertheilt werde;

4) daß die von uns angestellten Geistlichen durch ihre An= stellung selbst die Rechte der Geistlichen öffentlich aufgenommener Religionsgesellschaften erhalten und für uns bloß eine Verpflichtung fortbestehe, ihre Anstellung zur Bekanntmachung im Amtsblatte den Königlichen Regierungen anzuzeigen;

5) daß die aus andern Kirchen zu unsrer Kirche übertretenden Glieder durch ihren Uebertritt selbst, für welchen im Fall des Zwei= fels das amtliche Attest des betreffenden Geistlichen oder Kirchen= Collegiums als Beweis hinreicht, aus ihrer bisherigen Kirche und Parochie und allen Verpflichtungen derselben ausscheiden und bei übertretenden Geistlichen deren Befugniß zur Vornahme geistlicher Amtshandlungen innerhalb unsrer Kirche auch von ihrem Uebertritt an lediglich von den Ordnungen unsrer Kirche abhänge;

6) daß, wenn Gemeinden in der Mehrzahl ihrer Glieder zu unsrer Kirche übergetreten sind oder ferner übertreten, der Vorschrift des §. 171, Theil II, Titel 11 des Allgemeinen Landrechts in Betreff des Kirchenguts Folge gegeben werde;

7) daß die ausdrücklich für Lutheraner gestifteten Stipendien ihrer Zweckbestimmung wenigstens insoweit zurückgegeben werden, daß im Falle der Concurrenz Lutheraner den Vorzug genießen;

8) ebenso Wiederherstellung wenigstens einiger Professuren der lutherischen Theologie nach Maßgabe des Bedürfnisses und an den dazu geeigneten Universitäten, da jetzt, nachdem die Zahl unsrer Pfarrbezirke bereits auf 32 gestiegen ist, die nothwendigen aka= demischen Vorbildungsmittel nicht länger mehr entbehrt werden können. Die Besetzung der Stellen würde nach dem Vorschlage der Kirche erfolgen;

9) daß in Berücksichtigung des durch die Unionsmaßregeln unsrer Kirche entzogenen Kirchenguts, der vielen Strafgelder und widerrechtlich uns auferlegten Lasten zur Erhaltung der landeskirch= lichen Parochieen eine billige Entschädigungssumme aus Staatsmit= teln angewiesen und uns zur Disposition gestellt werde, um sie zur Wiedereinrichtung unsers völlig entblößten Kirchenwesens zu verwenden;

10) daß bei Verwendung der für die Unterhaltung oder Unter=

ftützung der verschiedenen Culte ausgesetzten Staatsmittel die lutherische Kirche in derselben Weise, wie die jetzige evangelische
Landeskirche, jedoch verhältnißmäßig bedacht werde;

11) daß daßelbe in Betreff des Schulwesens mit unparteiischer
Gerechtigkeit geschehe und auch im Uebrigen, soweit beim Schul-
wesen die Kirche in Berücksichtigung kommt, eine volle Parität
zwischen der lutherischen und der evangelischen Landeskirche beobachtet
werde;

12) Erstreckung des Rechts der Stempelfreiheit auf die lutherischen Gemeinden, soweit ihnen corporative Rechte zustehen oder
noch ertheilt werden; desgleichen

13) die Portofreiheit für unsre und unsrer Pastorate amtliche
Correspondenzen in demselben Umfang, in welchem sie die evangelische Landeskirche genießt. Da dieses Privilegium selbst Privat-
wohlthätigkeitsanstalten bewilligt zu werden pflegt und ein früheres
Gesuch um dieselbe von den drei mit Ausführung der Generalconcession beauftragten Hohen Ministerien nur wegen unrichtig ge-
wählter Instanz zurück gewiesen zu sein schien, uns aber zugleich an
deßen baldmöglicher Erlangung gelegen ist, so haben wir ein neues
Gesuch um deßen sofortige Ertheilung gleichzeitig an des Herrn
Generalpostmeisters Excellenz gerichtet.

Ein Hohes Staatsministerium wird bei unparteiischer Erwägung der der lutherischen Kirche zustehenden Rechte und der ihr
widerfahrenen Rechtskränkung nicht verkennen, daß die vorstehenden
Forderungen, weit entfernt, über das Maß des Rechts hinaus zu
gehen, nur das Nothbürftigste enthalten, was nicht versagt werden
kann, wenn nur einigermaßen von einer Rückkehr zur Gerechtigkeit
in der Behandlung unsrer Kirche und einer Wiedergutmachung des
angethanen Unrechts die Rede sein soll.

Deshalb richten an Eure Excellenzen wir die ganz gehorsamste
Bitte:

schon jetzt bei der bevorstehenden Vereinbarung der neuen
Staatsverfassung mit der Volksrepräsentation, insoweit darin
auch das Verhältniß von Kirche und Staat einer Bestimmung

unterliegt, die gehorsamst vorgetragenen Rechte und Ansprüche unsrer Kirche zu berücksichtigen,
insoweit die letzteren aber specieller Natur sein möchten,
sie in der verfassungsmäßigen Form zur Anerkennung und Gewährleistung bringen zu wollen."

Der nächste Zweck dieser Petition war, das Ministerium bei Vorlage des neuen Verfassungsentwurfs dahin zu bringen, daß es in demselben die historischen Rechte der lutherischen Kirche wieder geltend mache. Dieser Zweck konnte schon um deßwillen nicht erreicht werden, weil diese Eingabe zu spät ankam. Zur Zeit ihres Eintreffens wurde der neue, der Nationalversammlung vorzulegende Verfassungsentwurf schon veröffentlicht.

Da nun in diesem Entwurf abermals nur die evangelische und die römisch-katholische, nicht aber die lutherische Kirche als öffentlich aufgenommene einen Platz gefunden hatten, so hielt sich das Ober-Kirchen-Collegium verpflichtet, bei der Nationalversammlung gegen die Annahme des betreffenden Paragraphen zu protestiren und eine entsprechende Aenderung zu verlangen. Es geschah dies unterm 25. Mai 1848.

Nun wurde aber der vom Ministerium Camphausen vorgelegte Entwurf in den Abtheilungen der Nationalversammlung gänzlich umgearbeitet, so daß ein ganz neuer Entwurf zu Tage kam. Dieser ignorirte die Kirchen als solche gänzlich. Er enthielt nur die Bestimmungen:

„Der Genuß der bürgerlichen und staatsbürgerlichen Rechte ist unabhängig von dem religiösen Bekenntniß und der Theilnahme an irgend einer Religionsgesellschaft. Den bürgerlichen und staatsbürgerlichen Rechten darf dadurch kein Abbruch geschehen. Die Freiheit des religiösen Bekenntnisses und der gemeinsamen öffentlichen Religionsübung wird gewährleistet.

Jede Religionsgesellschaft ist in Betreff ihrer inneren Angelegenheiten und der Verwaltung ihres Vermögens der Staatsgewalt gegenüber frei und selbständig. Der Verkehr der Religionsgesellschaften mit ihren Oberen ist unbehindert. Der Erlaß und die Bekanntmachung ihrer Anordnungen ist nur denjenigen Beschränkungen unterworfen, welchen alle übrigen Veröffentlichungen unterliegen."

Damit war nun wohl Freiheit genug, aber desto weniger Recht gegeben, was wohl den in anerkannter Geltung stehenden Kirchen, nicht aber der lutherischen Kirche gleichgültig sein konnte, da es der letzteren gerade darum zu thun war, ihre Rechte erst wieder zur Geltung gebracht zu sehen. Daher protestirte das Ober= Kirchen=Collegium auch gegen diesen Entwurf, wiederholte die frühere Rechtsverwahrung, machte auch die Aenderungen namhaft, welche hinsichtlich der Schulgesetzgebung erwünscht wären.

Indessen alle diese Petitionen hatten schon um deßwillen keinen Erfolg, weil jene Versammlung überhaupt nichts zu Stande brachte. Sie wurde Ende 1848 aufgelöst; eine neue Verfassungsurkunde erließ der König; sie sollte von den neu zu berufenden beiden Kammern revidirt und endgültig festgestellt werden.

Da nun auch in dieser sogenannten octroyirten Verfassung die lutherische Kirche völlig übergangen war, so wurden abermals die früheren Proteste und Bitten wiederholt, in zwei Petitionen vom 22. März 1849 gerichtet an den König und an die erste Kammer. Um dieselben zu unterstützen, begab sich der Director des Ober= Kirchen=Collegiums nach Berlin, verhandelte mit dem Ministerium, sowie mit hervorragenden Mitgliedern der Kammer, und es schien wirklich das Ministerium v. Ladenberg in der Hauptsache auf alle Wünsche eingehen zu wollen. Schließlich indessen wurde doch nichts daraus, in der Verfassungsurkunde wurde der lutherischen Kirche wiederum nicht gedacht, und unter dem Ministerium v. Raumer mußten ohnehin alle Hoffnungen schwinden.

Eine abermalige Verwahrung und Bitte des Ober=Kirchen= Collegiums vom 7. März 1850 blieb, wie alle früheren, unbeant= wortet.

Im Auftrag der Generalsynode von 1852 erneuerte das Ober=Kirchen=Collegium seine Vorstellungen mittelst Eingabe vom 30. November 1852. Nun endlich erfolgte wenigstens eine Ant= wort, freilich eine kurzweg ablehnende. Der Minister v. Raumer schrieb: "Nach Erwägung des Inhalts beider Vorstellungen eröffne

ich dem Ober-Kirchen-Collegium, daß den Anträgen desselben nicht
Folge gegeben werden kann. Dieselben beruhen wesentlich auf der
Voraussetzung, daß die von der Gemeinschaft der evangelischen
Landeskirche sich getrennt haltenden Lutheraner die evangelisch-lutherische Kirche in Preußen repräsentiren, und daß diese Kirche in der
evangelischen Landeskirche Preußens nicht enthalten und nicht vertreten sei. Diese Voraussetzung ist nicht richtig, und mit ihr fallen
die aus derselben hergeleiteten Folgerungen."

Das war das Resultat aller Bemühungen. Die lutherische
Kirche wurde abgewiesen mit einer Behauptung, die nach Geschichte
und Recht eine unwahre und als solche hinlänglich dargethan war.

Das Ober-Kirchen-Collegium glaubte dies nicht stillschweigend
hinnehmen zu sollen. Doch konnte es nicht angemessen scheinen,
nochmals einen ausführlichen Nachweis über den Rechtsstand einzuschicken, da es ja klar war, daß man einen solchen nicht berücksichtigen wolle. Dagegen wurde noch ein Mal eine kurze bündige
Rechtsverwahrung unterm 16. Juni 1853 eingesandt.

„Wir müssen es beklagen, heißt es darin, daß ungeachtet des
auf dem Gebiet von Staat und Kirche vielfach hervorgetretenen so
erfreulichen Umschwunges der Ueberzeugungen und der dadurch her-
beigeführten Rückkehr zu den wahren historischen Grundlagen des
öffentlichen Zustandes bei den Königlichen Behörden, in deren Hand
vornehmlich die Initiative der Gesetzgebung liegt, nicht auch die
Ueberzeugung hat zur Herrschaft gelangen können, daß unser ein-
faches Festhalten an den Bekenntnissen der lutherischen Kirche, sowie
dieselben thetisch und antithetisch lauten und in ihrer kirchlich praktischen Durchführung stets verstanden worden sind, die Erhaltung
eben dieser Kirche in unsrer Religionspartei begründe, und daß dagegen die preußische evangelische Landeskirche, weil sie mit dem angenommenen Princip der Union grundsätzlich und thatsächlich von
den Bekenntnissen der lutherischen Kirche abgeht und, weil nach der
heiligen Schrift und eben diesen Bekenntnissen Einheit des Glaubens und der Sacramentsverwaltung die erste Bedingung einer
Kirche ist, nicht zugleich die lutherische Kirche sein oder darstellen kann.

Es würde jedoch, da und so lange die entgegengesetzte Ueberzeugung besteht, vergeblich sein, unsre frühere Petition zu erneuern, und wir werden uns daher Ew. Excellenz Weisung gemäß zunächst darauf beschränken, auf der Basis des bisherigen praktischen Zustandes einzelne Beschwerden vorzutragen, deren Berücksichtigung wir der Gerechtigkeit und dem Wohlwollen Ew. Excellenz empfehlen.

Dagegen nöthigen uns Pflicht und Gewissen, für das Gewissen kommender Zeiten, in denen Recht und Unrecht in dieser Sache richtiger erkannt werden möchte, die Rechte unsrer Kirche durch Wiederholung der früheren Protestation abermals vorzubehalten.“

Dabei ist es denn bisher geblieben. Es ist seitdem im Einzelnen manches gewährt worden (Portofreiheit, Befreiung der Geistlichen von den Communalsteuern u. a. m.); aber eine Anerkennung der lutherischen Kirche ist nicht erfolgt. Im Wesentlichen gilt als Norm der Beurtheilung unsrer kirchlichen Verhältnisse die Generalconcession von 1845.

10. Die neuesten Berührungen zwischen der lutherischen Kirche und dem Staat.

Die durch die Ereignisse von 1866 gebotene Bitte um Ausdehnung der Generalconcession auf Nassau und frühere hessische Gebietstheile ist ebenso abgelehnt worden, wie das Gesuch, die lutherischen Militärpersonen in den Listen in Betreff ihrer Zugehörigkeit zur lutherischen Kirche in unmißverständlicher Weise zu bezeichnen. Eine neue auf Anerkennung der Rechte gerichtete Petition an das Abgeordnetenhaus harrt ihrer Erledigung.

Das Jahr 1866 mit seinen Territorial-Veränderungen hat, wie die lutherische Kirche überhaupt, so auch unsre Kirche in Preußen vielfach bewegt. Die großen Hoffnungen, welche viele auf die Einverleibung großer lutherischer Kirchengebiete in den Preußischen Staat für das Gedeihen der lutherischen Kirche setzten, Hoffnungen, die auch bei uns getheilt wurden, haben als vergeblich sich erwiesen. Warum sie nicht erfüllt worden sind, das zu untersuchen gehört nicht hieher. Doch ist soviel gewiß, daß nicht allein der Staat die Schuld trägt, wenn ein, soweit Menschen urtheilen können, für die Stärkung der lutherischen Kirche überaus günstiger Zeitpunct ungenützt vorübergegangen ist.

Für uns haben sich aus den Bewegungen jenes Jahrs drei Fragen im Verhältniß zum Staat ergeben, deren zwei mehr specieller Natur ihre Beantwortung bereits gefunden haben, während die dritte allgemeinere ihrer Lösung noch harrt.

Durch den Sieg von 1866 war sowohl das Herzogthum Nassau, als auch einzelne Theile des Großherzogthums Hessen preußisch geworden. Sowohl dort, wie hier, bestanden schon vorher Gemeinden, die zur Gemeinschaft unserer lutherischen Kirche in Preußen sich hielten, aber noch nicht als selbständige kirchliche Corporationen anerkannt waren. Es war natürlich, daß nun diese Gemeinden den Wunsch hegten, aus ihrer gedrückten Lage befreit und derselben Freiheiten und Rechte theilhaftig zu werden, deren sich die lutherischen Gemeinden in den älteren Provinzen erfreuten. Sie reichten daher an betreffender Stelle Gesuche ein, die Generalconcession vom 23. Juli 1845 auch auf sie auszudehnen und wurden darin vom Ober-Kirchen-Collegium unterstützt.

Dies Gesuch wurde abschläglich beschieden. Das Rescript des Cultusministers v. Mühler, gerichtet an den Oberpräsidenten v. Möller in Kassel vom 14. April 1868, lautet wie folgt:

„Auf den gefälligen Bericht vom 18. März c. (Nr. 1817), dessen Anlage anbei zurück erfolgt, erwidere ich Ew. Hochwohlgeboren ergebenst, daß ich ein Bedürfniß zur Ausdehnung der in den altländischen Provinzen für die von der evangelischen Landeskirche sich getrennt haltenden Lutheraner geltenden Gesetze, insbesondere der General-Concession vom 23. Juli 1845 auf die neuerworbenen Gebiete zur Zeit nicht erkennen kann.

„Die bezüglich der südlichen Provinzen aufgenommene Statistik hat ergeben, daß in dem ehemaligen Kurfürstenthum Hessen gar keine separirten Lutheraner vorhanden sind. In Frankfurt a/M. und in den von dem Großherzogthum Hessen erworbenen Landestheilen ist eine Separation erst in den letzten Jahren (1865 resp. 1864) innerhalb je einer Gemeinde hervorgetreten; sie beruht hier allem

Anschein nach auf rein perſönlichen,[1]) alſo vorübergehenden Ver⸗
hältniſſen, und ſie hat es deßhalb auch nur zu äußerſt geringen
Anfängen gebracht, wie denn weder die Martinsgemeinde in Frank⸗
furt a/M., noch die in Altenlotheim ausgetretenen Familien die
Zahl von fünfzig Mitgliedern überſchreiten. Selbſt in dem früheren
Herzogthum Naſſau, wo die kirchliche Agitation bis in die vier⸗
ziger Jahre zurück reicht, beſtehen gegenwärtig nur in zwei Gemein⸗
den (Steeden und Gemünden) Vereinigungen von mehr als hundert
(115—264) Altlutheranern; an den übrigen Orten haben ſich blos
einzelne Familien (1—16) zu einem Austritt aus der Landeskirche
bewogen gefunden.

„Bei dieſer Sachlage ſcheint eine geſetzliche Neuregulirung der
Angelegenheit weder geboten, noch zweckmäßig. Mit Publication
der preußiſchen Verfaſſungsurkunde iſt auch den Altlutheranern der
neu erworbenen Landestheile die Freiheit des religiöſen Bekennt⸗
niſſes, wie die kirchliche Aſſociation gewährleiſtet, und damit jeder
Grund zu einer Klage über ſtaatliche Bedrückung fortgefallen. Eine
Erweiterung der ihnen hieraus erwachſenden Rechte im Sinne einer
beſonders conceſſionirten Kirchengeſellſchaft würde dagegen, ganz
abgeſehen von weiter liegenden kirchlich⸗politiſchen Rückſichten, nur
geeignet ſein, die öffentliche Aufmerkſamkeit zu erregen, den Zug
ſeparatiſtiſcher Beſtrebungen zu fördern und damit neue Wirren für
die Landeskirche wach zu rufen.

---

[1]) Was Frankfurt a/M. anbelangt, ſo bin ich nicht unterrichtet. In
Betreff des früher großherzoglich heſſiſchen Altenlotheim aber iſt obige Be⸗
hauptung mindeſtens mißverſtändlich. Die dort ausgetretenen Gemeindeglieder
forderten von ihrem Paſtor vergeblich lutheriſche Predigt und Bedienung.
Sie wendeten ſich vergeblich an ihr Kirchenregiment, bis hinauf zum Ober⸗
Conſiſtorium. Sie konnten nichts erlangen, als die Verſicherung, daß ihre
Gemeinde lutheriſch ſei, aber nicht das, daß ihr Paſtor demgemäß zu
amtiren angewieſen worden wäre. Unter dieſen Umſtänden wurde
ihnen bei uns amtliche Bedienung gewährt, wobei indeſſen vorbehalten blieb,
daß ſie in ihre — rechtlich allerdings lutheriſche — Gemeinde zurückkehren
könnten, falls in derſelben wieder das lutheriſche Bekenntniß thatſächlich her⸗
geſtellt würde. Dieſe „Verhältniſſe“ dürften denn doch mehr ſachlicher, als
perſönlicher Art ſein.

„Die nach den Berichten des evangelischen Pfarramts zu
Kirchen-Lotheim in der Gemeinde Altenlotheim hervorgetretenen
Uebelstände werden sich übrigens schon jetzt im administrativen Wege
beseitigen lassen. Bei dem Mangel einer eigenen Parochie gehören
die aus der Landeskirche ausgeschiedenen Familien zu dem evange=
lischen Sprengel ihres Wohnorts. Es wird daher, um unerfreuliche
Begegnungen zwischen den Separirten und dem Pfarramt der Lan=
deskirche zu vermeiden, nur darauf ankommen, ihnen im Wege poli=
zeilicher Anordnung unter Strafe die Anmeldung ihrer Geburts=
und Sterbefälle bei der zuständigen Ortsbehörde aufzugeben und
durch Vermittlung der letzteren, nachdem dieselbe von der Richtig=
keit der Anzeige sich überzeugt hat, eine Eintragung des Vorgangs
in das pfarramtliche Civilstandsregister bewirken zu lassen. In
gleicher Weise wird zu verfahren sein, wenn in den Familien der
Separirten Trauungen durch einen andern, als den landeskirchlichen
Ortsgeistlichen verrichtet werden.“ [1])

Sehen wir uns die Begründung dieser abschläglichen Antwort
an, so wird die Anerkennung der lutherischen Gemeinden in Nassau
und Altenlotheim versagt:

1) aus Rücksicht auf die Landeskirche, damit diese nicht in
neue Wirren gerathe,

2) weil die Zahl der Lutheraner dort nur sehr klein sei,

3) nebenbei aus ungenannten weiter liegenden kirchlich=poli=
tischen Rücksichten.

Worin die letzteren bestehen, wissen wir nicht: vielleicht wäre
es aber für die neupreußischen Lutheraner nicht ohne Interesse, sich
nach denselben zu erkundigen.

Vom zweiten Grunde wird man sagen müssen, daß derselbe
sich im Munde des Ministers der geistlichen Angelegenheiten seltsam
genug ausnimmt.

Was aber den ersten Grund anbelangt, so sind wir ja, wie
aus den vorstehend mitgetheilten Verhandlungen ersichtlich, längst
daran gewöhnt, unsere Angelegenheiten stets nach dem beurtheilt zu

---

[1]) Kirchenblatt für die ev. luth. Gem. in Preußen 1868. S. 116—118.

sehen, was „der Landeskirche" ersprießlich scheint. Doch wäre es wohl wünschenswerth, daß einmal die Zeit käme, in der nicht das Wohlbefinden der Landeskirche, sondern allein das Recht der Maßstab wäre, nach welchem die Lutheraner behandelt würden. Und es hätte bei der Entscheidung über die vorbenannten Gemeinden billig die erste Frage sein sollen, was ihnen nach dem Recht gebühre, und wenn ein abschlägiger Bescheid erfolgen sollte, so hätte er billig mit Rechtsgründen gestützt werden sollen. Für Altenlotheim hätte dann allerdings nicht die Ausdehnung der Generalconcession auf die dortigen Lutheraner, wohl aber das verfügt werden müssen, daß das Recht der dortigen lutherischen landeskirchlichen Gemeinde thatsächlich wieder herzustellen sei. Für das völlig und zweifellos unirte Nassau dagegen wäre die Einführung der Generalconcession in Ordnung gewesen, wenn anders die Nassauer Lutheraner mit demselben Maß zu messen billig war, wie die übrigen Lutheraner in den alten Provinzen.

Doch freilich wir müssen Separatisten sein, gegen deren Bestrebungen man sich schützen will! Davon ist nichts mehr zu sagen.[1])

Nicht minder betrübend ist ein anderer abschlägiger Bescheid, den wir aus dem Kriegsministerium erhalten haben. Als 1866 unser Heer im Felde war, wurden zur Bedienung unserer lutherischen Soldaten etliche unserer Pastoren zur Armee gesandt. Dabei ergab sich ein Uebelstand, der auch sonst schon öfter hervorgetreten war, daß nämlich die Auffindung der einzelnen lutherischen Militärpersonen aufs äußerste schwer zu bewerkstelligen war, weil dieselben in den militärischen Listen nur mit der allgemeinen Bezeichnung „evangelisch" vermerkt standen. Wie hinderlich dieser Umstand für die Seelsorge an unsern Soldaten auch im Frieden sein mußte, ist von selbst klar.

Das Ober-Kirchen-Collegium richtete daher das Ersuchen an das Kriegsministerium, diejenigen Soldaten, die bei ihrem Eintritt in das Heer sich als von der evangelischen Landeskirche sich getrennt haltende Lutheraner angeben würden, auch als solche etwa durch den

---

[1]) Vgl. Kirchenblatt 1868. S. 118—119.

unmißverständlichen Zusatz „altlutherisch" zu „evangelisch" in ihrem Nationale näher bezeichnen zu lassen.

Diese Bitte ist unterm 29. September 1868 dahin beantwortet worden, „daß den in diesem Antrage dargelegten Motiven nicht ein derartiges Gewicht hätte beigelegt werden können, um eine Modification der bislang maßgebenden Intentionen anzubahnen, nach denen es nicht in der Absicht liege, neben der Bezeichnung „evangelisch" in den Nationalen noch Sonderbezeichnungen für die einzelnen Bekenntnisse zuzulassen." [1]

Der Rede Sinn ist dunkel. Wollte man zwischen den Zeilen lesen, so könnte man die Sorge angedeutet finden, es möchten nach Gewährung unserer Bitte auch andere kommen, z. B. die landeskirchlichen Lutheraner, und eine eigne Bezeichnung für ihre Soldaten verlangen, und man würde dann den Streit über den kirchlichen Standpunct auch in den militärischen Listen stehen haben. Doch ausgesprochen ist dies nicht: die Bitte ist abgeschlagen o h n e A n g a b e e i n e s G r u n d e s.

Es ist sehr traurig, wenn auch solche Bitten, die doch wahrlich niemandem zu nahe treten, die eine kaum nennenswerthe Bemühung für die betreffenden Beamten mit sich gebracht hätten, deren Gewährung dagegen den lutherischen Soldaten die Wohlthat einer regelmäßigen Seelsorge verschafft haben würde, ohne weiteres abgeschlagen werden. Ein in der Sache selbst liegender Grund, aus dem den lutherischen Soldaten, die von der unirten Militärseelsorge grundsätzlich ausgeschlossen sind, bei der Zerstreuung unserer Gemeinden ohnehin oft spärliche Bedienung auch fernerhin noch erschwert werden soll, ist doch nimmermehr abzusehen.

Endlich ist auch kürzlich noch einmal der Versuch gemacht worden, für die lutherische Kirche in Preußen als solche endlich die staatliche Anerkennung zu erlangen. Im Auftrag der Generalsynode von 1868 hat das Ober-Kirchen-Collegium eine Petition an das preußische Abgeordnetenhaus gerichtet, welche sich dem früheren anschließt und ihren wesentlichen Inhalt wiederholt. Warum diese

---

[1] Kirchenblatt 1868. S. 279.

Petition gerade jetzt eingereicht worden ist, steht in ihr selbst zu lesen. Sie lautet folgendermaßen:

Hohes Haus der Abgeordneten!

Im Auftrage und im Namen der im Sept. d. J. hier versammelt gewesenen Generalsynode der evangelisch-lutherischen Kirche in Preußen richten wir an das hohe Haus die nachstehende gehorsamste Petition.

Es ist bekannt, daß, wie im übrigen Deutschland und jetzt noch in den neuen Provinzen Preußens, auch in dessen alten Provinzen die evangelisch-lutherische Kirche neben der römisch-katholischen und reformirten als eine auf Grund ihres Bekenntnisses in Gottesdienst und Verfassung eigenthümliche und selbständig organisirte und als solche sowohl reichsgesetzlich durch den Westfälischen Frieden als durch zahlreiche Reverse der Landesherren garantirte Kirche bestand.

Ebenso bekannt ist es, daß, als König Friedrich Wilhelm III. im Jahr 1817 die Vereinigung der lutherischen und reformirten Kirche „zu Einer neu belebten evangelischen Kirche" unternahm, dieses unter wiederholter Anerkennung der Freiheiten und Rechte der bisher gesonderten beiden Kirchen und daher mit der ausdrücklichen Verheißung geschah, es solle der Beitritt zu dieser neuen Kirche nur ein freiwilliger sein. (Cabinetsordre vom 27. September 1817 in v. Kamptz „Annalen", 1, 64.)

Als nun aber zunächst in Breslau, wo die Union im Jahr 1830 in allen Kirchen von der Mehrzahl der Geistlichen und Parochianen angenommen wurde, eine Minorität ihrem Gewissen gemäß sich von ihr fern hielt und im Vertrauen auf das Recht und die königliche Zusage an der bisherigen lutherischen Kirche als einer in Bekenntniß, Gottesdienst und Verfassung selbständigen festhalten zu wollen erklärte, mußte sie leider erfahren, daß dem Recht keine Folge gegeben und nicht gehalten wurde, was zugesagt war.

Während die neue Kirche unter dem Namen der evangelischen Kirche durch einheitliche Gesetzgebung, Kirchenregierung und Agende von oben her mit Absehen von den verschiedenen Bekenntnissen der beiden Kirchen als solcher und weiterhin auch ohne Rücksicht auf ausdrücklichen Beitritt zur Union sich organisirte und alles Stiftungsgut der früher getrennt bestehenden Kirchen sich aneignete, wurde es zunächst in der Cabinetsordre vom 28. Februar 1834 (v. Kamptz „Annalen", XVIII, 74) für das unchristlichste erklärt, daß die Feinde der

Union als eine besondere Religionsgesellschaft sich constituirten; darauf aber wider die damit gemeinten Lutheraner, die man nun als Separatisten bezeichnete, anstatt ihr zweifelloses Recht anzuerkennen, eine lange Reihe von Jahren hindurch bis zum Regierungsantritt des Königs Friedrich Wilhelm IV. mit den bekannten Verfolgungsmaßregeln vorgegangen, welche einen so tiefen Schatten auf die neuere Entwicklungsgeschichte des preußischen Staats geworfen haben.

Diese Verfolgung erreichte nicht, was sie sollte. Das gekränkte Recht schrie nur um so lauter. Die Zahl der Lutheraner wuchs und verbreitete sich allmälig über alle Provinzen. Staat und Landeskirche wurden aber mit einer schweren Schuld belastet.

Auch ist das begangene Unrecht bis auf diesen Tag noch keineswegs gesühnt.

Zwar wurde die Verfolgung nach dem Regierungsantritt Königs Friedrich Wilhelm IV. sistirt, der unterdrückten lutherischen Kirche aber nur unter dem Namen „der von der Landeskirche sich getrennt haltenden Lutheraner" die Generalconcession vom 23. Juli 1845 (Ges.-S. 1845, S. 516) ertheilt, welche noch jetzt die gesetzliche Basis unsers Bestehens in etwa 52 Parochien mit 168 Gemeinden und 41,000 Seelen bildet.

Da die wenig zahlreichen und vieles unbestimmt lassenden ausdrücklichen Vorschriften dieser Concession, verglichen mit den im Landrecht allein vorkommenden beiden Berechtigungsgraden von Religionsgesellschaften, den öffentlich aufgenommenen und den geduldeten, doch im Ganzen — nämlich nur mit Ausnahme jenes uns ertheilten Namens und der Bestimmung, daß unsern gottesdienstlichen Gebäuden der Name und die Rechte der Kirchen nicht zustehen sollten — auf die uns ertheilten Rechte einer öffentlich aufgenommenen Religionsgesellschaft uns hinzuweisen schienen, so gingen wir zwar auf die Ausführung der Concession ein, jedoch nur unter der Bedingung, daß jene unsere Ansicht über die Auslegungsregel für die in der Generalconcession unbestimmt gebliebenen Verhältnisse auch von der Staatsregierung anerkannt werde, und unter Verwahrung sowohl gegen den uns beigelegten als gegen den unsern Kirchen abgesprochenen Namen, in welcher Hinsicht wir um Nachholung dessen baten, was der lutherischen Kirche nach ihrem historischen Rechte gebühre. Lange wurde hierauf geschwiegen. Endlich erschien statt einer Antwort das allerdings ohne verfassungsmäßige Zuziehung der Stände erlassene allerhöchste Patent vom 30. März 1847 (Ges.-S. 1847, S. 121), das, im Widerspruch mit dem bisher geltenden Rechte, als mit vollen Rechten zu schützende Kirchen nur noch die evangelische und römisch-katholische erwähnte und in einer Beilage uns mit einer neu erfundenen Bezeichnung. als nicht bloß geduldete oder als aufgenommene, aber nicht öffentlich aufgenommene Religionsgesellschaft zwischen die landrechtlichen Bezeichnungen der geduldeten und öffentlich aufgenommenen Religionsgesellschaften einschob. Die Praxis wenigstens einiger der einflußreichsten höchsten Behörden zeigte denn auch bald, daß damit für die in der Generalconcession unbestimmt gebliebenen Verhältnisse das Maß einer bloß geduldeten Religionsgesellschaft als Auslegungsregel gegeben sein sollte.

Auch gegen dieses Patent legten wir sofort wieder den früheren Protest ein, und als nachher im Jahr 1848 bei Vereinbarung der Verfassung der dazu berufenen Versammlung der die Kirchen betreffende Artikel (jetzt Art. 15) wiederum in der Fassung des Patents vorgelegt wurde, erneuerten wir denselben sowohl beim königl. Staatsministerium als bei dieser Versammlung in den anliegenden gedruckten Petitionen vom 11. und 25. Mai 1848, mit Hinzufügung der in ihnen ersichtlichen einzelnen Bitten.

Doch auch diese Kundgebungen des unterdrückten Rechts fanden kein Gehör. Erst nach Jahren erfolgte eine Bescheidung (vom 31. Mai 1853) und zwar nur durch den Minister der geistlichen Angelegenheiten, an den unsre Eingabe vom königl. Staatsministerium abgegeben war. Sie wies unsere Bitten ab; doch jetzt zum ersten Male mit Hinzufügung eines Grundes, weil sie nämlich auf der unrichtigen Voraussetzung beruhten: daß die von der Gemeinschaft der evangelischen Landeskirche sich getrennt haltenden Lutheraner die evangelisch-lutherische Kirche in Preußen repräsentiren und daß diese Kirche in der evangelischen Landeskirche Preußens nicht enthalten und nicht vertreten sei.

Dieser Grund ist aber schwer zu begreifen. Warum soll es seitens unserer Religionsgemeinschaft eine unrichtige Voraussetzung sein, daß sie, die bei der Neubildung der evangelischen Landeskirche aus bisherigen Bestandtheilen der reformirten und lutherischen Kirche des Landes an der bisherigen, in Bekenntniß, Gottesdienst und Verfassung selbständigen lutherischen Kirche festhielt, nicht auch fortwährend diese Kirche darstelle? Gilt doch sonst überall der Grundsatz, daß biejenigen, welche an dem Grundstatut einer Gesellschaft festhalten, wenn auch eine noch so große Majorität von ihnen abweicht, fortdauernd die Gesellschaft und deren Rechte repräsentiren. Ein Verlassen des Grundstatuts, hier des Bekenntnisses der lutherischen Kirche, als der einigen Norm ihrer Gesetzgebung, ihres Regiments und ihres ganzen kirchlichen Thuns, wonach sie anders Lehrende, insbesondere auch die Reformirten, von ihrer Gemeinschaft ausschließt, liegt aber unleugbar in dem Zutritt zur evangelischen Landeskirche, die als solche in ihrer kirchlichen Gesetzgebung, ihrem Regiment, ihrer Agende rc. nicht mehr die Bekenntnisse der lutherischen Kirche als einige Norm anerkennt und dagegen die kirchliche Gemeinschaft von Reformirten und Lutheranern untereinander, selbst auch im heiligen Abendmahl, als ein wesentliches Kennzeichen ihres Bestandes betrachtet. Ebenso wenig kann auch behauptet werden, daß die lutherische Kirche in der evangelischen Landeskirche in Preußen enthalten und vertreten sei. Nennen sich noch jetzt einzelne Bestandtheile, nämlich Gemeinden oder Geistliche der letztern: „lutherischer Confession", weil sie früher Bestandtheile der lutherischen Kirche waren und von deren Lehren und Gebräuchen vieles beibehalten haben, und wird auch auf diese Confession bei der Ordination und beim Gottesdienst auf besonderes Verlangen noch eine gewisse Rücksicht genommen, die jedoch stets an den Unionsgrundsätzen der evangelischen Kirche als einer einheitlichen ihre Schranke findet, so ist doch deshalb nicht die lutherische Kirche in der Landeskirche vorhanden und vertreten, was vielmehr, da der Begriff der Kirche Selbständigkeit auf Grund ihrer eigenthümlichen Principien fordert, bei dem Widerstreit der Principien beider Kirchen ein innerer Widerspruch sein würde.

Da hiernach mit jener abschläglichen Antwort eigentlich nur ausgesprochen schien, daß man eine selbständige lutherische Kirche neben der evangelischen Landeskirche, vielleicht aus Furcht, den Bestand der letzteren dadurch zu tief zu erschüttern, nicht mehr anerkennen wolle oder könne, so begnügten wir uns damit, unser gutes Recht nur wieder zu verwahren, in der Hoffnung, daß eine spätere Zeit unter veränderten Umständen geneigter sein würde, es anzuerkennen und uns danach Gerechtigkeit widerfahren zu lassen.

Zwei Umstände sind es, die uns bewegen, unser Recht jetzt wieder geltend zu machen.

Einmal sind in unserm Staat infolge der Ereignisse des Jahres

1866 mehrere lutherische Landeskirchen als Provinzialkirchen der evangelischen Kirche Altpreußens zur Seite getreten und haben die königliche Zusage erhalten, in ihrem Recht als lutherischen Kirche geschützt
zu werden. Zwischen ihnen und uns ist bei aller Verschiedenheit der
innern Entwicklungsgeschichte doch im Bekenntniß und dessen Recht
kein Unterschied, außer daß der Artikel 15 der Verfassungsurkunde,
insofern er den Kirchen und Religionsgesellschaften die selbständige
Verwaltung ihrer Angelegenheiten gewährleistet, bei uns schon in
Kraft getreten ist. Soll nun aber in demselben Staate dasselbe
religiöse Bekenntniß nur nach Ortsverschiedenheit eine ganz verschiedene
Berechtigung haben? Soll es beispielsweise in Hannover als reichsgesetzlich anerkannte Kirche, in Altpreußen als wenig mehr als geduldeter Separatismus behandelt werden? Ja, es bestehen in den
neuen Provinzen mit unirt-evangelischer Kirche auch Gemeinden, die
als lutherische sich uns angeschlossen haben, und denen nun nicht einmal die Rechte der Generalconcession, als eines bloß für die alten
Provinzen erlassenen Gesetzes, sondern nur das allgemeine religiöse
Vereinsrecht der Verfassung zuerkannt worden — also selbst eine dreifache Berechtigungsart derselben Confession in demselben Staat! Das
ist ein unhaltbarer Zustand. Oder wollte man ihn doch halten, so
würde man das früher diesem Bekenntniß im Interesse der Union
zugefügte und fortdauernd festgehaltene Unrecht nur noch in ein
grelleres Licht stellen, obendrein jetzt ohne sich auf das Interesse berufen zu können, daß in Preußen neben der evangelischen Landeskirche keine andere protestantische Kirche mit gleichen Rechten existiren
solle.

Zweitens hat sich im Laufe der Jahre immer mehr die Unsicher-
heit der Rechtsgrundlage offenbart, welche unserer Religionsgesellschaft
durch die Generalconcession gegeben ist. Während manche Staats-
und städtische Behörden in den unbestimmt gebliebenen Verhältnissen
von der Gleichsetzung mit den öffentlich aufgenommenen Religionsgesellschaften ausgehen, versagen uns andere diese Rechte, z. B. unsern
Pastoren das Recht auf die Trauung der Braut nach der Parochial-
angehörigkeit, weil unsere Kirchgemeinden nicht für Parochieen erklärt
seien, oder entziehen sie uns wieder, z. B. das Recht der Sportelfreiheit, so daß der Eindruck völlig willkürlicher Behandlung durch
die Behörden entsteht.

Hiernach ersuchen wir nun das hohe Haus gehorsamst, bei der

königl. Staatsregierung wegen einer neuen gesetzlichen Regulirung unserer Verhältnisse auf Grund der historischen Rechte der evangelisch-lutherischen Kirche und zwar näher sich dahin zu verwenden, daß

unter Aufhebung der Generalconcession vom 23. Juli 1845 der Gesammtheit der unter unserer regimentlichen Pflege stehenden Gemeinden in Preußen als lutherischer Kirche die Rechte einer öffentlich aufgenommenen Religionsgesellschaft, namentlich mit Anerkennung ihrer Gemeinden als Parochieen, ihrer gottesdienstlichen Gebäude als Kirchen, ihrer Geistlichen als dem Staat gegenüber den der evangelischen Landeskirche gleichberechtigten, ihrer Schulen als besonderer confessioneller Schulen, sowie auch die Rechte der Stempel- und Sportelfreiheit in dem Maße, wie sie die öffentlich aufgenommenen Kirchen genießen, beigelegt und mit Rücksicht auf den ohne unsere Schuld entblößten Zustand unsers Kirchenwesens eine angemessene Subvention aus Staatsmitteln uns bewilligt werde.

Breslau, den 17. Dezember 1868.

Das Ober-Kirchen-Collegium der ev.-luth. Kirche in Preußen.

E. Huschke.

Ob diese Petition einen Erfolg haben wird, steht in Gottes Hand. In der letzten Session des Abgeordnetenhauses ist sie nicht mehr zur Verhandlung gekommen. Unsre Kirche aber ist nun manches Jahr gelehrt worden, daß es gut ist, auf den Herrn vertrauen und sich nicht verlassen auf Menschen.

Schlußwort.

Ein kurzer Rückblick sei noch gestattet.

Eine neue Kirche ist am Anfang dieses Jahrhunderts entstanden, die „evangelische Kirche" in Preußen. Als eine neue rechtliche Corporation ist sie an die Stelle zweier anderen getreten. Diese, die lutherische und die reformirte Kirche haben eben damit ihre frühere Stellung als eigene Corporationen eingebüßt. Zwar wird bestritten, daß die „evangelische Kirche" eine neue sei. Aber daß sie es im rechtlichen Sinne sei, kann nicht geläugnet werden. Zwar wird auch das bestritten, daß die lutherische und die reformirte Kirche ihre Existenz verloren haben. Aber daß beide nicht mehr zwei rechtlich neben einander existirende Corporationen sind, kann ebenfalls nicht geläugnet werden.

Der Vater dieser neuen Kirche, der Vernichter der beiden früheren ist der Staat. Er hat zuerst äußerlich nach Seiten der Verfassung aus beiden Kirchen eine gemacht. Dann hat er beide als eine Einheit hingestellt durch die Aufnöthigung einer gemeinschaftlichen Gottesdienstordnung. Mehr konnte er nicht thun. Doch war das erwünschte Ziel eine innere Einigkeit der Ueberzeugungen.

Die lutherische Kirche hat in der Mehrzahl ihrer Glieder theils ausdrücklich, theils stillschweigend sich den Maßregeln des Staates gefügt. Sie hat auf ihre frühere eigenthümliche Existenz verzichtet und die ihr von Staatswegen angewiesene Stellung in der neuen „evangelischen" Corporation angenommen.

In einer kleinen Minderzahl ihrer Glieder aber hat die lutherische Kirche gegen die zugemuthete unselbständige Existenzform Einspruch erhoben. Sie hat sich berufen auf das ihr in den preußischen Staaten vielfältig gewährleistete Recht eines freien eigenen Bestandes und darum ihre Erhaltung neben und außer der „evangelischen Kirche" gefordert.

Der Staat hat versucht, der lutherischen Kirche den Eingang in die „evangelische" durch Gewährung einzelner Concessionen erträglich zu machen. Die Majorität der Lutheraner hat sich mit diesen Concessionen insoweit befriedigt erklärt, daß sie gegen die Zugehörigkeit zur „evangelischen Kirche" nichts einwendete. Die Minorität hat entgegnet, daß sie keiner Concessionen bedürfe, da sie Rechte habe, und daß sie ihre Rechte ganz und ungeschmälert behalten und vom Staat anerkannt wissen wolle, vor allem aber das Recht unvermischter korporativer Existenz nicht aufgeben könne. Sie hat erklärt, an ihrem staatlich garantirten Grundgesetz, den lutherischen Bekenntnißschriften, festhalten zu wollen und niemals in eine Kirche eingehen zu können, deren Grundgesetz nicht mehr ausschließlich diese Bekenntnißschriften bildeten.

Dieses Recht ist den Wenigen nicht mit Gründen bestritten, aber mit der That verweigert worden. Sie haben es mit Gründen vertheidigt und mit der That behauptet. Der Staat hat sie um der Uebung dieses Rechts willen verfolgt. Sie sind im Einzelnen der Gewalt gewichen, haben aber im Ganzen ihr Recht zu behaupten fortgefahren. Der Staat hat endlich sich genöthigt gesehen, nachzugeben und ihnen das vorenthaltene Recht zurückzugeben.

Zwar hat er nicht anerkannt, daß es alte Rechte seien, welche die lutherische Kirche in ihrer Minorität wieder erhalten habe. Er hat vielmehr das, was er schließlich zu bewilligen nicht umhin konnte, unter dem Titel einer aus besonderer Güte ertheilten Concession bewilligt. Er hat auch materiell vieles von den früheren Gerechtsamen vorenthalten, sogar den Namen der „lutherischen Kirche". Aber er hat doch bewilligt, was als das vornehmste gefordert worden war, nämlich das Recht, als eine lutherische Corporation außerhalb der „evangelischen Landeskirche" zu existiren.

Dies Recht ist der kleinen Minderzahl aus der früheren lutherischen Kirche zurück gegeben worden. Die große Mehrzahl hat dieses Recht nicht begehrt, sich vielmehr mit der Concedirung einzelner Rechte an einzelne Personen und Gemeinden innerhalb der „evangelischen Kirche" begnügt.

Es fragt sich nun: welcher von diesen beiden Theilen ist als die Fortsetzung der alten lutherischen Kirche in Preußen anzusehen?

Ist es die Minorität, welche von Anfang den Eintritt in die neugeschaffene Corporation der evangelischen Kirche versagt und an allen der lutherischen Kirche zustehenden Rechten festgehalten hat? Oder ist es die Majorität, welche einzelne Rechte der lutherischen Kirche als Concessionen hingenommen, aber auf das Recht selbständiger Existenz verzichtet hat? Ist es die Minorität, welche einen Organismus erhalten wollte, in welchem das lutherische Bekenntniß allein berechtigt wäre? Oder ist es die Majorität, welche einem Organismus sich anschloß, in dem das lutherische Bekenntniß nur, in gleicher Berechtigung mit dem reformirten, nicht aufgehoben war?

Nach Grundsätzen des Rechts und der Gerechtigkeit ist diese Frage zu beantworten.

Der Staat hat sich — natürlich — für die Majorität entschieden. Er behauptet, daß die lutherische Kirche in der „evangelischen" enthalten sei. Aber seine Beantwortung kann nicht maßgebend sein. Er hat sich bei Behandlung dieser Sache noch niemals auf den Standpunkt des Rechts gestellt.

Zwar ist ihm zwei Mal Gelegenheit gegeben worden diesen Standpunkt als den einzig berechtigten zu erkennen. Während der Verfolgungszeit war es der Justizminister v. Mühler, welcher das Recht zum Maßstab der Beurtheilung unserer Kirche machen wollte. Hernach war es König Friedrich Wilhelm IV. selbst, der mit Grundsätzen des Rechts an die Behandlung unserer Angelegenheit herantrat. Aber die auf Recht und Geschichte fußende Anschauung beider wurde nicht adoptirt. Der Staat verharrte auf einem anderen Standpunkt.

Er hat von Anfang an immer nur das Eine im Auge gehabt, daß durch unserer Kirche Dasein und die ihr zu gewährenden Rechte die evangelische Landeskirche nicht beeinträchtigt werden dürfe. Um diese Kirche herzustellen, hat der Staat die Rechte der lutherischen Kirche umgestürzt; um sie nicht irgendwie in ihrem Wohlbefinden zu stören, versagt der Staat immer noch der lutherischen Kirche ihr volles Recht. Damit die „evangelische Kirche" zu Rechten käme, wurde die lutherische Kirche der ihrigen entkleidet. Damit jene keins ihrer Rechte verlöre, wurde dieser die Rückgabe ihres Rechtes versagt.

Es ist der Standpunkt der Nützlichkeits-Politik, von dem aus unsere Sache beurtheilt worden ist.

Außerdem hat sich der Staat für berufen geachtet, das Gebiet der Theologie zu beschreiten und von dem Axiom aus, daß der Unterschied zwischen lutherischer und reformirter Lehre nicht wesentlich sei, daß also die lutherische Kirche recht gut innerhalb der „evangelischen" bestehen könne, unsere Reclamationen zurück- und uns endlich als eigensinnige, rechthaberische Leute abgewiesen.

Es ist ein unirt-theologischer Standpunkt, welchen der Staat bei Beurtheilung unserer lutherischen Kirche eingenommen hat.

Ebenso ist aber auch die Behauptung des Staates, daß die lutherische Kirche innerhalb der „evangelischen" enthalten sei, nicht eine solche, die aus einer Erwägung des Rechts geflossen wäre. Vielmehr ist diese Behauptung eine abgenöthigte. Nur um deßwillen ist sie nöthig geworden, weil die schlesischen Lutheraner, Scheibel voran, gegen die Union Widerstand erhoben haben. Um ihretwillen hat der Staat, der anfänglich von dem Unionsprincip aus nur von einer neubelebten evangelischen Kirche etwas wissen wollte, sich veranlaßt gefunden, innerhalb derselben auch von einer lutherischen wieder zu wissen.

Das Unionsprincip ist durch das Nützlichkeitsprincip modificirt worden. Man wollte lieber vieles einzelne, auch wenn es mit dem Unionsprincip eigentlich nicht harmonirte, concediren, als daß man den Bestand der „evangelischen Kirche" zunächst in ihrem Umfang irgendwie gefährdete.

Nun achte man auf die wundersame Verkettung der Umstände. Der Staat hat die Union und mit ihr die neue evangelische Kirche decretirt. Dann hat er um Scheibels und seiner Anhänger willen, also um unserer Kirche willen, verfügt, daß in dieser neuen Kirche die alte lutherische Kirche noch enthalten sei. Endlich hat er um dieser angeblichen „lutherischen Kirche" willen bestimmt, daß unsere lutherische Kirche dies nicht sei und darum die von ihr geforderten Rechte nicht haben dürfe.

Daß die der Union beigetretenen und nicht beigetretenen Lutheraner in der evangelischen Landeskirche noch etliche lutherische Rechte haben, verdanken sie dem Kampf unsrer Kirche. Und daß wir unsre vollen Rechte nicht erlangen können, verdanken wir der Rücksicht auf die Lutheraner in der Landeskirche.

Doch diese Betrachtung greift zum Theil schon vor.

Der Staat ist in seiner Auffassung der Sachlage bisher nicht anderer Meinung geworden. Zwar konnte es in neuester Zeit einen Augenblick scheinen, als hätte er einer andern Anschauung Raum gegeben. Denn warum hat er die lutherischen Kirchen der neupreußischen Landestheile der „evangelischen Kirche" nicht einverleibt? Kann im alten Preußen die lutherische Kirche innerhalb einer anderen bestehen, warum nicht auch im neuen Preußen? Aber daß der Staat gleichwohl diese Einverleibung nicht vorgenommen hat, ist nicht die Folge einer neugewonnenen Rechtserkenntniß, sondern wiederum das Resultat einer Prüfung nach Gründen der Zweckmäßigkeit. Nicht für ein Unrecht würde der Staat es achten, daß die neupreußischen lutherischen Kirchen zur „evangelischen Kirche" geschlagen werden, aber für etwas thörichtes in gegenwärtigen Zeitumständen.

Wen mags nun wundern, daß der Staat unsre Kirche nicht als die lutherische Kirche anerkennen will? Es kann niemand richtig messen, der nicht den richtigen Maßstab anlegt.

Die Frage aber, ob unsere Kirche die Fortsetzung sei der alten lutherischen Kirche in Preußen, ist nicht eine Nützlichkeitsfrage, auch nicht zunächst eine theologische, sondern zunächst eine Rechtsfrage, will darum nach Grundsätzen des Rechts und der Gerechtigkeit beantwortet sein.

Wohl wissen wir, daß es sich dabei noch um anderes handelt. Mit der Berufung auf äußere Rechte allein ist's in Sachen des

Reiches Gottes nicht gethan. Wir wissen, daß man Recht haben kann nach dem äußeren Buchstaben menschlicher Gesetze, und doch Unrecht nach dem Wort der Wahrheit. Wir wissen, daß es unter Umständen Pflicht sein kann, das Recht fahren zu lassen, nämlich dann, wenn man durch das Festhalten des Rechts der Kirche, wär's auch nur an einzelnen Seelen, Schaden thut.

Aber niemals kann es Pflicht, niemals erlaubt sein, irgend ein Recht aufzugeben, wenn das Aufgeben gegen das Gewissen geht, wenn es einen Ungehorsam gegen Gottes Wort nöthig macht. Daß aber unsre Kirche in diesem Fall sich befunden hat, soll, will's Gott, der zweite Theil nachweisen, und erst dann wird das Recht unserer Existenz völlig nachgewiesen sein. Zum Theil dürfen wir uns dafür schon jetzt auf das gegnerische Zeugniß Wangemanns berufen. Auch in seiner Darstellung kann man in und zwischen den Zeilen lesen, daß in den dreißiger Jahren geängstete Gewissen das Recht der lutherischen Kirche vertheidigt haben. Und wem etwa Scheibels Unions-geschichte zugänglich ist, der kann einen Mann kennen lernen, der nie vergaß, daß er den Himmel über sich und die Hölle unter sich habe.

Aber wir glauben auch jene äußeren Rechte nicht gering achten zu sollen, glauben viel schon gewonnen zu haben, wenn man auf Grund des Rechts und der Geschichte uns als das anerkennt, was wir nach Recht und Geschichte sind. Und dem Staat gegen-über — auf welchen anderen Standpunct sollen wir uns stellen? Was hat der Staat als solcher mit Gewissensängsten, mit dem Inhalt der Symbole, mit Theologie zu thun? Versteht er uns nicht, wenn wir von irdischen Rechten reden: wie will er uns ver-stehen, wenn wir von himmlischen Rechten — und Pflichten reden?

Und unsere lutherischen Brüder in deutschen Landen hin und her — sind sie nicht gerade jetzt recht darauf angewiesen, auch die äußeren Rechtsgrundlagen ihrer Kirchenverbände sorgfältig zu prüfen? Sie stehen vor ähnlichen Kämpfen wie wir. Nicht die Union an und für sich ist ihre Gegnerin, sondern die durch den Staat gedeckte und mehr oder minder repräsentirte Union. Darum, weil der Staat hinter der Union steht, ist sie ein gefähr-licher Feind. Eben darum aber wirds gelten, sich auf den Boden der vom Staat selbst anerkannten und garantirten Rechte zu stellen und so dem Feind auf seinem eigenen Territorium zu begegnen.

Wahrlich jene alten Rechte, von unsern Vätern nicht mühelos erworben, ob auch zunächst nur äußerer Art, sind es werth, daß man sie hoch halte. Wie eine Mauer sind sie, aufgerichtet zum Schutz wider die, welche von der inneren Schöne und Herrlichkeit des Palasts der Kirche nichts verstehen und sich nicht scheuen würden, das Heiligthum selbst anzutasten, die aber doch noch Bedenken tragen, Mauern von gröberem Material zu zerbrechen, weil sie damit etwas von ihrem eigenen Fleisch und Blut zu schlagen vermeinen. Eben darum sind freilich diese Rechte zugleich eine unvollkommene Schutzwehr.

Man hat uns wohl einen „äußerlichen", einen „juristischen" Kirchenbegriff vorgeworfen. Es hat daran gelegen, daß man eben übersehen hat, was nicht hätte übersehen werden dürfen, daß unsre Kirchenangelegenheit ihrer Natur nach von Anfang an eine äußere juristische Seite hatte.

Immerhin dünkt uns auch die hier gestellte Frage in ihrer Beschränkung eine beantwortenswerthe: ist unsre lutherische Kirche, nach dem Maß der Geschichte und des Rechts gemessen (und zunächst abgesehen von einem höheren Maßstabe) die Fortsetzung der alten lutherischen Kirche in Preußen?

Daß der Staat diese Frage anders beantwortet, als wir, ist uns zwar nicht gleichgültig. Aber wir können es tragen. Einen Gewinn haben wir jedenfalls aus dem Verfahren, das der Staat gegen uns seit Anfang dieses Jahrhunderts beobachtet hat, davon getragen: wir sind frei von seiner Vormundschaft in unsern eigenen innerkirchlichen Angelegenheiten.

Freilich ist dies grade ein Punkt, um deß willen man geglaubt hat, uns schelten zu müssen. „Der landesherrliche Summepiscopat ist nun doch ein Mal in der lutherischen Kirche etwas traditionell hergebrachtes und gehört seit Jahrhunderten in den Verfassungsbau der lutherischen Kirche hinein." Solche und ähnliche Erwägungen machen viele gegen uns bedenklich, als wären wir doch etwas neues absonderliches.

Indessen, daß wir nicht mehr unter landesherrlicher Kirchengewalt stehen, das tragen ja wir nicht, sondern der Staat trägt die Schuld. Erst dann, als der Staat sich aufs deutlichste und bestimmteste von der lutherischen Kirche losgesagt und eine andere Kirche für allein berechtigt erklärt hat, erst dann hat der Ueberrest der Lutheraner ohne Mitwirkung des Staats sich zu organisiren versucht, weil es sein mußte, und so gut es ging. Wir sind zu unsrer freien Verfassung auf demselben Wege gekommen, wie die lutherische Kirche im sechszehnten Jahrhundert zu dem fürstlichen Episcopat gekommen ist. Damals, wie jetzt, hat die Noth regiert, nicht aber ein Princip. Damals, wie jetzt, hat die Kirche es gemacht, so gut sie es wußte und so wie sie des Herrn Fingerzeige verstand. Damals hat sie die Pflicht zu haben gemeint, daß sie die Fürsten zu Nothbischöfen mache; jetzt hat sie geglaubt, mit synodaler Verfassung in Gottes Wegen zu gehen. War aber im sechszehnten Jahrhundert die Kirche darauf angewiesen, sich an den Staat anzulehnen, so war im Anfang dieses Jahrhunderts unsre Kirche darauf angewiesen, den Schutz des Staates, der kein Schutz mehr, sondern das Gegentheil war, möglichst weit von sich abzulehnen. Das Resultat war eine freie, von der staatlichen Kirchengewalt unabhängige Stellung.

Wenn ich diese als einen Gewinn bezeichnet habe, so weiß ich gut, daß dies vielen unlieb sein wird, zu hören, — daß ich damit auch keineswegs die Meinung aller unsrer Kirchenglieder ausgesprochen habe. Denn es steht auch bei uns, wie allerwärts in der lutherischen Kirche, daß über den Werth und Unwerth des landesfürstlichen Kirchenregiments verschiedene Anschauungen obwalten.

Mag diese Form der Kirchengewalt für einen Gewinn halten, wer es kann. Keinenfalls werden wir uns aufreden lassen, daß sie etwas der lutherischen Kirche wesentliches sei, ja daß sie auch nur soviel werth sei, um ihrer Erhaltung wegen irgend wesentliche Rechte daran zu geben.

Umgekehrt sagen auch wir, die wir dieselbe für einen Schaden halten, mit Scheibel: die lutherische Kirche gedieh und gedeiht unter jeder Verfassung, auch unter dem Kirchenregiment der Fürsten. Und

keinenfalls wollen wir so verstanden sein, als hielten wir die Freiheit von diesem Regiment für etwas der lutherischen Kirche
wesentliches.

Aber wenn wir nun vor Augen sehen, wie es der lutherischen
Kirche unter der „Pflege" des staatlichen Regiments gegangen ist,
wenn wir uns erinnern, wie seit Anfang dieses Jahrhunderts das
staatliche Regiment in solcher Weise die Kirche gepflegt hat, daß
fast nichts von ihr übrig geblieben wäre: wer will es uns verdenken, wenn wir froh sind, seinen pflegenden Händen entronnen
zu sein? Und ebenso, wenn wir in neuester Zeit sehen müssen,
wie wiederum kraft des landesherrlichen Kirchenregiments ohne weiteres lutherische Militärgemeinden in unirte verwandelt werden, anderes ungerechnet —: so sind wir wahrlich froh, wenigstens dieser
Gefahr entronnen zu sein. Es fehlt sonst nicht an Gefahren. Allerdings wäre die oben genannte Verfügung wenigstens für Hannover
nie erlassen worden, wenn nicht die lutherische Kirche dieses Landes
mittelst des traurigen Erlasses über die „gastweise" Zulassung zum
Abendmahl durch den Dienst ihres eigenen Regiments dem Staat
auf halbem Wege entgegen gekommen wäre. Der Staat schädigt
die Kirche nicht, wenn nicht mit deren eigner Schuld. Aber die
Gefahr solcher Schädigung — und anderer Schädigung („Mitze-
nius"!!) — ist immer da, wo das Regiment der Kirche und des
Staates in einer Hand liegt, und dann doppelt groß, wenn der
Staat dabei, wie in vorliegendem Fall, ausgesprochener Maßen
das Ziel der Union bestimmt im Auge hat und verfolgt. Unter
solchen Umständen glauben wir Gott danken zu sollen, daß wir dem
landesherrlichen Kirchenregiment entnommen sind.

Und wenn es in Frage stünde, was ja nicht in Frage steht,
ob wir nicht diesem Regiment uns wieder untergeben wollten:
unter diesen Umständen würden wir uns mit großem Ernst
zu bedenken und zu besinnen haben, selbst wenn wir für diesen Preis eine volle Anerkennung unsrer lutherischen
Kirche erlangen könnten.

Wird man diese Aeußerung nun wieder unlutherisch finden?
Worauf stützen denn die ihre Behauptung, welche sagen, daß man

am landesherrlichen Summepiscopat festhalten solle? Sie sagen, es sei nicht wohlgethan, ein Verhältniß, das unter Gottes Leitung sich gebildet, das lange bestanden, und immerhin für die Kirche nicht ohne Segen bestanden habe, ohne die allerdringendste Noth zu lösen.

Richtig! Aber was dem einen recht, ist dem andern billig. Uns hat Gott nun anders geführt. Durch Gottes Regieren haben wir nun unsre eigne Geschichte, und das Resultat dieser Geschichte ist eine freie Verfassungsform. Der Staat selbst hat sein früheres Verhältniß zu uns gelöst, und Gott hat uns zu anderer Einrichtung geholfen, und diese Einrichtung hat auch im Segen nun manches Jahr bestanden. So halten auch wir dafür, daß es nicht wohlgethan sei, diese nach Gottes Willen erlangte Freiheit ohne die allerdringendste Noth wieder aufzugeben.

Freilich müssen wir um deßwillen uns Zurücksetzung gefallen lassen, Mangel leiden, Sectengestalt tragen. Sei es darum. Die Knechtsgestalt ist seit den Tagen, da Gottes Sohn sie trug, nichts arges mehr. Und das letzte Wort in allen diesen Sachen hat der gerechte Richter.

Auf unsrer Generalsynode von 1848 wurde einem Gliede derselben aufgetragen, eine Geschichte unsrer Kirche für die gebildeten Leser hauptsächlich aus dem Gesichtspunct zu verfassen, um deren Rechtsgefühl zu wecken. So viel ich weiß, konnte dieser Auftrag nicht ausgeführt werden. Etwas dem ähnliches habe ich mit der vorliegenden Schrift versucht. Ist der Versuch nicht gelungen, wie es wünschenswerth wäre, — die Hauptsache, auf die es ankommt, ist nicht in meinen Ausführungen enthalten, sondern in den Actenstücken, die als einer ernsten Prüfung werth sich wohl zu erkennen geben werden.

Mögen sie dazu dienen, daß alle, welche lieb haben die lutherische Kirche aller Orten, sich auch unsre arme Kirche angelegen sein lassen und sich vor Gott und Menschen zu ihr bekennen nach Recht und Gerechtigkeit.

Ueberſicht des Inhalts.

Zweiter Abschnitt.

Die lutherische Kirche im Kampf um ihre selbständige Existenz.
S. 43—146.

instrnment ganz von der Hand weisen. Eine Pflicht, sie anzunehmen, lag ohnehin in keinem Fall vor, da der König nicht berechtigt war, der lutherischen Kirche eine Agende zu octroyiren.

Nachdem die Union eingeführt und die unirte Kirche hergestellt war, mußte es Scheibel für seine Pflicht halten, für sich und alle seine Gesinnungsgenossen die Erhaltung einer selbständigen lutherischen Kirche außerhalb der evangelischen Kirche zu erstreben.

Der gegen Scheibel erhobene Vorwurf des Aufruhrs, wie solcher in seinem Verhalten gegen die kirchlichen Behörden und gegen die Glieder andrer Parochien sich zeigen soll, ist hinfällig, weil unirte Behörden bei Lutheranern keinen Anspruch auf Gehorsam haben, und weil der Uebertritt aus einer unirten Gemeinde in eine lutherische durchaus berechtigt ist.

Der Vorwurf des Separatismus kann weder Scheibel noch seine Gemeindeglieder treffen, da sie entweder sich überhaupt nicht getrennt haben, sondern geblieben sind, was sie waren, oder doch nur von einer fremden zu ihrer eigenen Kirche zurückgekehrt sind.

Daß Scheibel außer der Erhaltung der lutherischen Kirche die Realisirung gewisser Verfassungsgrundsätze als selbständiges Ziel verfolgt habe, ist unwahr. Nur aus Noth hat er für die übriggebliebene lutherische Kirche eine Verfassung vorgeschlagen, natürlich die, welche er für die beste hielt.

Daß Wangemann das Verhalten Scheibels einerseits als Aufruhr und Separatismus, andrerseits als Märtyrerthum darstellt, ist ein innerer Widerspruch. Es kann nur das eine oder das andre richtig sein.

Die Wichtigkeit dieser Orbre beruht darauf, daß man in ihrem Erlasse ein Aufgeben der früheren Unionsgedanken und eine Zurückgabe der den Lutheranern zustehenden wesentlichen Rechte glaubt erkennen zu müssen.

Die Orbre gieng hervor aus dem Wunsch, den Lutheranern die Unionsangelegenheit in einem möglichst günstigen Lichte nochmals darzustellen, nicht aber aus der Erkenntniß begangenen Unrechts, oder der Absicht, neue Concessionen zu machen.

Dritter Abschnitt.

Die zur Wiederherstellung geordneter Verhältnisse zwischen dem Staat und der lutherischen Kirche geführten Verhandlungen.
S. 147—263.

Verzeichniß der theils vollständig, theils im Auszuge mitgetheilten Actenstücke.